Moses I. Finley:
Die antike Wirtschaft

Deutscher
Taschenbuch
Verlag

M, 1977

dtv

Autorisierte Übersetzung aus dem Englischen
von Andreas Wittenburg

Juli 1977
Deutscher Taschenbuch Verlag GmbH & Co. KG,
München
Titel der Originalausgabe: ›The Ancient Economy‹

Umschlaggestaltung: Celestino Piatti
Gesamtherstellung: C. H. Beck'sche Buchdruckerei,
Nördlingen
Printed in Germany · ISBN 3-423-04277-x

Das Buch

Auch für die Antike gilt, daß die Wirtschaft zu den bestimmenden Grundlagen des politischen Lebens und der Kultur gehört. Ohne die Kenntnis der Griechenland und Rom eigenen Wirtschaftsformen, der weithin vorherrschenden Landwirtschaft, des städtischen Handwerks und der Manufaktur, des Außenhandels und des Seeverkehrs, der Sklavenhalterei und des Pächtertums, bleiben der soziale Aufbau der Gemeinden und des Staates, die meisten politischen Vorgänge und auch viele kulturelle Erscheinungen unverständlich. Finley faßt in diesem Buch das Wirtschaftsleben der griechischen Stadtstaaten und ihrer Kolonien und des Römischen Reiches mit seinen Provinzen in den Grundzügen und Haupterscheinungsformen bündig zusammen. So entstand nicht eine Geschichte der antiken Ökonomie, sondern ein systematischer, nach Themen gegliederter Überblick, in dem freilich auf grundlegende historische Entwicklungen hingewiesen wird.
Das Buch ist klar und anschaulich geschrieben und mit vielen Beispielen und Zitaten durchsetzt. Es ging aus einer Vorlesung für Hörer aller Fakultäten hervor; die Erkenntnisse der modernen Soziologie und Ökonomie sind zugrunde gelegt.

Der Autor

Moses I. Finley, geb. 1912 in New York, war zunächst an amerikanischen Universitäten und Instituten tätig, vor allem an der Columbia University, und lehrt seit 1955 in England an der Cambridge University. Er gehört zu den führenden Sozialhistorikern der Antike und ist Mitglied vieler wissenschaftlicher Institutionen und Akademien.
Veröffentlichungen u. a.: ›The World of Odysseus‹ (1954); ›Josephus‹ (1965); ›Ancient Sicily‹ (1968); ›Early Greece‹ (1970); ›The Use and Abuse of History‹ (1975); auf deutsch liegen vor: ›Die Griechen‹ (1976) und ›Die Olympischen Spiele der Antike‹ (mit H. W. Pleket, 1976).

Inhalt

Vorwort

Der Titel dieses Buches ist eindeutig und genau. Wenn auch Wandel und Veränderung immer wieder betrachtet und viele Hinweise auf zeitliche Abläufe gegeben werden, so handelt es sich doch nicht um ein Buch, das man eine »Wirtschaftsgeschichte« nennen würde. Ich habe Form und Inhalt der Sather Classical Lectures beibehalten, die ich während des Winterquartals 1972 an der University of California, Berkeley, vorzutragen die Ehre hatte, und habe dann Anmerkungen hinzugefügt sowie beträchtliche Veränderungen und Erweiterungen vorgenommen, die sich aus weiterer Arbeit und dem Überdenken ergaben. Für die vorliegende deutsche Ausgabe habe ich einige Verbesserungen angebracht und versucht, in den Anmerkungen die Veröffentlichungen der letzten drei Jahre zu berücksichtigen.

Es ist jetzt über vierzig Jahre her, daß ich meinen ersten Aufsatz über ein Thema aus der antiken Wirtschaftsgeschichte veröffentlicht habe. In all den Jahren danach hat sich eine große Dankesschuld angesammelt, die ich anderen Forschern abzustatten habe; ein Teil davon zeigt sich in den Anmerkungen. An dieser Stelle möchte ich mich darauf beschränken, Mr. Michael Crawford, Dr. Peter Garnsey und besonders Professor Peter Brunt zu danken, die alle das Manuskript gelesen haben und mir in großzügigster Weise mit Vorschlägen und Kritik zur Seite gestanden sind; dann den Freunden und Kollegen in Berkeley für ihre warme und herzliche Gastfreunschaft, meiner Frau für ihre unerschöpfliche Geduld und Hilfe sowie Herrn Andreas Wittenburg für die deutsche Übersetzung.

Februar 1977 M. I. Finley

I. Die Menschen der Antike und ihre Wirtschaft

Im Jahre 1742 veröffentliche Frances Hutcheson, Professor für Philosophie an der Universität Glasgow und Lehrer von Adam Smith, ein Kompendium der Ethik, *Philosophiae moralis institutio compendiaria*, dem er fünf Jahre später widerwillig eine englische Version folgen ließ; er hatte erkennen müssen, »daß es nicht möglich war, eine Übersetzung zu verhindern«. Das Buch III: »Die Prinzipien der Ökonomie und der Politik« beginnt mit drei Kapiteln über Ehe und Scheidung, die Pflichten von Eltern und Kindern, von Herren und Dienern, handelt aber sonst ausschließlich von Politik. In Buch II jedoch, das »Elemente des Naturrechts« überschrieben ist, beschäftigt er sich mit Eigentum, Erbfolge, Verträgen, dem Wert von Waren und Geld und mit dem Kriegsrecht. Diese Dinge waren offenbar nicht Gegenstand der »Ökonomie«.

Hutcheson war weder nachlässig noch uneinsichtig: er stand am Ende einer Tradition, die mehr als 2000 Jahre zurückreichte. Das Wort »Ökonomie«, griechischen Ursprungs, ist zusammengesetzt aus *oikos*, der Haushalt, und der vieldeutigen Wurzel *nem-*, die hier »regeln, verwalten, organisieren« bedeutet. Vorbild für die Tradition, die noch Hutcheson repräsentiert, war das Buch mit dem Titel *Oikonomikos* geworden, das Xenophon von Athen vor der Mitte des 4. Jahrhunderts v. Chr. geschrieben hatte. Xenophons *Oikonomikos*, in der Form eines sokratischen Dialogs abgefaßt, ist ein Lehrbuch für den adligen Landbesitzer. Es beginnt mit einer langen Einleitung über die richtige Lebensweise und die sinnvolle Verwendung des Reichtums; darauf folgt ein Abschnitt über die guten Eigenschaften und Fähigkeiten, die ein Hausvater benötigt, sowie über die Schulung und Behandlung seiner Sklaven, dann ein noch längerer Teil über hausfrauliche Tugenden und die Ausbildung einer Ehefrau und schließlich als längster ein Abschnitt über Landwirtschaft (dieser jedoch in Umgangssprache sozusagen, ohne spezielle Kenntnisse beim Leser vorauszusetzen). Im Grunde ist es ein Buch zur Ethik, und Frances Hutcheson war gewiß damit vertraut, als er eigene Kapitel über Ehe, Eltern und Kinder, Herren und Diener im »ökonomischen« Teil seiner *Einführung in die Moralphilosophie* schrieb. Im Vorwort, das sich an »die Universitätsstudenten« wendet, erklärt er, sein Buch könne, sofern es aufmerksam gelesen werde, »der Jugend einen besseren Zugang eröffnen zu den Werken der bekannten und bewunderten Autoren der Antike: zu Platon, Aristoteles, Xenophon, Cicero, wie auch der neueren Zeit: Grotius, Cumberland, Pufendorf, Harrington und anderer«. Er fügt dann eine entwaffnende Entschuldigung an dafür, daß er sich die »unangenehme und unnötige Mühe« erspart habe, sich auf andere Autoren zu beziehen und Belegstellen anzuführen: »allemal die der hervorragenden Autoren, ... da dies meiner Meinung nach nur für diejenigen von Nutzen sein könnte, die die zitierten Werke zur Hand haben, und so die entsprechenden Textstellen mühelos mit Hilfe ihrer Indizes auffinden könnten«.

Freilich gab es auch nicht immer Parallelstellen. Hutchesons Auffassung von Ehe und Scheidung zum Beispiel war christlich (wenn auch liberal und deistisch, ohne Bezug auf ein Sakrament) und deutlich verschieden von griechischen wie römischen Vorstellungen. Auch hätte er für die Antike keine genaue Entsprechung finden können für den Schlüsselbegriff in seiner Definition von »Ökonomie«, die ja »die Rechte und Pflichten innerhalb einer Familie behandelt«[1]. Weder das Griechische noch das Lateinische besitzen einen Ausdruck mit dem ganz normalen modernen Sinngehalt »Familie«, wie wenn man sagt: »Ich verbringe Weihnachten mit meiner Familie.« Das lateinische *familia* hatte eine weitgespannte Bedeutung: alle Personen, frei oder unfrei, die sich unter der Autorität eines *pater familias*, eines Hausvaters, befanden; oder aber alle Abkömmlinge eines gemeinsamen Vorfahren; oder der gesamte Besitz eines Mannes; oder einfach alle Diener eines einzelnen (daher umfaßte der Begriff *familia Caesaris* alle Sklaven im Besitz des Kaisers und alle Freigelassenen im kaiserlichen Dienst, nicht aber die Ehefrau und die Kinder des Kaisers). Wie bei dem griechischen Wort *oikos* lag ein starker Akzent auf dem Besitzaspekt; es ergab sich zu keiner Zeit die Notwendigkeit, eine spezielle Bezeichnung mit der eingeschränkten Bedeutung unseres heutigen Wortes »Familie« zu finden. Der *pater familias* war nicht der Vater im biologischen Sinne, sondern derjenige, der die Autorität über den Haushalt ausübte. Das römische Recht unterteilte diese Autorität in drei Elemente, die ich schematisch skizzieren möchte: *potestas* ist die Gewalt über Kinder (Adoptivkinder eingeschlossen), über Kindeskinder und über Sklaven; *manus* ist die Gewalt über die

[1] *Moral Philosophy*, 3. Aufl. Glasgow 1764, S. 274.

Ehefrau und die Ehefrauen der Söhne; *dominium* ist die Gewalt über den Besitz[2].

Diese Dreiteilung entspricht genau den Verhältnissen eines bäuerlichen Haushalts. Der Herr führt und kontrolliert die Menschen und den Besitz der Gruppe, ohne zwischen wirtschaftlichen, individuellen und sozialen Belangen zu unterscheiden. Solche Unterscheidungen nämlich könnte man nur auf Grund theoretischer Überlegungen treffen, nicht aber in der Praxis. Eben diese Dreiteilung ist es, auf die Xenophon im *Oikonomikos* aufbaut, wenn er auch auf ein Niveau abzielt, das über dem eines bäuerlichen Haushalts liegt; und sie blieb eine Grundlage der europäischen Zivilisation bis weit in das 18. Jahrhundert hinein (in sehr vielen Gebieten sogar noch länger).

Die deutsche Sprache besitzt, anders als etwa das Englische, ein Wort für *patria potestas,* nämlich »Hausgewalt«. Im Deutschen fehlte übrigens ursprünglich ebenfalls ein Wort für »Familie« im engeren, heutigen Sinne, bis sich dieses Wort im 18. Jahrhundert einbürgerte[3]. Die Geschichte des deutschen Wortes »Wirtschaft« ist der des englischen *economics* vergleichbar, und es gibt eine entsprechende Literatur, die man in der modernen Forschung mit der treffenden Bezeichnung »Hausvaterliteratur« belegt hat[4]. Wenn wir bis auf das 1682 veröffentlichte Werk *Georgica curiosa oder Adeligs Land- und Feldleben* des Wolf Helmhard von Hohenberg zurückgehen, in dessen Vorwort das Wort *oeconomia* gebraucht wird, so zeigt sich, daß ein um vieles erweiterter Themenkreis fachbezogener behandelt wird als bei Xenophon, daß aber die Grundkonzeption des Gegenstands, nämlich *oikos* oder *familia,* unverändert geblieben ist.

[2] Vgl. Aristoteles' Definition, *Politik* 1278b37–38: »die Herrschaft über die Kinder, die Frau und das ganze Haus, die wir die Hausverwaltung nennen«. Über die neueste anthropologische Untersuchung des Unterschieds zwischen »Familie« und »Haushalt« siehe D. R. Bender, *A Refinement of the Concept of Household,* American Anthropologist 69, 1967, S. 493–504. Die Arbeit würde davon profitieren, wenn man ihren Horizont erweitern und historische Gesellschaftsordnungen einbeziehen würde, zusätzlich zu der begrenzten Art von Gemeinschaften, die Anthropologen normalerweise untersuchen.

[3] Siehe O. Brunner, *Das »ganze Haus« und die alteuropäische Ökonomik,* in seinem: *Neue Wege der Sozialgeschichte,* Göttingen 1956, S. 33–61, hier S. 42 (ursprünglich erschienen in der Zeitschrift für Nationalökonomik 13, 1950, S. 114–39); K. Singer, *Oikonomia. An Inquiry into Beginnings of Economic Thought and Language,* Kyklos 11, 1958, S. 29–54, sind Einlassungen eines Amateurs, die man möglichst ignorieren sollte.

[4] Brunner, ibid., und H. L. Stoltenberg, *Zur Geschichte des Wortes Wirtschaft,* Jahrbücher für Nationalökonomik und Statistik 148, 1938, S. 556–61.

Sowohl in ihrer ethischen und psychologischen Unterweisung wie als landwirtschaftliche Anleitung und in der Ermahnung zu gottesfürchtigem Leben waren alle diese Bücher für die Praxis bestimmt. Gleichwohl steht bei Xenophon nicht ein einziger Satz, der ein wirtschaftliches Prinzip ausdrückt oder eine Art ökonomischer Analyse bietet, es steht nichts da über Produktivität, über »rationelle« Arbeitsweise, über Vermarktung landwirtschaftlicher Produkte[5]. Die Lehrbücher der römischen Agrarschriftsteller (und ohne Frage ihre verlorenen griechischen Vorläufer) erörtern gelegentlich Absatzmöglichkeiten, Bodenbeschaffenheit und ähnliches, aber auch sie kommen bei ihren Beobachtungen nie über allgemein erkennbare praktische Ansätze hinaus (sofern sie nicht überhaupt grobe Fehler machen oder in die Irre führen). Varros Rat (*De re rustica* 1, 16, 3), auf einem Landgut in der Nähe der Stadt Rosen und Veilchen zu züchten, nicht aber auf einem Besitz, der allzu weit von einem städtischen Markt entfernt liegt, ist ein gutes Beispiel für diesen Sinn fürs Praktische[6]. »Das Wissen des Laien«, so betont Schumpeter richtig, »daß reiche Ernten mit niedrigen Lebensmittelpreisen Hand in Hand gehen, ... ist eindeutig vorwissenschaftlich, und es ist absurd, auf solche Feststellungen in alten Schriften hinzuweisen, als wären es Entdeckungen.« Er fuhr fort, »daß in der Wirtschaftswissenschaft wie in anderen Disziplinen die meisten Feststellungen von grundlegenden Tatsachen gemeinhin erst durch den Überbau, der darüber errichtet wird, eine Bedeutung gewinnen. Wo dieser Überbau fehlt, bleiben sie nur Gemeinplätze.«[7] Die »Hausvaterliteratur« hatte nie Basis sein sollen für einen theoretischen Überbau und blieb daher, was die Geschichte der Wirtschaftsanalyse und Wirtschaftstheorie angeht, ohne Konsequenz. Von der »Ökonomie« des Frances Hutcheson führte kein Weg zu dem 24 Jahre später erschienenen *Wealth of Nations (Der Wohlstand der Nationen)* eines Adam Smith[8].

Der Weg dorthin begann, lexikographisch gesprochen, mit

[5] Übersetzungen können leicht in die Irre führen. Die beste ist die französische von P. Chantraine in seiner Ausgabe des *Oikonomikos* in der Collection Budé (Paris 1949); vgl. meine Rezension in Classical Philology 46, 1951, S. 252f.

[6] Siehe G. Mickwitz, *Economic Rationalism in Graeco-Roman Agriculture*, English Historical Review 52, 1937, S. 577–89.

[7] *Geschichte der ökonomischen Analyse*, hrsg. v. E. B. Schumpeter, Göttingen 1965, S. 39 und 93.

[8] E. Cannan, *A Review of Economic Theory*, London 1929 (Neudr. 1964), S. 38. Cannans kurzes zweites Kapitel, ›The Name of Economic Theory‹, ist die wesentliche Grundlage meiner unmittelbar folgenden Bemerkungen.

dem Verständnis von *oikonomia* nicht im wörtlichen Sinne, sondern im erweiterten Sinne von jeder Art von Organisation oder Verwaltung. So machte zum Beispiel in der Generation nach Xenophon ein rivalisierender Politiker den Demosthenes lächerlich als jemanden, der »in den *oikonomiai*, den Angelegenheiten des Staates, zu nichts nutze sei«, und auch der griechische Historiker Polybios benutzte zweihundert Jahre später dieselbe übertragene Bedeutung[9]. Als das Wort dann in das Lateinische eindrang, finden wir es, von Quintilian verwandt, als Ausdruck für den Aufbau oder die Disposition eines Gedichts oder rhetorischen Werkes[10]. Und noch im Jahre 1736 konnte François Quesnay einer Abhandlung den Titel *Essai physique sur l'économie animale* geben – es ist derselbe Quesnay, dessen *Tableau économique* vom Jahre 1758 zusammen mit dem *Wohlstand der Nationen* als Grundstein der Wissenschaft gelten muß, die wir »Ökonomie« nennen.

Da die Einkünfte eine so große Rolle in den Angelegenheiten des Staates spielen, ist es nicht verwunderlich, daß *oikonomia* gelegentlich auch im Sinne der Verwaltung der Staatseinkünfte gebraucht wird. Der einzige griechische Versuch, eine umfassende Definition zu geben, ist die Einleitung zum 2. Buch des pseudo-aristotelischen *Oikonomikos*, und was an diesem halben Dutzend Paragraphen bemerkenswert ist, ist nicht nur ihre vernichtende Banalität, sondern auch die Tatsache, daß sie in der gesamten überlieferten Literatur der Antike alleinstehen. Es waren offenbar die Franzosen, die als erste von *économie politique* zu sprechen pflegten, wobei auch sie bis ungefähr 1750 normalerweise eher Politik als Wirtschaft meinten. Zu jenem Zeitpunkt hatte sich eine wachsende Zahl von Schriften über Handel, Geld, Staatseinnahmen und Wirtschaftspolitik angesammelt, und in der zweiten Hälfte des 18. Jahrhunderts schließlich erlangte der Begriff »Nationalökonomie« seine vertraute, spezielle Bedeutung als Volkswirtschaftslehre. Im Englischen ist die kürzere Bezeichnung *economics* eine Neuerung des späten 19. Jahrhunderts und setzte sich erst mit der Publikation von Alfred Marshalls *Principles of Economics* im Jahre 1890 durch.

Marshalls Titel kann man weder ins Griechische noch ins

[9] Deinarchos 1, 97 bzw. Polybios 4, 26, 6. An anderer Stelle (4, 67, 9) gebraucht Polybios das Wort in der Bedeutung »militärische Anordnungen«.

[10] Quintilian 1, 8, 9; 3, 3, 9. Beispiele für den Gebrauch in diesem Zusammenhang bei späteren griechischen Autoren (auch bei englischen übrigens) findet man leicht in einem Lexikon.

Lateinische übersetzen. Ebensowenig kann man das mit den Grundbegriffen wie Arbeit, Produktion, Kapital, Ivestition, Einkommen, Kreislauf, Nachfrage, Unternehmer, Nutzen, zumindest nicht in der abstrakten Form, die die ökonomische Analyse erfordert[11]. Indem ich das betone, möchte ich nicht behaupten, daß die Menschen der Antike wie Molières M. Jourdain waren, der Prosa sprach, ohne es zu wissen, sondern daß ihnen in der Tat der Begriff einer »Wirtschaft« fehlte und darüber hinaus die begrifflichen Voraussetzungen für das, was wir »die Wirtschaft« nennen. Natürlich waren sie als Bauern oder Händler tätig, stellten Waren her, betrieben Bergbau, natürlich wurden Steuern erhoben und Münzen geprägt, man deponierte Geld und nahm welches auf, natürlich machten sie Gewinn oder scheiterten in ihren Unternehmungen. Sie sahen aber nicht all diese einzelnen Aktivitäten gedanklich als Einheit, als »differenzierte Unterfunktion der Gesellschaft« nach Parsonsscher Terminologie[12]. Aus diesem Grunde hat Aristoteles, dessen Ziel es war, alle Zweige des Wissens systematisch zu erfassen, keine *Ökonomie* geschrieben. Und aus diesem Grunde beruhen auch die ewigen Klagen über die Spärlichkeit und Mittelmäßigkeit antiker »Wirtschaftsliteratur« auf einer grundsätzlich falschen Vorstellung davon, worum es bei derartiger Literatur gehen konnte[13].

Nach all dem ist es unbedingt erforderlich zu fragen, ob es sich dabei um reinen Zufall handelt, um fehlendes Verständnis, um ein Problem der Begriffsgeschichte im engeren Sinne, oder ob das eine Folge der antiken Gesellschaftsstruktur ist. Lassen Sie mich die Frage an Hand zweier konkreter Beispiele wiederholen. David Hume, der eine breite und genaue Kenntnis der antiken Literatur besaß, machte folgende wichtige (und zu häufig unbeachtet gebliebene) Beobachtung: »Ich kann mich an keine Stelle bei irgendeinem antiken Autor erinnern, wo der Aufstieg einer Stadt der Errichtung einer Manufaktur zugeschrieben wird. Der Handel, von dem es heißt, er blühe, ist hauptsächlich der Austausch solcher Güter, für die andere Bodenbeschaffenheit und klimatische Bedingungen erforderlich waren.«[14] In jüngerer Zeit

[11] Diese Beobachtung machte Karl Bücher schon 1893; siehe *Die Entstehung der Volkswirtschaft*, 5. Aufl., Tübingen 1906, S. 114.

[12] Siehe T. Parsons und N. L. Smelser, *Economy and Society*, London 1956.

[13] Siehe mein *Aristoteles und die ökonomische Analyse*, Jahrbuch für Wirtschaftsgeschichte 1971/II, S. 87–105 (englisch in M. I. Finley [Hrsg.], *Studies in Ancient Society*, London 1974, Kap. 2).

[14] *Of the Populousness of Ancient Nations* in seinem *Essay*, Ausgabe London 1903, S. 415.

nun stellte ein Wirtschaftshistoriker, Edgar Salin, moderne zyklische Krisen, die er »rationale Störungen eines rationalen Prozesses« nannte (mir liegt die Ausdrucksweise nicht besonders), Krisen der Antike gegenüber, die immer auf Naturkatastrophen, den Zorn der Götter oder politische Unruhe zurückgeführt wurden[15]. Waren dies nur Unterschiede (oder Fehler) in der Beurteilung, oder gab es fundamentale Unterschiede in der zu erforschenden Realität?

Moderne Wirtschaftswissenschaftler können sich nicht auf eine bestimmte Definition ihres Fachs einigen, aber ich glaube, fast alle wären – von Nuancen abgesehen – mit dem folgenden Satz von Erich Roll einverstanden: »Wenn wir nun das wirtschaftliche System für eine ungeheure Konglomeration interdependenter Märkte ansehen, so wird die Erklärung des Tauschvorgangs oder besonders die Erklärung der Preisbildung zum zentralen Problem wirtschaftlicher Studien.«[16] (Das Wort »Markt« ist natürlich in abstraktem Sinne gebraucht, und ich muß nochmals darauf hinweisen, daß es in dieser Bedeutung nicht ins Griechische oder Lateinische übersetzt werden kann.) Aber was ist, wenn eine Gesellschaft zur Befriedigung ihrer materiellen Bedürfnisse nicht in »einem ungeheuren Konglomerat interdependenter Märkte« organisiert war? Es wäre dann nicht möglich, Gesetze (oder »statistische Gesetzmäßigkeiten«, wenn man diese Formulierung vorzieht) wirtschaftlichen Verhaltens zu entdecken oder zu formulieren, ohne die die Vorstellung einer »Wirtschaft« kaum entstehen kann, ökonomische Analyse aber unmöglich ist.

Graf Pietro Verri schrieb im Vorwort zu der Ausgabe seiner *Meditazioni sull'economia politica* von 1772: »Es scheint mir der Zeitpunkt gekommen zu sein, wo Nationalökonomie zu einer Wissenschaft wird; bisher hat eben nur diese Methode und diese Verbindung von Lehrsätzen gefehlt, um ihr die Gestalt einer Wissenschaft zu geben.«[17] Als Arbeitshypothese möchte ich behaupten, daß in der Antike ein solcher Zeitpunkt niemals gekommen war, da die Gesellschaft der Antike nicht in einem System

[15] *Der »Sozialismus« in Hellas*, in: *Bilder und Studien aus drei Jahrtausenden*. Eberhard Gothein zum siebzigsten Geburtstag, München/Leipzig 1923, S. 15–59, hier S. 52f.

[16] *A History of Economic Thought*, 2. veränderte Aufl., London 1945, S. 373. Roll führt in seine Definition das Element der »Knappheit an Gütern« nicht ein, das in anderen Stellungnahmen üblicherweise einbezogen wird, doch berührt das meine Argumentation nicht im geringsten.

[17] Zitiert nach Cannan, *Review*, S. 42.

lebte, das eine ungeheure Konglomeration interdependenter Märkte war; daß die Feststellungen Humes und Salins, die ich ausgewählt hatte, um den Sachverhalt am Beispiel klarzumachen, Aussagen waren über den organisationsmäßigen Aufbau, nicht über ein intellektuelles Versagen. Es gab keine wirtschaftlichen Zyklen in der Antike; keine Städte, deren Aufstieg der Errichtung einer Manufaktur zugeschrieben werden kann, nicht einmal von uns; und es gab keinen *Reichtum durch Außenhandel*, um den Titel von Thomas Muns berühmtem Buch zu benutzen, das durch die Depression der Jahre 1620 bis 1624 angeregt wurde und den Untertitel trägt: *Der Überschuß unseres Außenhandels ist der Maßstab unseres Reichtums* – dieses Werk gehört der frühen Vorgeschichte der ökonomischen Analyse an[18].

Man mag einwenden, daß ich »Wirtschaft« willkürlich einenge auf die Analyse eines kapitalistischen Systems, während doch nichtkapitalistische oder vorkapitalistische Gesellschaften auch eine Wirtschaftsordnung besitzen mit Regeln und Gesetzmäßigkeiten und sogar einem gewissen Maß an Vorhersagbarkeit, ganz gleich, ob sie sie systematisieren oder nicht. Ich halte diesen Einwand, von dem Wort »willkürlich« abgesehen, für richtig; auch ich bin eindeutig der Meinung, daß wir das Recht haben, solche Wirtschaftsordnungen zu untersuchen und Fragen über ihre Gesellschaft zu stellen, auf die die Menschen der Antike nicht gekommen wären. Wenn ich eine so lange Einleitung mit vielleicht zu vielen lexikographischen Details gegeben habe, so deswegen, weil es um eine grundsätzliche methodische Frage geht. Die Wirtschaftssprache und die wirtschaftlichen Vorstellungen, die uns allen, sogar den Laien unter uns, vertraut sind, die »Prinzipien«, ganz gleich, ob es die Alfred Marshalls oder die Paul Samuelsons sind, und die von uns benutzten Modelle sind dazu angetan, uns in eine falsche Richtung zu weisen. Zum Beispiel waren sowohl Löhne wie Zinssätze in griechischer und römischer Zeit über lange Perioden lokal ziemlich stabil (abgesehen von plötzlichen Schwankungen in Zeiten heftiger politischer Auseinandersetzungen oder bei militärischen Eroberungen), so daß man die Situation sogleich verfälscht, wenn man von einem »Arbeitsmarkt« oder »Geldmarkt« spricht[19]. Aus dem gleichen

[18] Siehe den Forschungsbericht von M. Blaug, *Economic Theory and Economic History in Great Britain, 1650–1776*, Past & Present 28, 1964, S. 111–16.

[19] In bezug auf Rom, wo die Belege zur Höhe der Löhne noch knapper sind als für Griechenland, wird der Vorrang einer konventionellen vor einer am Markt orientierten Höhe gezeigt von M.H. Crawford, *Roman Republican Coinage* (2 Bde), Cambridge 1974, Bd. 2, Kap. 6.

Grunde ist kein modernes Investitionsmodell anwendbar auf die Entscheidungen der Männer, die die Gesellschaft der Antike beherrschten.

Zu den Zinssätzen, die stabil blieben, gehörten die für Seedarlehen, die die früheste Form einer Versicherung darstellen und mindestens bis auf das späte 5. Jahrhundert v. Chr. zurückgehen. Im Zusammenhang mit dieser Art von Versicherung entstand eine beachtliche Zahl gesetzlicher Regelungen, aber nicht die Spur eines statistischen Konzepts, und das mag das Fehlen von Statistiken hinreichend aufzeigen, woher auch unsere Schwierigkeiten bei dem Versuch, antike Wirtschaftsdaten zahlenmäßig zu erfassen, kommen – ein Gegenstand häufiger Klagen seitens der Historiker. Selbst die wenigen Zahlen, mit denen der eine oder andere antike Autor aufwartet, sind a priori suspekt: man kann nicht immer unterscheiden, ob sie vielleicht nur die eigene Vermutung des Autors sind oder ob er sie aber angibt, weil sie außergewöhnlich sind. Es ist vergebliche Mühe, die Grundbesitzverhältnisse im klassischen Athen untersuchen zu wollen auf der Basis von genau fünf Zahlen für individuellen Landbesitz, die über einen Zeitraum von ungefähr einem Jahrhundert verstreut sind und von denen mindestens eine abhängig ist von einer schwierigen Interpretation der Grenzen des beschriebenen Landguts. Die fehlende Genauigkeit unserer Kenntnis über römischen Grundbesitz ist nicht weniger enttäuschend[20].

Und was wissen wir tatsächlich, wenn Thukydides (7, 27, 5) uns erzählt, im letzten Jahrzehnt des Peloponnesischen Kriegs seien mehr als 20000 Sklaven aus Attika entflohen? Hatte Thukydides ein Agentennetz entlang der Grenze zwischen Attika und Böotien und ließ zehn Jahre lang die Flüchtigen zählen, die die Grenze heimlich überschritten? Das ist keine banale Frage, wenn man die Ernsthaftigkeit bedenkt, mit der seine Angabe in modernen Werken wiederholt wird, um dann als Basis zu dienen für Kalkulationen und Schlußfolgerungen. Der Zusammenhang läßt erkennen, daß der Verlust nach Meinung des Thukydides ein schwerer Schlag für Athen war. Ein moderner Historiker wäre

[20] Siehe G.E.M. de Ste. Croix, *The Estate of Phaenippus (Ps.-Dem.* XLII), in: *Ancient Society and Its Institutions.* Essays for V. Ehrenberg, hrsg. v. E. Badian, Oxford 1966, S. 109–14. Der hoffnungslose Mangel an zahlenmäßigen Informationen über römischen Landbesitz kommt zum Ausdruck bei R. D. Duncan-Jones, *The Economy of the Empire. Quantitative Studies,* Cambridge 1973, Appendix 1.

vermutlich fortgefahren mit einer Angabe darüber, welchen Anteil an der Gesamtzahl der Sklavenbevölkerung 20000 ausmache. Thukydides tat das nicht, weil er die Gesamtzahl ebensowenig kannte wie sonst irgend jemand in Athen. Daraus folgt, daß die Zahl 20000 nicht mehr als eine Vermutung ist, und wir können nur hoffen, daß es eine gelehrte Vermutung war. Und ob wir diese Hoffnung gar hegen können bei der Zahl von 120000 bewaffneten Sklaven, die unter der Führung des Spartacus im Jahre 72 v. Chr. auf Rom marschiert sein sollen, daran zweifle ich[21].

Doch es nützt nichts, sich zu beklagen. Sogar in der Wirtschaftsgeschichte der Neuzeit ist es, wie Fogel in einer programmatischen Erklärung zur historischen Ökonometrie, der »New Economic History«, betont, »oft so, daß die Zahl der verfügbaren Daten häufig unter dem Minimum liegt, das für gewöhnliche statistische Verfahren notwendig ist. In solchen Fällen ist der entscheidende Faktor für erfolgreiches Vorgehen die Fähigkeit des Forschers, außergewöhnlich wirksame Methoden für die Auswertung der Daten zu finden – d. h. eine Methode zu entwickeln, die es ihm erlaubt, mit den beschränkt verfügbaren Daten zu einem Ergebnis zu kommen.«[22] Uns sind enge Grenzen gesetzt: Kein Althistoriker kann z.B. versuchen, Parallelen zu Fogels Studie über die wirtschaftliche Bedeutung der Eisenbahn im 19. Jahrhundert zu ziehen, schon weil dem als Voraussetzung entgegensteht, daß die Eisenbahn noch nicht erfunden war und somit die Wasserwege ausgebaut worden waren. Wir werden aber doch sehen, daß man bisweilen Methoden finden kann, solche antiken Daten auszuwerten, die auf den ersten Blick als nicht verwertbar erscheinen.

Man sollte auch die Gefahren sehen. Althistoriker sind nicht gegen üblichen Zahlenfetischismus gefeit. Sie versuchen, quantitative Angaben als Beweis in Anspruch zu nehmen, wo die Quelle das nicht erlaubt, oder sie überschätzen die Folgerungen,

[21] Appian, *Bellum civile* 1, 14, 117. Die Zahlen bei Velleius Paterculus 2, 30, 6 (90000) und bei Orosius 5, 24, 2 (70000) sind nicht zuverlässiger, nur weil sie kleiner sind. Theoretisch hätten römische Schriftsteller verläßlicher Sklavenzahlen zumindest für Italien und andere Distrikte aus den Zensuszahlen zusammenstellen können, denn darin waren Aufstellungen über derartigen Besitz enthalten. Wesentlich ist aber, daß niemand das je wirklich tat und daß auch dann, wenn jemand es getan hätte, keine verläßlichen Zahlen für die Anhänger des Spartacus zu erhalten gewesen wären.

[22] R. J. Fogel, *The New Economic History, Its Findings and Methods,* Economic History Review (2. Reihe) 19, 1966, S. 642–56, hier S. 652f.

die man berechtigterweise aus ihren Zahlen ziehen darf. Denkmodelle, Verhaltensmuster stehen im Mittelpunkt einer jeden historischen Untersuchung wie der vorliegenden. Whitehead sagte: »Außerhalb des Zusammenhangs mit einem vorausgesetzten Denkmodus sagt die Quantität überhaupt nichts aus.«[23] Statistische Angaben helfen sowohl Denkmuster zu entdecken, wie sie zu erläutern, doch gibt es auch Seiten, die sich einer quantitativen Behandlung entziehen[24].

Eine weitere Gefahr ist, daß man, sofern es gelungen ist, eine vernünftige Reihe von Zahlen zu gewinnen, diese Kenntnis den Menschen der Antike selbst als wichtiges Kriterium ihrer Entschlüsse und Entscheidungen unterstellt. »Schließlich lebt eine Gesellschaft nicht nur in einer Welt voll Statistiken«[25] – nicht einmal heute und tausendmal weniger noch in der Antike. Es ist daher eigentlich weniger unser Problem, neue umständliche Methoden zu erfinden, die angesichts der Quellenlage gezwungenermaßen doch wieder einfach bleiben, als vielmehr die richtigen Fragen zu stellen. Und, wie ich hinzufügen muß, die anekdotenhafte Arbeitsweise aufzugeben, ein oder zwei Beispiele auszugraben und so zu tun, als ob das ein Beweis sei.

Was die Menschen der Antike angeht, so kann man rein von ihrer intellektuellen Beschaffenheit her weder ihre Unberührtheit von Statistik erklären noch die Tatsache, daß sie keine Wirtschaftsanalyse betrieben. Eine Gesellschaft, die das Werk des Apollonius von Perge über Kegelschnitte hervorgebracht hat, besaß mehr als genug mathematisches Wissen für das, was die Engländer und Holländer des 17. Jahrhunderts »politische Arithmetik« nannten, wir heute Statistik nennen und das von Sir Charles Davenant 1698 in seinem *Discourse on the Public Revenues* bezeichnet wird als »die Fähigkeit, mit Hilfe von Zahlen über Regierungsangelegenheiten zu urteilen«[26]. Zahlen über Re-

[23] A. N. Whitehead, *Modes of Thought*, New York 1938, S. 195, zitiert aus dem Anhang »Anmerkung über Statistik und konservative Historiographie« in: Barrington Moore jr., *Soziale Ursprünge von Diktatur und Demokratie*, Frankfurt 1969, S. 598, Anm. 15.

[24] »Und doch«, so schreibt Nicholas Georgescu-Roegen, einer der Pioniere der modernen mathematischen Wirtschaftswissenschaft, »gibt es eine Grenze dessen, was wir mit Zahlen auszurichten vermögen, wie es sie für das gibt, was wir ohne Zahlen tun können«: *Analytical Economics*, Cambridge/Mass. 1966, S. 275.

[25] J. Stengers, *L'historien devant l'abondance statistique*, Revue de l'Institut de Sociologie 1970, S. 427–58, hier S. 450.

[26] Zitiert nach H. Westergaard, *Contribution to the History of Statistics*, London 1932, S. 40; vgl. auch H. Westergaard und H. C. Nybølle, *Grundzüge der Theorie der Statistik*, 2. Aufl., Jena 1928, S. 31 ff.

gierungsangelegenheiten fehlten nicht völlig in der Welt der Antike. Wenn Thukydides (2, 13, 3–8) uns die Anzahl der verfügbaren Hopliten, Ritter und Schiffe der Athener und die Höhe der Geldreserven bei Ausbruch des Krieges nennt, so war das keine Mutmaßung. Alle Staaten der Antike führten Listen zumindest ihrer Kampftruppen, und einige, vor allem jene, die unter der Herrschaft eines Autokraten standen, führten auch zu Steuerzwecken einen Zensus durch und registrierten andere Informationen im Interesse der staatlichen (königlichen) Einkünfte[27]. Aber mit Zahlen urteilen heißt mehr als nur zählen und aufzeichnen, und darin liegt der große Unterschied. Mit Zahlen urteilen setzt eine Vorstellung von Relationen und Tendenzen voraus, ohne die das gesammelte Zahlenmaterial von beschränkter Qualität bleiben mußte, und es ist ebenso bedeutsam, daß die Aufzeichnungen normalerweise, nachdem sie ihren unmittelbaren Zweck erfüllt hatten, nicht mehr aufgehoben wurden. Daher gab es in der Antike bis auf Ausnahmen weder auf dem privaten noch auf dem öffentlichen Sektor Zahlenreihen für einen längeren Zeitraum, und ohne solche Zahlenreihen kann es kein Argumentieren mit Zahlen geben, keine Statistik. Thukydides konnte nicht die notwendigen Daten liefern (oder lieferte sie jedenfalls nicht), die für eine fortlaufende Erfassung der Bevölkerungszahlen während des Peleponnesischen Kriegs notwendig sind.

Ich habe damit nicht gerade etwas Neues gesagt. Schon vor langer Zeit, im Jahre 1831, kritisierte Richard Jones, daß Ricardos Zinstheorie auf der Annahme basiere, die allgemeine Form von Zins sei das, was er, Jones, Agrarzins nenne – eine Annahme, die die historische Forschung als falsch erweise[28]. In neuerer Zeit wurde von Max Weber und dem wichtigsten seiner Schüler unter den Althistorikern, Johannes Hasebroek, mit Nachdruck vertreten, daß eine marktwirtschaftliche Analyse auf die Antike nicht anwendbar sei; in unseren Tagen vertritt Karl Polanyi diese Ansicht[29]. Doch hat das alles nichts genützt[30]. Das geläufige

[27] Auf die durchaus nicht unwichtige Frage, inwiefern die außerordentlich umfassenden Archive des ptolemäischen Ägypten mehr Ausdruck eines bürokratischen Anspruchs waren als Aufzeichnungen dessen, was tatsächlich im Lande vor sich ging, brauche ich hier nicht einzugehen; siehe P. Vidal-Nacquet, *Le bordereau d'ensemencement dans l'Égypte ptolémaïque*, Brüssel 1967.

[28] *An Essay on Distribution of Wealth ...*, London 1831; siehe Karl Marx, *Theorien über den Mehrwert*, Marx-Engels, Werke, Bd. 26, Berlin 1968, S. 390–93.

[29] Siehe meinen Bericht in: Proceedings of the 2nd International Conference of Economic History, Aix-en-Provence 1962, Bd. 1: *Trade and Politics in the Ancient World*, Paris-Den Haag 1965; E. Will, *Trois quarts de siècle de recherches sur*

englische Standardwerk über griechische Wirtschaftsgeschichte führt weder *household* noch *oikos* in seinem Index[31]. Sir John Hicks bietet ein Modell für die »Erste Phase der Merkantilwirtschaft« im Stadtstaat, wobei angenommen wird, daß »der Handel (Öl gegen Getreide) *wohl nicht aufgekommen wäre*, wenn er nicht von Anfang an beträchtlichen Gewinn gebracht hätte« (die Kursive stammt von mir)[32]. Ein Althistoriker berichtet uns davon, daß in Athen unter der Tyrannis der Peisistratiden im 6. Jahrhundert v. Chr. mit »dem Einsatz staatlicher Mittel zur Förderung der Landwirtschaft« die »Investition von Kapital im Handel« konkurriert habe[33]. Ihre Annahmen, die expressis verbis oder zwischen den Zeilen geäußert werden, zeigen eine »sterile Lehrmeinung von der Gesellschaft«, welche vorgibt, daß »alle Arten von Gesellschaften objektiv in eine endliche Zahl konstanter Elemente zerlegt werden können«[34]. Wenn solche Annahmen sich als nicht anwendbar auf die Antike erweisen, so müssen alle Folgerungen über wirtschaftliches Verhalten und ähnliche Leitwerte falsch sein. Ich möchte vorschlagen, daß wir andere Vorstellungen und andere Modelle suchen, die der Wirtschaft der Antike entsprechen und nicht (oder wenigstens nicht notwendigerweise) der unseren.

Doch zuerst sollte ich endlich definieren, was ich mit »Antike« meine. Im 19. Jahrhundert hätte ich das nicht nötig gehabt. Die Unterteilung der Geschichte Europas in Antike, Mittelalter und

l'économie grecque antique, Annales: Economies, Sociétés, Civilisations 9, 1954, S. 7–22; E. Lepore, *Economia antica e storiografia moderna (Appunti per un bilancio di generazioni),* in: Ricerche ... in memoria die Corrado Barbagallo, Bd. 1, Neapel 1970, S. 3–33. Polanyis diesbezügliche Schriften sind bequem zusammengestellt in dem Band *Primitive, Archaic and Modern Economies,* hrsg. v. G. Dalton, Garden City/N. Y. 1968. Vgl. S. C. Humphreys, *History, Economics and Anthropology. The Work of Karl Polanyi,* History and Theory 8, 1969, S. 165–212.

30 Es ist lehrreich, die Diskussion zwischen E. Lepore und W. Johannowsky (und anderen Spezialisten für das Westgriechentum) in: Dialoghi di Archeologia 1969, S. 31–82 und 175–212 nachzulesen.

31 H. Michell, *The Economics of Ancient Greece,* 2. Aufl., Cambridge 1957. Man vergleiche dagegen C. Mossé, *The Ancient World at Work,* London 1969, eine verbesserte Fassung der französischen Originalausgabe.

32 *A Theory of Economic History,* Oxford 1969, S. 42f.

33 A. French, *The Growth of the Athenian Economy,* London 1964, S. 54.

34 Georgescu-Roegen, *Analytical Economics,* S. 111. Der ganze erste Teil seines Buches ist eine heftige Argumentation gegen die Anwendbarkeit solcher ökonomischer Theorien und Konzepte, die für ein kapitalistisches System formuliert wurden, auf andersartige Gesellschaften; man beachte auch die angenehm kurze und präzise Stellungnahme auf S. 360ff.

Neuzeit, eine Auffassung, die ihre Wurzeln in der Renaissance hatte, war eine allgemein anerkannte Konvention. In diesem Jahrhundert hat sie die verschiedensten Angriffe und Einwendungen erfahren – von der Erkenntnistheorie, vom Psychologischen, vom Politischen her. Doch auch wenn am Ende alle Schwierigkeiten und Ausnahmen gebührend in Betracht gezogen sind, wenn wir zugeben, daß »die Einteilung in historische Perioden mehr auf Übereinkunft beruht als auf Folgerungen aus allseits anerkannten Erkenntnissen«[35], wenn wir dem Werturteil abschwören, das in einem Begriff wie »die dunklen Jahrhunderte« liegt, wenn wir anerkennen, daß auch China und Indien ihre Geschichte haben und man diese nicht übersehen darf, so bleibt doch folgendes wahr: erstens hat die europäische Zivilisation eine einzigartige Geschichte, die man zu Recht für sich betrachten kann[36]; zweitens gibt selbst die oberflächliche Beschäftigung mit dem Lauf der europäischen Geschichte ein untrügliches Gefühl für die qualitativen Unterschiede der traditionellen Perioden untereinander (ganz abgesehen davon, was für weitere Differenzierungen innerhalb der Perioden es geben mag)[37]; drittens müssen Geschichte und Vorgeschichte getrennte Forschungsgebiete bleiben, gehören neolithische Siedlungen ebenso wie die heutigen schriftlosen Kulturen, die von den Anthropologen erforscht werden, gewissermaßen noch zu einer anderen »Periode«.

Ist man aber bei der Fülle des heute verfügbaren neuen Wissensstoffs auch berechtigt, die wichtigen schöpferischen Kulturen des antiken Vorderasiens von der »Alten Geschichte« auszuschließen, die Sumerer, Babylonier und Assyrer, die Hethiter, Kanaaniter, Hebräer und Phönizier, die Ägypter, die Perser? Als Argument für die Abtrennung kann nicht gelten, daß diese Kulturen auf Kontinenten bestanden, die wir heute Asien und Afrika nennen, und nicht in Europa; auch nicht, daß diese Völker zumeist eine Sprache hatten, die außerhalb der indogermanischen Sprachfamilie stand (zu der allerdings das Hethitische und

[35] G.H. Nadel, *Periodization,* in: International Encyclopedia of the Social Sciences 11, 1968, S. 581–85, hier S. 581.

[36] Zur Nichtübertragbarkeit der Einteilungen, Kategorien und Vorstellungen der abendländischen Geschichte auf die Geschichte Chinas siehe A. F. Wright und D. Bodde in: *Generalization in the Writing of History,* hrsg. v. L. Gottschalk, Chicago 1963, S. 36–65.

[37] »Einige Historiker sind offenbar außerstande, Kontinuitäten und Unterschiede gleichzeitig zu erkennen.« So beginnt eine diesbezügliche Anmerkung von E. Panofsky, *Sinn und Deutung in der bildenden Kunst,* Köln 1975, S. 29, Anm. 3.

Persische doch gehören). Andererseits ist es kein Argument dafür, sie einzubeziehen, wenn man die Beeinflussung und die wirtschaftlichen oder kulturellen Verbindungen zwischen der griechisch-römischen Welt und den Kulturen Vorderasiens betont: die Entwicklung des blauen Wedgwood-Porzellans erfordert nicht die Einbeziehung Chinas als integralen Bestandteil für eine Beurteilung der industriellen Revolution in England. Von Bedeutung ist vielmehr, inwieweit sich zwei Zivilisationen (oder Kulturkreise) grundsätzlich in jedem Punkt unterscheiden: in ihrer Sozialstruktur, ihrem Machtgefüge (im Inneren wie nach außen), in dem Verhältnis von Machtgefüge und Religion, im Vorhandensein oder Fehlen des Schreibers als zentraler Figur. Fast genügt es darauf hinzuweisen, daß es nicht möglich ist, das Wort »Freiheit«, im Griechischen *eleutheria*, im Lateinischen *libertas*, oder die Bezeichnung »frei« in irgendeine der vorderasiatischen Sprachen einschließlich des Hebräischen (oder übrigens auch der fernöstlichen Sprachen) zu übersetzen[38].

Die Wirtschaft der vorderasiatischen Kulturen wurde von großen Palästen oder Heiligtümern beherrscht, denen der größere Teil des anbaufähigen Landes gehörte und die faktisch ein Monopol besaßen auf alles, was man »industrielle Produktion« nennen könnte, wie auch auf den Außenhandel (das schließt den Handel mit benachbarten Städten ein, nicht nur den Fernhandel). Sie organisierten das wirtschaftliche, militärische, politische und religiöse Leben der Gesellschaft allein mit Hilfe einer komplizierten bürokratischen Aufzeichnungspraxis, für die »Buchführung« im weitesten Sinne die beste kurze Bezeichnung ist, die mir einfällt. All das ist für die griechisch-römische Welt nicht wichtig, bevor nicht durch Alexander und später die Römer weite Gebiete Vorderasiens eingegliedert wurden. Dann erst wird man sich mit dieser vorderasiatischen Gesellschaftsform näher zu beschäftigen haben. Doch sollte ich in anderem Zusammenhang »Antike« als beide Kulturbereiche umfassend verstehen, so gäbe es nicht ein einziges Thema, das ich erörtern könnte, ohne getrennte Kategorien und unterschiedliche Vorstellungen und Modelle anzuwenden. Die Ausschließung der vorderasiatischen

[38] Siehe meinen Aufsatz *Between Slavery and Freedom*, Comparative Studies in Society and History 6, 1964, S. 233–49; mehr allgemein der anregende »Dialog« zwischen J. Gernet und J.-P. Vernant, *L'évolution des idées en Chine et en Grèce du VIe au IIe siècle avant notre ère*, Bulletin de l'Association Guilleaume Budé 1964, S. 308–25, wieder abgedruckt in J.-P. Vernant, *Mythe et société en Grèce ancienne*, Paris 1973, S. 83–102.

Kulturen ist daher nicht willkürlich, obwohl es eben einfach schwieriger ist, die Beibehaltung der Bezeichnung »Antike« mit anderen Argumenten zu vertreten als mit Tradition und Bequemlichkeit.

Ich möchte nicht zu sehr vereinfachen. Es gab privaten Landbesitz in Vorderasien, der auch privat bewirtschaftet wurde; es gab »unabhängige« Handwerker und kleine Händler in den Städten. Die Quellen erlauben zwar keine Beurteilung der Zahlen, dennoch glaube ich nicht, daß man diese Leute zu der vorherrschenden Erscheinung des Wirtschaftslebens machen kann. Die griechisch-römische Welt hingegen war im wesentlichen ganz auf Privateigentum aufgebaut, das von ein paar Hektar Landbesitz bis zu den riesigen Domänen römischer Senatoren und Kaiser reichen konnte; sie war eine Welt des privaten Handels, der privaten gewerblichen Wirtschaft. Beide Welten kannten gesonderte, untypische Randgruppen, wie zum Beispiel die Nomaden, die eine ständige Bedrohung für die seßhafte Bevölkerung der Flußebenen in Mesopotamien und Ägypten waren, oder vielleicht die Bevölkerung der phönizischen Städte an der Küste Syriens, sicher aber die Spartaner in Griechenland. Es kommt hinzu, daß Phryger, Meder und Perser nicht wie Babylonier oder Ägypter waren, während die Verwaltung des Römischen Reichs in mancher Beziehung ebenso unumschränkt und bürokratisch wurde wie die der Ptolemäer in Ägypten und der Pharaonen vor ihnen. Aber nicht in jeder Beziehung. Man muß sich auf die vorherrschenden Erscheinungsformen konzentrieren, auf die charakteristischen Verhaltensweisen[39].

Der Begriff der griechisch-römischen Welt ist natürlich theoretisch und zudem schwer faßbar, wenn man versucht, ihn zeitlich und räumlich zu bestimmen. Grob gesprochen werden wir uns mit der Zeit zwischen 1000 v. Chr. und 500 n. Chr. beschäftigen*. Anfänglich war diese »Welt« auf einen Winkel des Balkans

* Keines der Daten ist an sich von Bedeutung in dem Sinne, daß 1000 v. Chr. oder 500 n. Chr. etwas Bezeichnendes geschehen ist. Das Datum 1000 v. Chr. steht für den Beginn der »Übergangszeit« in Griechenland, die sich meiner Meinung nach in den homerischen Epen widerspiegelt.

[39] Ich mußte meinen Standpunkt kurz und dogmatisch erläutern, und ich zitiere nur A. L. Oppenheim, *Ancient Mesopotamia,* Chicago-London 1964, Kap. 2, und ders., *Trade in the Ancient Near East,* einen Aufsatz, der für den 5. Internationalen Kongreß für Wirtschaftsgeschichte in Leningrad 1970 geschrieben und vom Nauka Verlag in Moskau 1970 publiziert wurde. Nicht alle Spezialisten für den antiken Vorderen Orient sind dieser Meinung, siehe z. B. S. L. Utchenko und I. M. Diakonoff, *Social Stratification of Ancient Society,* ein in ähnlicher Weise publi-

und wenige Stützpunkte an der türkischen Ägäisküste beschränkt. Nach und nach breitete sich der Bereich nach allen Richtungen hin wellenartig aus, bis sich dann zu einem bestimmten Zeitpunkt, nämlich beim Tode des Kaisers Trajan im Jahre 117 n. Chr., das Römische Reich über nahezu 5000 km vom Atlantik bis zum Rande des Kaukasus erstreckte; von Britannien und dem Rhein bis zu einer Linie, die mehr oder weniger am Rande der Sahara entlang bis zum Persischen Golf verlief, reichte es in Nord-Süd-Richtung über eine Strecke von ungefähr 2800 km, wenn man Britannien nicht einbezieht. Die Fläche betrug zu diesem Zeitpunkt vielleicht 4,5 Millionen qkm, das entspräche heute ungefähr der halben Landfläche der Vereinigten Staaten.

Das ist eine eindrucksvolle Größe, doch um einen Maßstab menschlichen Handelns gewinnen zu können, müssen wir uns das etwas genauer ansehen. Gibbon macht die scharfsinnige Beobachtung, daß die römische Streitmacht in der Blütezeit des Reiches nicht größer war als die Ludwigs XIV., »dessen Königreich sich auf eine einzige Provinz des Römischen Reichs be-

zierter Aufsatz, geschrieben für den 13. Internationalen Historikerkongreß in Moskau 1970, der im Zusammenhang gesehen werden muß mit der augenblicklichen Diskussion über die »asiatische Produktionsweise« in marxistischen Kreisen, die meines Wissens einzige ernsthafte theoretische Diskussion der von mir betrachteten Klassifizierungsprobleme. (»Asiatisch« ist eine unglückliche, historisch belastete und ungenau klassifizierende Bezeichnung: vermutlich umfaßt sie außer den großen Flußebenen Asiens auch das minoische und mykenische Griechenland, die Azteken und Inkas, vielleicht die Etrusker, nicht aber die Phönizier.)

Die Bibliographie zum Thema ist fast nicht mehr überschaubar; hervorheben möchte ich: zwei Artikel in deutscher Sprache von J. Pečirka in Eirene 3, 1964, S. 147–69 und Eirene 6, 1967, S. 141–74, die die sowjetischen Untersuchungen zusammenfassen und diskutieren; G. Sofri, *Sul ›modo die produzione asiatico‹. Appunti per la storia di una controversia,* Critica storica 5, 1966, S. 704–810; H. Kreissig und H. Fischer, *Aufgaben und Probleme der Wirtschaftsgeschichte des Altertums in der DDR,* Jahrbuch für Wirtschaftsgeschichte 1967/I, S. 270–84; I. Hahn, *Die Anfänge der Antiken Gesellschaftsformation in Griechenland und das Problem der sogenannten asiatischen Produktionsweise,* ibid. 1971/II, S. 29–47, jetzt in: H. G. Kippenberg (Hrsg.), *Seminar: Die Entstehung der antiken Klassengesellschaft,* Frankfurt 1977, S. 68–99; P. Anderson, *Lineages of the Absolutist State,* London 1974, S. 462–549. Die ganze Diskussion scheint N. Brockmeyer, *Arbeitsorganisation und ökonomisches Denken in der Gutswirtschaft des römischen Reiches,* Diss. Bochum 1968, unbekannt geblieben zu sein, wie sich sowohl in seiner Übersicht über die marxistische Literatur (S. 33–70) als auch in der Polemik gegen marxistische Ansichten zeigt, die sich wie ein roter Faden durch sein Buch zieht. Für ihn wie für seinen Lehrer Kiechle scheint sich »Marxismus« auf die Historiker in der Sowjetunion und den anderen osteuropäischen Ländern zu beschränken.

schränkte«[40]. Die Größe des Heeres ist nicht unbedingt eine Maßzahl für die Gesamtbevölkerung; Gibbon selbst fügt in einer Anmerkung hinzu, man dürfe »nicht vergessen, daß Frankreich noch immer unter dieser außerordentlichen Anstrengung leidet«. Dennoch ist eines klargeworden: das Römische Reich war zu einer solchen Anstrengung nicht fähig, zu welchem Preis auch immer. Die beste Schätzung der maximalen Bevölkerungszahl, die in der griechisch-römischen Welt je erreicht wurde, beläuft sich auf 50 bis 60 Millionen zu Beginn der christlichen Ära. Das ist ungefähr dieselbe Einwohnerzahl wie in Großbritannien oder Italien heute oder nicht mehr als dreimal die Bevölkerung des Staates Kalifornien[41]. Diese Millionen von Menschen waren nicht nur gebietsmäßig, sondern auch zwischen Stadt und Land ungleich verteilt. Im städtischen Bereich selbst gab es außerdem eine ungleichmäßige Verteilung zwischen fünf oder sechs übergroßen administrativen Zentren einerseits, wie Rom, Alexandria und Karthago, andererseits einer Reihe von Gemeinwesen in einer Größenordnung von 100000 Einwohnern, die sich meist in der östlichen Reichshälfte befanden, sowie außerdem Hunderten von kleinen Gemeinden, die wir mit dem stolzen Namen »Stadt« auszeichnen. Es ist heilsam, sich ins Gedächtnis zu rufen, daß in einer früheren Epoche das berühmte und mächtige Sparta niemals mehr als 9000 waffenfähige männliche Bürger zählen konnte, und die meiste Zeit seiner Geschichte nicht einmal so viele.

Ein Aspekt der Verteilung der Bevölkerung verdient Beachtung. Es ist ein Gemeinplatz zu sagen, daß für einen großen Teil der Geschichte der griechisch-römischen Welt das Mittelmeer das verbindende Element war. Die Römer nannten es *mare nostrum*, »unser Meer«. Fast alle großen Zentren – Athen, Syrakus, Kyrene, Rom, Alexandria, Antiochia, Konstantinopel – lagen nur wenige Kilometer von der Küste entfernt. Das, was hinter diesem Streifen lag, war für lange Zeit Peripherie, war Land, auf das man als Rückzugsgebiet zurückgreifen konnte und zur Beschaffung von Nahrungsmitteln, Metall und Sklaven, Land, das man ausplündern konnte oder zu Verteidigungszwecken beset-

[40] *The History of the Decline and Fall of the Roman Empire*, hrsg. v. J. B. Bury, London 1900, Bd. 1, S. 18.

[41] Die grundlegende Arbeit zu den Bevölkerungszahlen der Antike bleibt J. Beloch, *Die Bevölkerung der griechisch-römischen Welt*, Leipzig 1886; siehe die Schlußfolgerungen, zu denen P. A. Brunt, *Italian Manpower 225 B.C.–A.D. 14*, Oxford 1971, nach einer umständlichen Überprüfung eines Teils der Probleme gelangt.

zen, das aber von Barbaren bewohnt wurde, nicht etwa von Griechen und Römern. Platon schrieb (Phaidon 109 B): »Wir wohnen nur in einem kleinen Teil der Erde von Phasis (an der Ostküste des Schwarzen Meeres) bis zu den Säulen des Herakles (Straße von Gibraltar), rings um das Meer, so wie Ameisen oder Frösche um einen Tümpel herum.«

Das Mittelmeergebiet bildet eine einheitliche »klimatische Region«[42], die durch Regen im Winter und lange Trockenheit im Sommer gekennzeichnet ist, durch leichte Böden und meistenteils Trockenanbau im Gegensatz zu den Bewässerungsanlagen, auf denen die Landwirtschaft des antiken Vorderasien so weitgehend beruhte. Es ist ein Gebiet mit relativ angenehmen Siedlungsmöglichkeiten und viel Leben im Freien, das auf den besten Böden, d.h. in den Küstenebenen und den weiten Flächen des Binnenlandes, ausreichenden Ertrag an den Hauptgetreidearten, an Gemüse und Früchten liefert, besonders an Wein und Oliven. Es gibt geeignete Weideflächen für kleine Haustiere, also Schafe, Schweine und Ziegen, aber im allgemeinen nicht für Rinder. Der überall verbreitete Anbau von Oliven – sie sind in erster Linie Rohstoff für Speiseöl, die beste Seife und Lampenöl – ist ein wichtiger Schlüssel zu der Lebensweise der Menschen des Mittelmeerraums. Der Olivenbaum gedeiht auch in der Trockenheit des Sommers, und obwohl er nicht arbeitsintensiv ist, so braucht er doch Pflege, und man muß Zeit haben, da der Baum in den ersten zehn oder zwölf Jahren keine Früchte trägt. Er ist damit ein Symbol seßhafter Lebensweise – seine Langlebigkeit wurde gerühmt –, und das Mittelmeergebiet ganz allgemein ist kein Lebensraum für Nomadenvölker.

Andererseits benötigten weder Oliven noch Trockenanbau jene hochentwickelte soziale Organisation, welche die bedeutenden Kulturen der Flußtäler des Nil, des Tigris und des Euphrat, des Indus und des Gelben Flusses möglich machte. Anbau mit Hilfe künstlicher Bewässerung ist produktiver, verläßlicher und geeigneter bei großer Bevölkerungsdichte. Es ist kein Zufall, daß das Hauptgebiet innerhalb des Römischen Reichs, wo Anbau mit Hilfe von Bewässerungsanlagen betrieben wurde, nämlich Ägypten, im 1. Jahrhundert eine Bevölkerung von 7,5 Millionen

[42] Siehe E. C. Semple, *The Geography of the Mediterranean Region. Its Relation to Ancient History*, New York 1931, Kap. 5, ein Buch, das wegen seines geographischen Materials und wohl auch sonst noch immer wertvoll ist, und natürlich den 1. Teil von F. Braudel, *La Mediterranée et le monde mediterranéen à l'époque de Philippe II*, 2 Bde, 2. Aufl. Paris 1966.

hatte, Alexandria ausgenommen[43] – dies ist eine der sehr wenigen überlieferten antiken Bevölkerungszahlen, die wahrscheinlich stimmt. Dafür verwandelten sich die Flußtäler geradezu in Ödland, sobald die zentrale Lenkung einmal zusammenbrach, während sich die antiken Trockenanbaugebiete schnell von Naturkatastrophen und menschlichen Verwüstungen erholten.

Natürlich gab es bewohnte Gegenden in Griechenland, in Mittel- und Norditalien, im Inneren der Türkei, die in ziemlicher Entfernung vom Meer lagen, so daß sie mit ihren Erzeugnissen keinen leichten Zugang zur Küste hatten. Nichtsdestoweniger behält das, was ich über den Mittelmeergürtel gesagt habe, seine Gültigkeit für ungefähr die ersten 800 Jahre unseres Zeitraums von 1500 Jahren. Dann setzte ein bedeutsamer Wechsel ein, und es begann die Ausdehnung der griechisch-römischen Welt in das Binnenland, besonders in Richtung Norden, in beachtlichem Ausmaß. Schließlich wurden Frankreich, Belgien, Britannien und Mitteleuropa bis zum Donaubecken voll eingegliedert. Das hatte Folgen, die vielleicht zu wenig beachtet worden sind. Mit zwei einfachen Tatsachen ist zu rechnen: erstens befanden sich diese Nordprovinzen außerhalb der klimatischen Region des Mittelmeers und hatten meist schwerere Böden; zweitens waren sie durch die abschreckend hohen Kosten des Landtransports daran gehindert, die Vorteile des Mittelmeerhandels voll in Anspruch zu nehmen, bis auf die Gebiete, die in unmittelbarer Nähe eines schiffbaren Flusses lagen (solche Flüsse gab es in Kleinasien, Griechenland, dem größten Teil Italiens und in Afrika, außer dem Nil, nicht)[44]. Nicht nur auf den großen Lebensadern wie der Rhône, Saône, dem Rhein, der Donau und dem Po herrschte lebhafter Verkehr, sondern speziell in Gallien auch auf den vielen kleineren Flüssen.

Bisher habe ich, wenn ich von einem Mittelmeergürtel und einer klimatischen Region des Mittelmeers sprach, das Ausmaß der Unterschiede innerhalb dieses Gebiets untertrieben, und ich muß mich jetzt dieser Frage zuwenden, wenn auch nur kurz. Ich denke da nicht an die auf der Hand liegenden Unterschiede in der Fruchtbarkeit, in der Eignung für bestimmte Anbauprodukte,

[43] Josephus, *Jüdischer Krieg* 2,385.

[44] Unter den heutigen Gelehrten hat Lynn White jr. am beharrlichsten auf die Konsequenzen schwerer Bodenbeschaffenheit hingewiesen; siehe z. B. sein Buch *Die mittelalterliche Technik und der Wandel der Gesellschaft*, München 1968, Kap. 2. Über die langfristigen Folgen binnenländischer Siedlungsweise siehe jetzt G. W. Fox, *History in Geographic Perspective. The Other France*, New York 1971.

im Vorkommen oder Fehlen wichtiger Bodenschätze, sondern an die Unterschiede in der Sozialstruktur, den Landbesitzverhältnissen, im Arbeitssystem. Die Welt, die die Römer zu einem einzigen Reich zusammenfügten, hatte nicht eine gemeinsame lange Geschichte, sondern eine erkleckliche Anzahl geschichtlicher Traditionen, die die Römer weder auslöschen konnten noch wollten. Die außerordentliche Stellung der Stadt Rom selbst und Italiens mit seiner Befreiung von der Grundsteuer ist ein naheliegendes Beispiel. Ein weiteres Beispiel ist, daß in Ägypten und anderen östlichen Provinzen ein bäuerliches System weitergeführt wurde, das die Bewirtschaftung von Gütern durch Sklaven wie in Italien und Sizilien nicht aufkommen ließ. Ich glaube, ich muß keine weiteren Beispiele anführen; zusammenfassend ist dieser Standpunkt durch André Déléage behandelt worden in seinem grundlegenden Werk über das radikal neue Steuersystem, das Diokletian im ganzen Reich einführte. Dieses System, schrieb Déléage, war »außerordentlich kompliziert«, da es »in verschiedenen Teilen des Reiches verschiedene Formen« annahm[45]. Der Grund dafür war nicht Willkür des Herrschers, sondern daß dieses Steuersystem, um effektiv zu sein, um dem Kaiserhaus die erwarteten Einkünfte zu bringen, die tiefen, historisch gewachsenen Unterschiede in der zugrundeliegenden Agrarordnung in Rechnung stellen mußte.

Kann man also berechtigterweise von der »Wirtschaft der Antike« sprechen? Muß man nicht durch weitere Ausschließungen das Gebiet eingrenzen, wie ich schon die ältere Gesellschaft Vorderasiens ausgeschieden habe? Walbank ist Rostovtzeff gefolgt und hat kürzlich das Reich des 1. Jahrhunderts als »eine einzige wirtschaftliche Einheit« bezeichnet, die »eng verknüpft war durch den intensiven Austausch aller möglichen landwirtschaftlichen und industriellen Güter einschließlich der vier wichtigsten Handelswaren – Getreide, Wein, Öl und Sklaven«[46]. Die Produktionsstätten Galliens, so führt er weiter aus, »wurden bald ernsthafte Konkurrenten auf dem Weltmarkt« und die »Me-

[45] A. Déléage, *La capitation du Bas Empire*, Annales de l'est 14, 1945, S. 254. Unterschiede in der Besteuerung gab es auch in der frühen Kaiserzeit aus eben demselben Grunde, doch es gibt keine umfassende moderne Untersuchung zu dem Problem.

[46] F. W. Walbank, *The Awful Revolution. The Decline of the Roman Empire in the West*, Liverpool 1969, S. 20, 31. Vgl. »Mit der politischen Einheit verband sich die kulturelle und wirtschaftliche Einheit«: S. Lauffer, *Das Wirtschaftsleben im Römischen Reich*, in: *Jenseits von Resignation und Illusion*, hrsg. v. H. J. Heydorn und K. Ringshausen, Frankfurt 1971, S. 135–53, hier S. 135.

tallwaren aus Ägypten fanden überall bereitwillige Abnehmer; Beispiele sind bei Ausgrabungen in Südrußland und Indien gefunden worden«[47]. Ähnlich behauptet Rostovtzeff: »der Austausch von Manufakturwaren – nicht Luxusartikeln, sondern Gebrauchsgegenständen – war außerordentlich rege«[48].

Das ist alles zu vage: solche Verallgemeinerungen verlangen geradezu eine differenziertere Betrachtungsweise, damit man zu einem richtigen Maßstab gelangen und Muster gewinnen kann. Als Warnung mag dienen, was Wheeler von der Entdeckung von 39 Terra sigillata-Scherben auf der Insel Gotland in Schweden berichtet, die über ein Gebiet von ungefähr 400 qm verteilt waren: am Ende stellte sich heraus, daß es alles Bruchstücke ein und derselben Schale waren[49]. Um das Jahr 400 schrieb der wohlhabende Bischof Synesios von Kyrene (im heutigen Libyen) von Alexandria aus an seinen Bruder (Epistulae 52) und bat ihn, drei leichte Sommerumhänge von einem Athener zu erwerben, von dem er, Synesios, gehört habe, daß er in Kyrene angekommen sei. »Das ist der Mann«, fügte er hinzu, »von dem Du im letzten Jahr Schuhe für mich gekauft hast, und bitte beeile Dich, damit nicht die beste Ware verkauft ist.« Das sind zwei Beispiele für »bereitwillige Abnahme« auf dem »Weltmarkt«[50]. Ich führe sie weder an, um das ins Lächerliche zu ziehen, noch will ich behaupten, daß sich der Handel in der Antike insgesamt auf dieser Stufe befunden hätte, sondern ich nenne diese Beispiele, um meiner Forderung nach differenzierterer Betrachtungsweise Ausdruck zu geben, nach genauerer Definition, wenn möglich mit Nennung von Zahlen, damit solche sonst in die Irre führenden verallgemeinernden Feststellungen wie »intensiver Austausch«, »außerordentlich rege«, »Beispiele sind bei Ausgrabungen gefunden worden« belegt werden können. Die Hauptstadt Rom lebte in der Kaiserzeit von Getreideimporten aus Sizilien, Spanien, Nordafrika und Ägypten, doch in Antiochia war während der Hungersnot der Jahre 362/363 n. Chr. das gewaltsame Eingreifen des Kaisers Julian nötig, damit Getreide aus den zwei binnenländischen Verwaltungsbezirken Nordysriens herange-

[47] Walbank, *Awful Revolution*, S. 28 bzw. 26.

[48] M. Rostovtzeff, *Gesellschaft und Wirtschaft im Römischen Reich*, 2 Bde, Leipzig 1929, Bd. 1, S. 58.

[49] M. Wheeler, *Der Fernhandel des Römischen Reiches*, München/Wien 1965, S. 94.

[50] Vergleichbare Beispiele bei J. Rougé, *Recherches sur l'organisation du commerce maritime en Méditerranée sous l'empire romain*, Paris 1966.

bracht wurde, von denen der eine 80 km, der andere 160 km entfernt war[51].

Um ihrer Bedeutung gerecht zu werden, müssen die Begriffe »Weltmarkt« oder »eine einzige wirtschaftliche Einheit« wesentlich mehr beinhalten als nur den Austausch einiger Handelswaren über weite Entfernungen; sonst wären China, Indonesien, die malayische Halbinsel und Indien auch Teile derselben Einheit und desselben Weltmarktes. Man müßte das Vorkommen ineinandergreifender Verhaltensweisen und Reaktionen auf den beherrschenden Sektoren der Wirtschaft über weite Gebiete hinweg nachweisen – Erich Rolls »ungeheure Konglomeration interdependenter Märkte« –, zum Beispiel bei Lebensmittel- und Metallpreisen. Aber man kann das nicht, oder zumindest ist das noch niemandem gelungen[52]. Ein anerkannter Wirtschaftgeograph hat auf folgendes hingewiesen: »Weder lokal begrenzter noch Fernhandel bedrohten in agrarischen Gesellschaften die Existenzgrundlage der Hauswirtschaften. Die Rolle einer modernen, zentralen Lenkung dagegen setzt extreme Arbeitsteilung voraus und die Tatsache, daß die einzelnen Haushaltungen nicht in der Lage sind, sich mit den notwendigen Gütern selbst zu versorgen.«[53] Keine dieser Voraussetzungen war in der Antike in hinreichendem Maße erfüllt.

Es wird in der Zwischenzeit klargeworden sein, daß ich sowohl die Auffassung wie die Beweisführung, die ich kurz kritisiert habe, ablehne. Die wenigen vereinzelten Modellfälle, die immer herangezogen werden – etwa der Zusammenbruch der kurzzeitigen Monopolstellung der norditalienischen Stadt Arezzo in der Herstellung von Terra sigillata, auch der lockere

[51] Julian, *Misopogon* 29.

[52] Der Versuch seitens F. M. Heichelheim, *On Ancient Price Trends from the Early First Millennium B. C. to Heraclius I*, Finanzarchiv 15, 1955, S. 498–511, ist illusorisch. Die umständlichen »Preisindizes« und andere Berechnungen von J. Szilagyi, *Prices and Wages in the Western Provinces of the Roman Empire*, Acta Antiqua 11, 1963, S. 325–89, können ebensowenig ernst genommen werden: das Material ist zeitlich und räumlich zu breit gestreut, und die Berechnungen unterscheiden z. B. unzureichend zwischen Bauern und städtischen Arbeitern, abgesehen davon, daß sie auf zu vielen unbeweisbaren und manchmal einfach falschen Voraussetzungen beruhen, über die noch nicht einmal klare Aussagen gemacht werden. Der wesentliche Punkt, daß nämlich »Weltmarkt« nicht automatisch einen »Weltmarktpreis« bedeutet, wurde schon vor langer Zeit von K. Riezler, *Über Finanzen und Monopole im alten Griechenland*, Berlin 1907, S. 54ff., herausgestellt.

[53] B. J. L. Berry, *Geography of Market Centers and Retail Distribution*, Englewood Cliffs/N. J. 1967, S. 106.

Zusammenhang zwischen großen Kriegen und den Sklavenpreisen – können allein das großartige Gebäude nicht tragen, das auf ihrer Grundlage errrichtet wird. Meine Rechtfertigung dafür, daß ich von »antiker Wirtschaft« spreche, liegt in einer anderen Richtung. Sie gründet sich auf die Tatsache, daß die antike Welt in ihren letzten Jahrhunderten eine politische Einheit war, und sie gründet sich auf den gemeinsamen kulturell-psychologischen Rahmen, dessen Bedeutung für eine Darstellung der Wirtschaft ich in den folgenden Kapiteln hoffe zeigen zu können.

II. Stände und Status*

Jedem, der häufig antike Autoren liest, wird irgendwann einmal der Umstand auffallen, daß es für eine Zivilisation, der Statistik überhaupt fremd ist, eine erstaunliche Anzahl genauer Angaben über die Größe von Privatvermögen oder zumindest privater finanzieller Transaktionen gibt, die bereitwillig und offen verkündet werden. In der *Odyssee* (14, 98–104) bemerkt der Schweinehirt Eumaios zu dem »Fremden« über seinen Herrn: »Auch zwanzig Männer miteinander haben nicht soviel Reichtum. Ich will es dir erzählen: zwölf Herden Großvieh auf dem Festland, ebensoviele Haufen Schafe, ebensoviele Schweineherden«, und so fort. Wenn er das sagt, ist da keine Spur von Satire, nichts, was an Shaws Kapitän Bluntschli in *Helden* erinnert, jenen Schweizer Hotelier, der am Schluß des Stücks prahlt: »Ich habe neuntausendsechshundert Bettücher und Bettdecken, mit zweitausendvierhundert Eiderdaunenkissen. Ich habe zehntausend Messer und Gabeln und die gleiche Anzahl Dessertlöffel ... und ich habe drei Muttersprachen. Zeigen Sie mir irgendeinen Mann in Bulgarien, der so viel bieten kann!« Eumaios wollte ganz nüchtern auf die Bedeutung des Odysseus hinweisen, ebenso wie es der Kaiser Augustus tat, als er in seinem Regierungsbericht, den er selbst zur Veröffentlichung nach seinem Tode vorbereitete, aufzeichnete: Ich bezahlte ungefähr 860 Millionen Sesterzen für den Ankauf von Land für die Veteranen; in barem Geld zahlte ich insgesamt 2 Milliarden 400 Millionen Sesterzen an die Staatskasse, an die Bevölkerung der Stadt Rom und an entlassene Soldaten aus; und noch vieles mehr[1].

Das Urteil der Antike über Reichtum war vollkommen eindeutig und unkompliziert. Reichtum war notwendig und war gut; er war eine unerläßliche Voraussetzung für ein angenehmes Leben; und das war eigentlich alles. Odysseus sagte zu Alkinoos, dem König der Phaiaker, daß er ein Jahr warten würde mit seiner Abreise statt nur eine Nacht für die vielen Geschenke, die ihm versprochen waren, weil »es auch viel vorteilhafter wäre, wenn ich mit vollerer Hand in das eigene Vaterland gelangte; ehrwür-

* Status ist hier und im folgenden im Sinne von »Sozialprestige« zu verstehen, wie etwa in dem heute häufig gebrauchten Wort »Statussymbol«. (Anm. d. Übers.)

[1] Augustus, *Res gestae* 16, 1 und Anhang 1.

diger und lieber wäre ich dann allen Männern« (Odyssee 11, 358ff.). Von dieser Äußerung des Odysseus führte eine direkte Linie bis ans Ende der Antike. Ich will nur Trimalchio zitieren, den Freigelassenen und »Helden« des *Satyricon*, der sich folgendermaßen an seine Gäste wandte: »Wenn euch der Wein nicht schmeckt, werde ich anderen reichen lassen: ihr müßt ihm seinen Wert geben. Durch die Gnade der Götter brauche ich nicht zu kaufen, sondern wächst mir jetzt alles, was gut schmeckt, auf meinem Landgut vor dem Tor, das ich nicht kenne. Es soll an meine Besitzungen bei Terracina und Tarent grenzen. Jetzt will ich meine Grundstücke durch Ankäufe in Sizilien arrondieren, damit, wenn ich einmal Lust bekomme, nach Afrika zu gehen, ich die Fahrt durch mein eigenes Land machen kann.«[2]

Das *Satyricon*, von einem Mann in konsularischem Rang am Hofe Neros geschrieben, ist nicht leicht verständlich in seinen Werten und Werturteilen oder Folgerungen. Es ist ein Buch voll Hohn und Spott, aber es ist nicht *Alice im Wunderland;* Trimalchio mag nicht unbedingt eine typische Gestalt der Antike sein, aber er ist auch nicht gänzlich ausgefallen[3]. In der Passage, die ich eben zitiert habe, liegt der Hohn in der *reductio ad absurdum,* in der Überspannung anerkannter Werte bis zur Sinnlosigkeit, wenn man vielleicht einmal von dem Gebrauch des Diminutivs *agellae* (Grundstücke) mit seiner falschen Bescheidenheit absieht. In zweifacher Hinsicht äußerte Trimalchio vollkommen normale Ansichten, die er lediglich übertrieb: er war offensichtlich überglücklich wegen seines Reichtums und stolz darauf, und er war in gleichem Maße mit seiner Unabhängigkeit in der Versorgung zufrieden, mit dem Besitz von Landgütern, die alles, was er brauchte, produzieren konnten, wie groß auch immer der Bedarf und wie ausgefallen die Wünsche sein mochten.

Es gab Ausnahmen. Sokrates ging so weit, durch seine eigene Lebensführung zu zeigen, daß Reichtum weder erforderlich noch unbedingt hilfreich war, um das gute Leben zu vollenden. Plato ging zumindest im *Staat* noch weiter, wo er seinen Philosophenkönigen allen Besitz versagte (zusammen mit allen anderen normalerweise anerkannten Gütern). Der wichtigste Schüler des Zynikers Diogenes war ein reicher Mann, Krates von Theben,

[2] Petronius, *Satyricon* 48, 1–3, übers. v. L. Friedländer, Leipzig 1906 (Neudr. Amsterdam 1960).

[3] Siehe dazu allgemein P. Veyne, *Vie de Trimalcion,* Annales: Economies, Sociétés, Civilisations 16, 1961, S. 213–47.

der freiwillig seinen Besitz aufgab, ganz wie die Gestalten der Heiligenlegenden aus der späten Kaiserzeit.

Es gibt Anthologien, in denen man Äußerungen gesammelt hat, die in philosophierender oder bukolischer Weise das einfache Leben und sogar die Armut idealisieren[4]. Aber man muß sie mit Vorsicht betrachten. Apuleius sagte in der Mitte des 2. Jahrhunderts (Apologie 18, 2–6): »Armut nämlich ist seit langer Zeit die Gehilfin der Philosophie ... Wenn man sich die größten Schandtaten der Menschen vor Augen führt, derer man sich erinnert, so findet man keinen Armen darunter ... Die Armut, meine ich, war von frühester Zeit an die Gründerin aller Staaten, die Erfinderin aller Bildung.« Aus dem Zusammenhang gerissen erscheint das als klare und deutliche Stellungnahme. Aber der Zusammenhang ist von Bedeutung: Apuleius war der Sohn eines hochgestellten Beamten aus Madaurus, einer römischen Bürgerkolonie in Nordafrika, und hatte viele Jahre hauptsächlich zu philosophischen und rhetorischen Studien in der Fremde verbracht. Als er nach Nordafrika zurückkehrte, heiratete er eine wohlhabende Frau, die älter war als er und seit vierzehn Jahren Witwe. Daraufhin wurde er von ihrem Sohn vor Gericht gebracht unter der Anschuldigung, sie durch Magie verführt zu haben. Die Klageschrift enthielt auch den Vorwurf, daß Apuleius ein mittelloser Mitgiftjäger sei; folgendes entgegnete er zu seiner Verteidigung, aus der ich zitiert habe, mit der Inkonsequenz, die man einem, der sich verteidigt, zugestehen muß: »Erstens«, fragte er, »ist Armut ein Vergehen? Zweitens«, fuhr er fort, »bin ich eigentlich ein ziemlich reicher Mann, denn ich habe (mit meinem Bruder zusammen) fast 2 Millionen Sesterzen von meinem Vater geerbt, wovon der größte Teil trotz der Kosten für meine Reisen und trotz meiner Freigebigkeit noch vorhanden ist.«

In anderer Zeit gibt es die berühmte Bemerkung, die der Historiker Thukydides (2, 37, 1) dem Perikles zuschreibt: »Und ebensowenig wird der Armut wegen jemand, der für die Stadt etwas leisten könnte, durch die Unscheinbarkeit seines Namens daran gehindert.« Wieder eine deutliche Stellungnahme, doch es war gerade das Außerordentliche Athens, das Perikles hier pries. Nicht viele griechische Staaten der klassischen Zeit und gar keine zu irgendeiner anderen Zeit in der antiken Welt erlaubten armen Leuten von niederer Herkunft, eine wirklich konstruktive Rolle

[4] Siehe W. Meyer, *Laudes Inopiae,* Diss. Göttingen 1915; R. Visscher *Das einfache Leben,* Göttingen 1965.

im politischen Leben zu spielen. Und sogar in Athen ist es beinahe unmöglich, einen Mann mit bescheidenem Einkommen, geschweige denn einen wirklich armen Mann in einer Führungsposition zu finden.

Dessenungeachtet will ich die Ausnahmen nicht hinwegdiskutieren. Es gibt immer Ausnahmen, und vielleicht ist es bezeichnender, daß die erwähnten Anthologien nicht sehr umfangreich sind. Uns muß vor allem an der vorherrschenden Denkweise, der Ideologie gelegen sein. Man kann fast jede allgemeine Aussage, die man über die griechische Gesellschaft zu machen versucht, »widerlegen«, indem man ein Zitat von Plato heranzieht, doch das ist eine lächerliche und grundsätzlich falsche historische Methode. Die Griechen des 4. Jahrhunderts v. Chr. haben schließlich Monogamie und die Familie nicht abgeschafft oder auch nur in Frage gestellt, auch wenn im *Staat* dagegen argumentiert wird. Es ist auch kein berechtigter Einwand, daß die Autoren, von denen unsere Kenntnis der Ideologie stammt, zum größten Teil Männer waren, die aus den oberen Schichten kamen oder ihnen nahestanden. Die Grenzen der Ideologie decken sich niemals mit den Klassengrenzen; im Gegenteil ist es die Funktion einer Ideologie, wenn sie sinnvoll sein soll, eben gerade die Grenzen zu überschreiten, und in bezug auf Reichtum und Armut gab es in der Antike eine bemerkenswerte Übereinstimmung. Trimalchio war ein besserer Gewährsmann als Plato.

Zumindest von der Zeit der Sophistik an (und in einer elementaren Weise sogar schon früher, bei Dichtern wie Solon und Theognis) untersuchten antike Moralschriftsteller alle allgemein anerkannten Werte ihrer Gesellschaft, den Reichtum eingeschlossen. Sie untersuchten nicht die Wirtschaft und diskutierten sie und waren unterschiedlicher Meinung, sondern es ging um den persönlichen ethischen Aspekt des Reichtums, also ein eng begrenztes Thema. Ist Reichtum unbeschränkt? Ist Reichtum ein Gut, wenn er nicht richtig gebraucht wird? Gibt es moralisch gute und moralisch schlechte Wege, zu Reichtum zu kommen? Unter einer kleineren Zahl von Moralisten wird sogar die Frage diskutiert, ob es möglich sei, ein tugendhaftes Leben zu leben ohne Reichtum. Grundsätzlich gehörte jedenfalls das »Selig sind die Armen« nicht in die griechisch-römische Vorstellungswelt, und das Auftauchen dieser Feststellung im Evangelium – wie immer man es auslegen mag – weist in eine andere Welt mit anderen Wertvorstellungen. Diese andere Welt gelangte schließlich zu einer paradoxen Ideologie, in der aggressives Gewinnstreben zusammenfiel mit einer Neigung zu Askese und frommer Armut, mit Gefühlen des Unbehagens und sogar der Schuld.

Die Geschichte des Wortes *philanthropia* (»Liebe zu den Menschen«) zeigt den Unterschied[5]. Ursprünglich wurde es gebraucht, um eine göttliche Eigenschaft oder die erwiesene Gunst eines Gottes zu bezeichnen, und diese Bedeutung blieb bis zum Ende der Antike in christlichem wie heidnischem Sprachgebrauch bestehen. Bald aber wurde *philanthropia* auch als Eigenschaft hochgestellter menschlicher Persönlichkeiten genannt im Sinne einer humanen Einstellung bzw. einfach einer Gefälligkeit oder Gunstbezeigung. Wenn Einzelpersonen oder Gemeinden sich an einen Monarchen oder hohen Beamten wandten, damit er einen Schaden wiedergutmache oder eine Gunst erweise, so appellierten sie an seine *philanthropia*. Sofern sie Erfolg hatten, empfingen sie ein *philanthropon*. Das konnte eine Freistellung von Steuern oder einer anderen Verpflichtung sein und daher einen Geldwert haben, war aber öfter eine Begnadigung, die Gewährung des Asylrechts oder eine Intervention gegen einen ungerechten Verwaltungsakt. Der Herrscher und seine Untergebenen waren es, die das Volk gegen Unterdrückung und Rechtsverletzung schützten, und man appellierte an ihre *philanthropia*, an ihre Bereitwilligkeit und Gerechtigkeit, was im wesentlichen alles dasselbe war[6]. Eine charakteristische Anekdote des 3. Jahrhunderts berichtet folgendes: Als ein unterlegener Gladiator den im Amphitheater anwesenden Caracalla um sein Leben bat, leugnete dieser, dazu die Macht zu besitzen, und schlug vor, sich an den Sieger zu wenden; dieser wagte nicht die Begnadigung auszusprechen, um nicht »philanthropischer« als der Kaiser zu erscheinen (Dio Cassius 78, 19, 4). Bei dieser Bedeutung blieb die Entwicklung des Wortes in der Antike stehen; es blieb späteren Zeiten vorbehalten, Humanität als reine Geldsache anzusehen und das Wort *philanthropia* auf das Niveau von Geschenken an Arme und Bedürftige im Sinne von Wohltätigkeit herabzuziehen.

Sicher fehlte Wohltätigkeit im begrenzten heutigen Sinne nicht

[5] Als kurze Übersicht des Wortgebrauchs siehe H. Hunger, Φιλανθρωπία. *Eine griechische Wortprägung auf ihrem Wege von Aischylos bis Theodoros Metochites,* Anz. d. Österr. Akad. d. Wiss., Phil.-hist. Kl. 100, 1963, S. 1–20.

[6] Siehe M.-Th. Lenger, *La notion de »bienfait« (philanthrōpon) royal et les ordonnances des rois Lagides,* in: *Studi in onore di Vincenzo Arangio-Ruiz,* Neapel 1953, Bd. 1, S. 483–99. Eine direkte Parallele dazu ist die römische *indulgentia principis;* siehe J. Gaudement, *Indulgentia Principis,* Veröffentlichungen des Istituto di Storia del diritto der Univ. Triest 3, 1962, S. 14.

gänzlich in der antiken Welt. Normalerweise aber richtete sich die Großzügigkeit auf die Gemeinschaft, nicht auf die Bedürftigen, seien es einzelne oder Gruppen[7]. (Großzügigkeit gegenüber armen Verwandten, Klienten und Lieblingssklaven möchte ich als unterschiedliche Situation ausschließen.) Die Wohltätigkeit Plinius des Jüngeren, die vermutlich in Italien oder dem westlichen Teil des Reichs ohnegleichen war, war in dieser Beziehung typisch[8]. Man kann Ausnahmen nennen, aber man kann sie auch fast an den Fingern abzählen, und das ist das Entscheidende. Die wirklich Armen fanden wenig Wohlwollen und kein Mitleid während der ganzen Antike. »Wer gegeben hat, dem gibt man, nicht aber dem, der nicht gegeben hat«, sagte der Dichter Hesiod im 7. Jahrhundert v. Chr. (Werke und Tage 355). Unter den Schriftstellern der Antike war gerade Hesiod sicher kein Sprachrohr der Oberschicht und ihrer Wertvorstellungen. Was fehlte, war das Bewußtsein der Sündhaftigkeit. Ein Grieche oder Römer konnte seine Götter ziemlich schnell erzürnen, und bisweilen, wenn auch nicht oft, stoßen wir auf Vorstellungen, die dem Begriff der Sünde nahekommen. Im Grunde jedoch waren ihre Fehltritte sozusagen äußerlich, und man konnte daher durch rituelle Reinigung Sühne vollziehen, oder aber sie wurden verstandesmäßig gerechtfertigt wie in der sokratischen Doktrin, daß niemand wissentlich Böses tue. Die Betonung liegt auf der »Handlung«, nicht auf der Eigenschaft oder dem Zustand der Sündhaftigkeit, die nur durch göttliche Gnade geheilt werden konnte. Daher sind Reichtum als solcher oder Armut als Übel ganz eindeutig zu verstehen[9].

Nicht einmal der Staat kümmerte sich wirklich um die Armen. Die berühmte Ausnahme ist der zutiefst politische Fall der Stadt Rom (und auch Konstantinopels in der Endphase), wo von Gaius Gracchus an die Bevölkerung zu ernähren eine politische Notwendigkeit wurde, der sich nicht einmal die Kaiser entziehen

[7] Siehe allgemein dazu A. R. Hands, *Charities and Social Aids in Greece and Rome*, London 1968, besonders die Kap. 3–6; H. Bolkestein, *Wohltätigkeit und Armenpflege im vorchristlichen Altertum*, Utrecht 1939.

[8] Siehe R. Duncan-Jones, *The Finances of the Younger Pliny*, Papers of the British School at Rome N.S. 20, 1965, S. 177–88, ergänzt und durchgesehen wieder abgedruckt in seinem Buch *The Economy of the Roman Empire. Quantitative Studies*, Cambridge 1973.

[9] Es spielt dabei keine Rolle, daß moderne Beurteiler der Antike manchmal von Sünde sprechen; siehe K. Latte, *Schuld und Sünde in der griechischen Religion*, Archiv für Religionswissenschaft 20, 1920/21, S. 254–98, wieder abgedruckt in seinen *Kleinen Schriften*, München 1968, S. 3–35.

konnten (und als die Kaiser nicht mehr dazu in der Lage waren, traten die Päpste an ihre Stelle). Wenn jemals eine Ausnahme die Regel bestätigte, dann hier. Einmal ganz abgesehen von dem – durchaus nicht unbedeutenden – Aspekt, daß bis zum 3. Jahrhundert n. Chr. die Bürger, die in Rom wohnten, ohne Prüfung ihrer Vermögensverhältnisse empfangsberechtigt waren, ist es richtig zu fragen, wer eigentlich regelmäßig umsonst Getreide und Schweinefleisch in irgendeiner anderen Stadt des Reichs verteilte: niemand, und so ein vereinzelter Versuch von Menschlichkeit wie der Julians, als Antiochia unter einer bitteren Hungersnot litt, war ein totaler, kläglicher Mißerfolg. Trajan führte ein interessantes und einzigartiges System von Familienbeihilfen in Italien ein, die unter der Bezeichnung *alimenta* bekannt sind, aber er war nur in einer kleineren Zahl von Städten in der Lage, mit der Durchführung zu beginnen. Obwohl das System mindestens ein Jahrhundert überdauerte, weiß man von keinem anderen Kaiser außer Antoninus Pius, daß er es ausgebaut hat. Außerdem hat man Grund anzunehmen, daß Trajans Hauptsorge dabei war, die Geburtenrate in Italien zu steigern (nicht aber in irgendeinem anderen Teil des Reiches)[10]. Wiederum bestätigt eine Ausnahme die Regel.

Wenn man die Grundeinstellung zu den Armen begreifen will, muß man nicht die gelegentliche Menschenfreundlichkeit betrachten, sondern das Schuldrecht (wie es auf sie, die Armen, Anwendung fand, nicht unter den Gleichgestellten der Oberschicht). Dieses Recht war einheitlich hart und gnadenlos. Selbst dort, wo das archaische System der Schuldknechtschaft abgeschafft wurde, mußte der säumige Schuldner auf die eine oder andere Weise Schadensersatz leisten, durch eigene Zwangsarbeit z. B. oder gelegentlich durch Zwangsarbeit seiner Kinder[11].

[10] Die beste Untersuchung der Frage findet man bei R. Duncan-Jones, *The Purpose and Organisation of the Alimenta,* Papers of the British School at Rome N.S. 19, 1964, S. 123–46, ergänzt und durchgesehen wieder abgedruckt in seinem Buch *The Economy of the Roman Empire. Quantitative Studies,* Cambridge 1973, und weiterentwickelt in seinem Beitrag *Some Configurations of Landholding in the Roman Empire,* in: M. I. Finley (Hrsg.), *Studies in Roman Property,* London 1974, Kap. 7. Trotz einiger berechtigter Kritik seitens Duncan-Jones bleibt zu dem begrenzten italischen Ziel der Maßnahmen wichtig: P. Veyne, *La table des Ligures Baebiani et l'institution alimentaire de Trajan,* Mélanges d'archéologie et d'histoire 70, 1958, S. 177–241 (besonders S. 223–41). Siehe auch P. Garnsey, *Trajans Alimenta. Some Problems,* Historia 17, 1968, S. 367–81. Es gab auch einige private *alimenta,* die jedoch für das Gesamtbild ohne Bedeutung sind.

[11] Es genügt, M. W. Frederiksen, *Caesar, Cicero and the Problem of Debt,* JRS 56, 1966, S. 128–41, anzuführen.

Das positive griechisch-römische Urteil über Reichtum wurde untermauert von der Überzeugung, daß persönliche Unabhängigkeit und Zeit zur Muße zu den Vorbedingungen der Freiheit gehörten. »Denn zu einem freien Manne«, schrieb Aristoteles (Rhetorik 1367a 32), »gehört es, daß er nicht unter der Beschränkung durch einen anderen lebt.« Aus dem Zusammenhang der Stelle wird klar, daß seine Auffassung von einem Leben unter Beschränkung sich nicht ausschließlich auf Sklaven bezog, sondern sich auch auf Lohnarbeit erstreckte und auf andere Leute, die *wirtschaftlich* abhängig waren. Es gibt einen Hinweis im griechischen Sprachgebrauch. Die griechischen Worte *ploutos* und *penia*, üblicherweise wiedergegeben mit »Reichtum« und »Armut«, hatten in der Tat einen anderen Unterton, nämlich was Veblen »die Unterscheidung zwischen Heldentat und Plackerei«[12] nennt. Ein *plousios* war jemand, der reich genug war, um von seinem Einkommen anständig zu leben (wie wir sagen würden), ein *penēs* war das nicht. Letzterer mußte nicht mittellos oder gar im wahrsten Sinne arm sein: Er konnte einen Hof besitzen oder Sklaven, und er konnte ein paar hundert Drachmen im Sparstrumpf haben, aber er war gezwungen, sich ständig seinen Lebensunterhalt zu verdienen. Kurz, *penia* bedeutete den harten Zwang zu schuften[13], während der Almosenempfänger, der Mann, der wirklich ganz mittellos war, normalerweise *ptochos*, Bettler, genannt wurde und nicht *penēs*[14]. In dem letzten Stück des Aristophanes, das überliefert ist, im *Ploutos*, ist Penia eine Göttin (wieder eine Erfindung des Dichters), und sie widerspricht entschieden (552–54) der Behauptung, daß sie und *ptocheia* Schwestern seien: »Denn der Lebensinhalt des *ptochos* ... ist es, nichts zu haben. Der des *penēs* aber, sparsam zu sein und sich der Arbeit zu widmen; ihm bleibt nichts über, doch er leidet auch keinen Mangel.«

Der *Ploutos* ist jedenfalls ein sehr verworrenes Stück und kann nicht als ein Text bezeichnet werden, der *penia* verherrlicht, die im Volksmund ihren negativen Unterton trotz all ihrer Unterschiede vom Bettlertum ebenso behielt wie *paupertas* bei Apuleius[15]. Für uns ist das Stück von Bedeutung als eine Fußnote zu

[12] T. Veblen, *Theorie der feinen Leute*, München 1971, S. 27.

[13] Visscher, *Das einfache Leben*, S. 31; vgl. C. J. Ruijgh, *Enige Griekse adjectiva die »arm« betekenen*, in: *Antidoron ... S. Antoniadis*, Leiden 1957, S. 13–21.

[14] Die Belege sind systematisch gesammelt bei J. Hemelrijk, Πενία *en* Πλοῦτος, Diss. Utrecht 1928; J. J. Van Manen, Πενία *en* Πλοῦτος *in de periode na Alexander*, Diss. Utrecht 1931.

[15] Visscher, *Das einfache Leben*, S. 30f.

Aristoteles und ebenfalls, wenn ich das so sagen darf, zu einer berühmten Stelle bei Cicero, die ich fast in ihrer ganzen Länge zitieren muß (De officiis 1, 150–51): »Was nun das Handwerk und die Erwerbszweige angeht, welche man für eines Freien würdig halten soll und welche niedrig sind, so ist folgendes ungefähr die akzeptierte Meinung: Erstens finden die Erwerbszweige keine Billigung, die auf den Haß der Menschen stoßen, wie die der Zöllner in den Häfen oder der Wucherer. Eines Freien nicht würdig und niedrig sind aber auch die Tätigkeiten aller, die für Lohn arbeiten, deren Arbeitsleistung gekauft wird und nicht deren Begabungen; denn bei ihnen besiegelt der Lohn selbst ihre Versklavung. Für niedrig muß man auch die halten, die von Kaufleuten kaufen, um sofort wiederzuverkaufen; denn sie würden nichts verdienen, wenn sie nicht ausgiebig lügen würden. ... Und alle Handwerker betreiben ein niedriges Gewerbe, denn eine Werkstatt kann keinen freien Geist atmen. Und am wenigsten sind die Gewerbe zu billigen, die den fleischlichen Genüssen dienen: ›Fischhändler, Fleischer, Köche, Geflügelhändler und Fischer‹, wie Terenz sagt. Zu denen man, wenn man mag, Parfümverkäufer, Tänzer und alles, was mit öffentlicher Belustigung zu tun hat, hinzufügen kann.

Die Gewerbe aber, in denen eine größere Klugheit am Werke ist oder durch die kein geringer Nutzen erreicht werden soll – wie Medizin, Architektur, der Unterricht in rechten Dingen –, sie sind ehrenhaft für die, zu deren Status sie passen. Der Handel aber muß, sofern er gering ist, für niedrig gehalten werden; doch wenn er groß und reichhaltig ist, vieles von überallher herbeischafft und vielen ohne Schwindel zuteilt, ist er nicht übermäßig zu tadeln.* Und wenn der Handel, vom Erwerb gesättigt oder, besser gesagt, damit zufrieden, sich gar von eben dem Hafen aus, zu dem er oft vom Meer her kam, einem Landbesitz zugewandt hat, so scheint mir, daß das mit gutem Recht gelobt werden kann. Von allen Dingen aber, aus denen irgendein Gewinn gezogen wird, ist nichts besser als die Landwirtschaft, nichts ergiebiger, nichts angenehmer, nichts einem freien Manne angemessener.«

Warum, wird man sofort fragen, soll Cicero als repräsentativer gelten im Vergleich mit anderen Moralschriftstellern, Sokrates, Plato, den Kynikern, die ich vorher als Ausnahmen bezeichnet habe. Sein Beginn: »so ist folgendes ungefähr die akzeptierte

* Man beachte, daß Außenhandel positiv bewertet wird, weil er die Versorgung mit Gebrauchsgütern sicherstellt, nicht weil er, um mit Thomas Mun zu sprechen, den Reichtum der Nation vermehrt.

Meinung« (*haec fere accepimus*) bedeutet doch, daß es sich um eine Art parteilicher Darstellung handelt, die nicht als bewiesen gelten kann. Es überzeugt vielleicht mehr, daß das Werk *De officiis*, in dem die Stelle steht, bis vor kurzem eine der meistgelesenen ethischen Abhandlungen war, die je im Abendland geschrieben wurden. Die *Officia* des Tullius »geben dem Geist eine edle Gesinnung«, schrieb Bischof Burnet, als er in seinem *Discourse of the Pastoral Care* das Buch dem Klerus empfahl. Und Burnets *Discourse*, 1692 veröffentlicht und 1821 in 14. Auflage erschienen, war anerkannt von der Gesellschaft zur Beförderung der Christlichen Lehre als Lektüre für jeden, der in den geistlichen Stand eintreten wollte[16]. Die Unterscheidung zwischen Autoren, die mehr oder weniger repräsentativ für eine bestimmte soziale Umgebung sind, ist ein bekanntes Problem in der Ideengeschichte, z. B. die Unterscheidung zwischen John Stuart Mill oder Emerson und Nietzsche oder die zwischen Cicero und Plato. »Unrepräsentative« Moralschriftsteller lassen sicher tiefe Einblicke in die Realität ihrer Gesellschaft zu, doch müssen sie anders gelesen werden. Sie können nicht sozusagen für bare Münze genommen werden, einfach wie Berichterstatter.

Ich will jedoch nicht über diese Fragen diskutieren. Statt dessen werde ich die Cicero-Stelle als Grundlage einer zu untersuchenden Arbeitshypothese betrachten. Gibt sie ein genaues Bild der vorherrschenden Verhaltensmuster zur Zeit Ciceros oder nicht? Und darüber hinaus? Es handelt sich um eine ganz spezielle Frage. Die Tatsache zugegeben, daß niemand, nicht einmal Robinson Crusoe, vollkommen frei ist, wie frei war ein Grieche oder Römer, aus einer Reihe möglicher »Erwerbszweige« zu wählen, sei es zum Einsatz seiner Arbeitskraft oder seines Vermögens? Vielleicht genauer: wieviel Gewicht hatten bei der Wahl, was wir wirtschaftliche Faktoren nennen würden, z. B. Einkommensmaximierung oder Marktberechnungen? Oder noch genauer: wie frei war ein reicher Grieche oder Römer, da ja offenbar Fischhändler, Handwerker und die, die mit öffentlicher Belustigung zu tun hatten, nur fest umgrenzte Möglichkeiten hatten und an Muße und an Unabhängigkeit nur als Utopisten denken konnten?

Eine kürzlich angefertigte Studie über die unteren Offiziersränge der Armee in der römischen Kaiserzeit beginnt mit den folgenden zwei Sätzen: »Es gab zugegebenermaßen in der Ge-

[16] Zitiert nach M. L. Clarke, *Classical Education in Britain 1500–1900*, Cambridge 1959, S. 169.

sellschaft der Kaiserzeit wie in allen Gesellschaften seitens Einzelner und der Familien den Wunsch nach sozialem Aufstieg. Ziel des Kaisers war es, diesen Wunsch nicht unerfüllt zu lassen, sondern für dessen Befriedigung zu sorgen, und zwar auf eine Weise, die von maximalem Nutzen für die Gesellschaft war.«[17] Es ist nachweislich falsch, daß diese verallgemeinernde Feststellung für alle Gesellschaften oder alle Gruppen innerhalb einer Gesellschaft Gültigkeit besitzt, und die Rolle, die den römischen Kaisern zugewiesen wird, wäre außerordentlich schwer zu belegen oder zu verteidigen. Von diesen schwachen Punkten abgesehen jedoch, werden wir hier mit einer wohlbekannten Ansicht konfrontiert, die nicht diskutiert, nicht belegt, sondern einfach »zugegebenermaßen« vorausgesetzt wird. Dem liegt eine moderne, »individualistische« Sicht sozialen Verhaltens zugrunde, die ein bekannter Indologe als das größte Hindernis auf dem Wege zum Verständnis der indischen Sozialstruktur bezeichnet hat: »Es ist unser falsches Verständnis von Hierarchie. Der moderne Mensch ist gar nicht in der Lage, deren Rolle voll anzuerkennen. Zunächst einmal nimmt er sie einfach nicht wahr. Wenn seine Aufmerksamkeit unausweichlich darauf gelenkt wird, so neigt er dazu, sie als eine Begleiterscheinung auszusondern.«[18]

Wo stand die griechisch-römische Welt zwischen »Individualismus« und »Hierarchie« in ihrem wirtschaftlichen Verhalten? Das ist eine zentrale Frage; sie verdient gründliche Erörterung unter Verwendung klar definierter Kategorien. Es gibt Zusammenhänge, in denen die Verwendung z.B. des Klassenbegriffs ohne weitere Konsequenz bleibt: ich selbst gebrauche den Begriff der »oberen Klassen« in dieser Weise, wenn ich der Meinung bin, die Bedeutung sei klar erkennbar. Jetzt allerdings muß ich versuchen, die sozialen Umstände mit größerer Genauigkeit zu umschreiben.

Man wird bemerken, daß Ciceros Klasseneinteilung nicht eindeutig faßbar ist. Die meisten der gesonderten Erwerbszweige, die er aufzählt, sind Berufe, jedoch nicht alle: Lohnarbeit ist kein Beruf, und ebensowenig ist es Landwirtschaft, zumal diese Bezeichnung jeden einschließt, vom armen Pächter bis zum nicht auf dem Lande lebenden Besitzer Hunderter, ja Tausender Hekt-

[17] B. Dobson, *The Centurionate and Social Mobility during the Principate,* in: *Recherches sur les structures sociales dans l'antiquité classique,* hrsg. v. C. Nicolet, Paris 1970, S. 99–116.

[18] L. Dumont, *Homo Hierarchicus. Essai sur le système des castes,* Paris 1967, S. 50.

ar. Obwohl Cicero selbst Großgrundbesitzer war, war sein »Beruf« nicht die Landwirtschaft, sondern Recht und Politik, die er beide verständlicherweise unerwähnt läßt. Er ist ein hervorragendes Beispiel für die wahrheitsgemäße Feststellung, daß in der Antike Landbesitz in ausreichendem Maße »überhaupt das Fehlen eines Berufs« bedeutet[19], und zwar nicht nur unter den besonderen Umständen Roms zur Zeit der ausgehenden Republik, sondern ebenso im klassischen Sparta oder Athen. Plutarch berichtet uns, daß Perikles ein Landgut von seinem Vater erbte und daß er »es als eine Hauswirtschaft ordnete, die, wie er glaubte, möglichst einfach und doch genau sei. Den jährlichen Ertrag verkaufte er im ganzen und kaufte dann alles für den Lebensunterhalt und täglichen Bedarf auf dem Markt. ... jede Ausgabe, jede Einnahme wurde genau nach Zahl und Maß abgerechnet. Ein Sklave, Euangelos, war es, der diese genaue Abrechnung durchführte und der wie kein anderer entweder von Natur aus begabt oder von Perikles erzogen war zur Verwaltung des Hauses.« Die Söhne und Schwiegertöchter des Perikles, so fährt Plutarch fort, waren mit seinen Methoden nicht einverstanden, »da es keinen Überfluß gab, wie in einem großen Haus und unter großzügigen Umständen« (Perikles 16, 3–5). Die unterschiedliche Auffassung bestand in diesem Fall nicht darüber, wie ein reiches Einkommen zu erzielen, sondern darüber, wie es auszugeben sei. Weder Perikles noch seine unzufriedenen Söhne zeigten im geringsten mehr Interesse an der Landwirtschaft als Beruf, als es Xenophon tat, indem er den *Oikonomikos* schrieb.

Für die *plousioi* der Antike – und sie allein sollen hier betrachtet werden – haben bei jeder Einschätzung vorrangig vor dem Beruf andere Kategorien sozialer Einteilung Gültigkeit, und drei dieser Kategorien möchte ich der Reihe nach untersuchen: Stand (im Sinne einer Gesellschaftsordnung, wie man es in Frankreich vor der Revolution benutzte, englisch *order* oder *estate*), Klasse und Status[20]. Ordnung, auch das englische »order« ist natürlich

[19] Veyne, *Vie de Trimalcion,* S. 238f.

[20] Aus dem einfachen Grunde, daß es Kasten in der Welt der Antike nicht gegeben hat, schließe ich sie von der Betrachtung aus; siehe Dumont, *Homo Hierarchicus,* besonders S. 36, 271–73; E. R. Leach, *Introduction: What Should We Mean by Caste?* in: *Aspects of Caste in South India, Ceylon and North-West-Pakistan,* hrsg. v. E. R. Leach, Cambridge 1960, S. 1–10; J. Littlejohn, *Social Stratification. An Introduction,* London 1972, Kap. 4. Die Definitionen des Kastenbegriffs gehen weit auseinander, doch wird die Formulierung von C. Bouglé als kleinster gemeinsamer Nenner für meine Zwecke genügen. In der Wiedergabe bei Dumont (S. 36) lautet sie: »Das Kastensystem unterteilt die Gesellschaft insgesamt in eine

vom lateinischen *ordo* abgeleitet. Ein Stand – anscheinend gebrauchten die Römer dieses Wort in soziologischer Hinsicht kaum präziser, als wir heute vergleichbare moderne Begriffe gebrauchen, und ich will mich daher nicht allzusehr auf ihren Sprachgebrauch stützen –, ein Stand ist eine juristisch bestimmte Gruppe innerhalb der Bevölkerung. Er besitzt in einer oder mehrerer Hinsicht formale Privilegien und unterliegt Beschränkungen in bezug auf Beteiligung an der Regierung, auf das Militärische, seine Rechtsstellung, auf Wirtschaft, Religion, Eheschließung und bezüglich seiner *Stellung im hierarchischen Verhältnis zu anderen Ständen*. Ursprünglich ist die Zugehörigkeit erblich, wie es in dem einfachsten und klarsten Beispiel aus der Antike der Fall ist, nämlich der Unterteilung der Römer in zwei Stände, Patrizier und Plebejer, in der frühesten Zeit. Aber keine Gesellschaft, sofern sie nicht vollständig erstarrt ist, kann auf diesem einfachen Niveau stehenbleiben, ganz besonders nicht dann, wenn es wie in Rom keine Möglichkeit gab, ein Patriziergeschlecht zu ersetzen, das keine männlichen Erben hatte.

Sobald einmal Rom aufhörte, ein einfaches Dorf von Bauern und Hirten am Tiber zu sein, und sein Gebiet wie seine Macht auszubreiten begann, mußte man die Zweiständeordnung, auch wenn sie durch Gesetz, Religion und Tradition streng festgelegt war, den neuen Umständen anpassen, sofern die Gemeinschaft nicht gewaltsam zugrundegehen sollte. Die Römer selbst stellten in ihrer eigenen Auffassung der Jahrhunderte der frühen Republik, die uns aus den in der Zeit des Augustus geschriebenen Geschichtsbüchern des Livius und Dionysios von Halikarnass bekannt ist, den Kampf zwischen Patriziern und Plebejern in den Mittelpunkt. Unter den »Siegen« der Plebejer findet man in diesen Berichten die Aufhebung des Eheverbots zwischen den Ständen vom Jahre 445 v. Chr. und das Zugeständnis an die Plebejer durch ein Gesetz des Jahres 366, einen der beiden Konsuln zu stellen, die das höchste Amt im Staate innehatten. Es bedarf keiner speziellen Kenntnis der römischen Geschichte, um zu begreifen, wer unter den Plebejern die Nutznießer solcher

große Zahl von Gruppen, deren Zugehörigkeit erblich ist und die sich in drei charakteristischen Elementen voneinander unterscheiden bzw. durch diese untereinander verbunden sind: die *Trennung* in Hinsicht auf Heirat und Kontakt, sei er direkt oder indirekt (Nahrung); die *Teilung* der Aufgaben, wobei jede Gruppe vereinbart oder aus Tradition einen Beruf hat, von dem sich ihre Angehörigen nur innerhalb bestimmter Grenzen lösen konnten; und schließlich die *Hierarchie*, welche die Gruppen in ihrem Verhältnis zueinander als relativ hochstehend oder niedrig einstuft.« Wenn Althistoriker »Kaste« schreiben, so meinen sie »Stand«.

Siege waren. Die Sache »ist nicht verständlich, wenn es nicht reiche Plebejer gab«[21]. Ein anderer Sieg war die Abschaffung des *nexum,* einer Art von Schuldknechtschaft; diesmal dürften die Nutznießer die armen Plebejer gewesen sein, sowohl den Patriziern wie den reichen Plebejern gegenüber.

Vom Jahre 366 an sind die Namen von nicht mehr als 21 Patriziergeschlechtern belegt. Das Patriziat existierte noch Jahrhunderte weiter, doch seine praktische Bedeutung beschränkte sich bald fast nur noch auf bestimmte priesterliche Privilegien und auf den Ausschluß von der Wahl zum Volkstribunen. »Plebejisch« hingegen erlangte ungefähr die Bedeutung dessen, was es heute bedeutet. Die ursprüngliche Zweiteilung Patrizier–Plebejer hatte ihre Bedeutung verloren. Der oberste Stand war jetzt der *ordo senatorius,* die Mitglieder des Senats, die im Laufe der Jahre in wachsender Mehrheit Plebejer waren. Dies war ein Stand im eigentlichen Sinne, jedoch war die Zugehörigkeit nach dem Gesetz nicht erblich, während es in der Praxis allerdings beinahe doch so war. Eine weitere Anpassung gab es im späten 2. Jahrhundert v. Chr., als man festlegte, daß der Ritterstand *de facto* alle Nichtsenatoren mit einem Mindestvermögen von 400 000 Sesterzen umfassen sollte*. Die alte Bezeichung *equites,* Ritter, war nicht länger wörtlich zu nehmen, obwohl der alte Brauch der Zuteilung eines »Staatspferdes« an eine auserwählte Zahl (1800 bis 2400 Männer) fortgesetzt wurde, allerdings eher im Sinne einer Ehrung. Für die übrigen *equites,* die nunmehr die große Mehrheit innerhalb dieses Standes bildeten, lag sogar eine echte sozialpsychologische Bedeutung in einem archaischen Titel, »der mit hoher Stellung und Vermögenszensus, mit alter Tradition und dekorativen Vorstellungen verbunden war«[22].

Das Durcheinander der Einteilungsprinzipien zeigt, daß zur Zeit des späten 2. Jahrhunderts v. Chr. die Ständeorganisation allein für den Zusammenhalt nicht ausreichte, als Rom zu einem

* Man beachte das Summarische der Einteilung: die reichsten Ritter besaßen mehr als die ärmsten Senatoren.

[21] P. A. Brunt, *Social Conflicts in the Roman Republic,* London 1971, S. 47. Sein 3. Kapitel, ›Plebeians versus Patricians, 509–287‹ ist vielleicht die beste kurze Darstellung dieses Themas.

[22] M. J. Henderson, *The Establishment of the Equester Ordo,* JRS 53, 1963, S. 61–72, hier S. 61, wiederabgedruckt in R. Seager (Hrsg.) *The Crisis of the Roman Republic,* Cambridge/New York 1969, S. 69–80. Es ergibt sich für mich keine Notwendigkeit, die verwirrende Geschichte der *equites equo publico* im einzelnen zu verfolgen; dazu siehe T. P. Wiseman, *The Definitions of »Eques Romanus« in the Late Republic and Early Empire,* Historia 19, 1970, S. 67–83.

Reich geworden war, das nicht nur ganz Italien südlich des Po umfaßte, sondern auch Sizilien, Sardinien und Korsika, dazu so viel von Spanien, wie man besetzen konnte, Nordafrika, Makedonien und Griechenland. Andererseits aber war die Tradition der Stände gleichzeitig zu stark, als daß man sie abschaffen konnte. Praktisch stand an der Spitze der Hierarchie nicht mehr der Senatorenstand insgesamt, sondern eine Kerngruppe, die »Nobilität« (wie sie sich selbst nannte), die zwar nicht juristisch definiert war, sich aber nichtsdestoweniger *de facto* auf Familien beschränkte, die für sich in Anspruch nehmen konnten, daß ihnen ein gewesener oder amtierender Konsul angehörte[23].

Die Nobilität war nicht ein Stand, sondern das, was ich im folgenden einen Status nennen werde. Als unter Augustus die Republik durch eine Monarchie abgelöst wurde, führte der Kaiser eine weitgehende Wiederbelebung der Ständeorganisation durch, doch ist es für meine Zwecke nicht erfoderlich, das Thema für die spätere römische Geschichte weiterzuverfolgen[24], abgesehen von einem zusätzlichen Hinweis. Alles, was ich bisher gesagt habe, bezog sich ausschließlich auf die Römer selbst. Aber wer waren die Römer des 2. Jahrhunderts v. Chr. oder der Augusteischen Zeit? Sie waren weder eine Nation noch eine Rasse, sondern Angehörige einer genau bestimmten Gruppe, nämlich der römischen Bürgerschaft, die ebenfalls zu den Ständen gezählt werden muß, wenn auch mehr mit Bezug auf die Außenstehenden als auf den inneren Zusammenhang, weshalb auch die Römer selbst das nicht genau definiert haben*. »Citizen«, das englische Wort für Bürger, hat zwar dieselbe sprachliche Verbindung mit dem Wort für Stadt, »City«, wie das lateinische *civis* und das

* Die Römer bezogen sich gelegentlich auf *status civitatis* (vgl. *status libertatis*), doch ist bei der von mir gebrauchten Definition »Stand« richtig, nicht »Status«.

[23] Grundsätzlich dazu M. Gelzer, *Die Nobilität der Römischen Republik*, Leipzig/Berlin 1912, jetzt in: *Kleine Schriften I*, Wiesbaden 1962, S. 19–135, und ders., *Die Nobilität der Kaiserzeit*, Hermes 50, 1915, S. 395–415, jetzt in: *Kleine Schriften I*, S. 136–53. Über soziale Durchlässigkeit auf dieser Ebene siehe T. P. Wiseman, *New Men in the Roman Senate 139 B.C.–A.D. 14*, London 1971, ein nützliches Werk trotz der Einwände, die ich in einer späteren Anmerkung in diesem Kapitel dagegen erheben werde. Zu dem Thema allgemein siehe jetzt B. Cohen, *La notion d'»ordo« dans la Rome antique*, Bulletin de l'association Guilleaume Budé 1975, S. 259–82.

[24] Siehe K. Hopkins, *Elite Mobility in the Roman Empire*, Past & Present 32, 1965, S. 12–26, wieder abgedruckt in M.I. Finley (Hrsg.), *Studies in Ancient Society*, Kap. 5; H. Pleket, *Sociale Stratificatie en Sociale Mobiliteit in de Romeinse Keizertijd*, Tijdschrift voor Geschiedenis 84, 1971, S. 215–51; M. Reinhold, *Usurpation of Status and Status Symbols in the Roman Empire*, Historia 20, 1971, S. 275–302.

griechische *politēs,* doch ist der Zusammenhang der Begriffe wesentlich schwächer, denn in den gestaltenden Jahrhunderten jener beiden Zivilisationen war die Stadt eine Gemeinschaft, die durch Religion, Tradition, Geschlossenheit und politische Unabhängigkeit fest gefügt war in einer Weise, wie es keine moderne Stadt für sich in Anspruch nehmen kann. Daher brachte das Bürgerrecht eine ganze Reihe von Privilegien und Verpflichtungen in vielen Lebensbereichen mit sich, die gesetzlich festgelegt waren und über die eifersüchtig gewacht wurde. Es handelte sich hierbei um die Zugehörigkeit zu einem Stand im strengsten Sinne des Wortes, besonders sobald sich einmal »Außenstehende« in größerer Zahl innerhalb des Bereichs ansiedelten[25]. Das römische Bürgerrecht war schließlich etwas, wofür die sogenannten italischen »Bundesgenossen« Roms im Jahre 91 v. Chr. einen Krieg begannen. Augustus (Res gestae 8, 3–4) verzeichnete bei der Schätzung des Jahres 8 v. Chr. 4233000 römische Bürger, für das Jahr 14 n. Chr. 4937000, von denen der größte Teil in Italien lebte. Das war zu einer Zeit, zu der, wie man annimmt, die gesamte Bevölkerung des Reichs 50 oder 60 Millionen betrug.

Die Geschichte der Stände in Griechenland ist weniger kompliziert, wenn auch in wichtigen Punkten vergleichbar[26]. Die Unterschiede kann man meiner Meinung nach erstens daraus erklären, daß in Griechenland eine großangelegte Expansion fehlte, wie sie die Verhältnisse in Rom in erster Linie komplizierte; zweitens aus der Entstehung der Demokratie in Griechenland, wie sie in Rom nie erreicht wurde. Gerade in den demokratischen Staaten war in der klassichen Zeit, d.h. nach 500 v. Chr., der Wechsel von Ständen zu Statusgruppen am vollendetsten[27]. Davor ist die Existenz von Ständen hinreichend zu belegen; so

[25] Siehe J. A. Crook, *Law and Life at Rome,* London 1967, S. 37–45.

[26] In seiner Einleitung zu dem Band über Sozialstrukturen, zitiert in Anmerkung 17, berichtet Nicolet (S. 11f.), daß das Thema des Kolloquiums, dessen Ergebnis das Buch war, ursprünglich ›Ordres et classes dans l'Antiquité‹ gelautet habe und daß dieser Titel geändert worden sei, weil das »in der Tat diejenigen, die sich mit griechischer Geschichte beschäftigen, ausgeschlossen hätte«. Diese Entscheidung scheint mir auf einer bei weitem zu engen Vorstellung von Ständen nur im Sinne des römischen Rechts zu beruhen.

[27] Die Situation nach Alexander dem Großen in dem Zeitalter, das unter der Bezeichnung Hellenismus bekannt ist, bringt neue Komplikationen mit sich, deren Behandlung angesichts der beschränkten Erfordernisse der vorliegenden Betrachtung einen zu breiten Raum einnehmen würde. Ebensowenig hielt ich es für notwendig, auf die weitere Komplizierung der Verhältnisse durch die doppelte Staatsangehörigkeit im Römischen Reich einzugehen (von einem kurzen Hinweis abgesehen).

z.B. anhand der Reform des athenischen Staats durch Solon, nach traditioneller Datierung im Jahre 594 v. Chr., durch die die Bürgerschaft in vier Kategorien eingeteilt wurde und jede durch ein bestimmtes Mindestvermögen begrenzt wurde[28]. Doch was die Betrachtung der griechischen Wirtschaft betrifft, so war es der Unterschied zwischen Bürger und Nichtbürger, der, fortgesetzt durch die ganze klassische Zeit, in demokratischen wie oligarchischen Staaten von weitestgehender Bedeutung war. Denn es war ein allgemein gültiges Gesetz – ich kenne keine Ausnahme –, daß Landbesitz ausschließlich Vorrecht der Bürger war. Das Privileg wurde gelegentlich auch einzelnen Nichtbürgern gewährt, doch selten und nur, wenn gewichtige Gründe dafür sprachen.

Man bedenke nur einmal die Folgen für eine Stadt wie Athen, wo das Verhältnis der dort wohnenden männlichen Nichtbürger zu den männlichen Bürgern zu verschiedenen Zeiten zwischen 1 : 6 und vielleicht 1 : 2½ schwankte. Viele der Nichtbürger waren aktiv im Handel, in der Fabrikation und dem Kreditwesen tätig, und einige bewegten sich in den höchsten Kreisen der Gesellschaft, wie z.B. Kephalos von Syrakus, in dessen Haus Plato nachträglich (natürlich fingiert) den Dialog stattfinden läßt, den wir unter dem Titel *Der Staat* kennen. Kephalos konnte weder Ackerland besitzen noch einen Weinberg noch das Haus, in dem er wohnte; er konnte noch nicht einmal auf Land als Sicherheit Kredit geben, da er kein Recht auf Zwangsvollstreckung besaß. Athenische Bürger, die Geld brauchten, konnten ihrererseits nicht ohne weiteres von Nichtbürgern leihen, die die Hauptkreditgeber waren. Diese Mauer zwischen Landbesitz und liquidem Kapital war ein Hindernis im Wirtschaftsleben, doch da sie der Ausdruck einer gesetzlich festgelegten und gültigen sozialen Hierarchie war, war sie zu fest begründet, als daß man sie hätte niederreißen können[29].

Was ich die solonischen »Stände« genannt habe, wird üblicherweise als solonische »Klassen« bezeichnet. Im Prinzip sind natürlich alle Glieder einer Einteilung an sich »Klassen«. Dennoch gibt es einen Unterschied zwischen Gruppen, die rechtlich definiert sind, und solchen, die das nicht sind. Einige Gelehrte haben

[28] Die solonische Ordnung ist das klassische Beispiel der Antike für »eine ständische Struktur ohne Standesprädestination«: S. Ossowski, *Die Klassenstruktur im sozialen Bewußtsein*, Neuwied/Berlin 1962, S. 60.

[29] Ich habe diesen Punkt ausführlicher behandelt in *Land, Debt, and the Man of Property in Classical Athens*, Political Science Quarterly 68, 1953, S. 249–68.

»Stand« für ersteres, »Klasse« für letzteres vorgeschlagen. Abgesehen von Zweifeln an der Genauigkeit der Belege, die in einem speziellen Fall angeführt werden, könnte es dann keine Meinungsverschiedenheiten geben darüber, ob jemand Angehöriger eines solonischen Standes, in Rom des patrizischen oder senatorischen Standes, war oder nicht. Es handelt sich hier um eine objektive Beurteilung, während in der modernen Gesellschaft, wo eine Überprüfung möglich ist, eine ständige Unsicherheit herrscht (sogar bei Selbsteinstufung), ob jemand zur oberen oder niederen Mittelklasse gehört[30].

Historiker und Soziologen stimmen kaum in ihrer Definition von Klasse überein oder in den Regeln, aufgrund derer jemand einer Klasse zugeordnet wird. Nicht einmal das klar formulierte, eindeutige marxistische Konzept der Klasse scheint ohne Schwierigkeiten zu sein. Menschen werden entsprechend ihrem Verhältnis zu den Produktionsmitteln klassifiziert. Zuerst wird unterschieden zwischen denen, die Produktionsmittel besitzen, und denen, die keine besitzen; zweitens unter ersteren zwischen denen, die selbst arbeiten, und denen, die von der Arbeit anderer leben. Wie immer die Anwendbarkeit dieser Klasseneinteilung auf die heutige Gesellschaft auch beurteilt werden mag[31], für den Althistoriker gibt es eine offenkundige Schwierigkeit: der Sklave und der freie Lohnarbeiter wären demnach, mechanisch eingeordnet, Angehörige derselben Klasse, ebenso der reichste Senator und der nicht mitarbeitende Besitzer einer kleinen Keramikwerkstatt. Das ist offensichtlich kein sehr sinnvoller Weg, die Gesellschaft der Antike zu gliedern[32].

Der Einfluß der kapitalistischen, marktorientierten Wirtschaftsordnung auf den Historiker zeigt sich ganz besonders gerade in diesem Punkt. Ein wichtiges Buch über den römischen *equites* wurde 1952 (von H. Hill) unter dem Titel *The Roman Middle Class* veröffentlicht, und Mittelklasse, das sind, wie wir alle wissen, die Geschäftsleute. Nichts hat in bezug auf die späte Römische Republik größere Verwirrung gestiftet als dieses falsche Bild der *equites* als Geschäftsleute, Kapitalisten, als die Klasse der Neureichen usw., das auf dem weitverbreiteten, tief verwurzelten Vorurteil beruht, daß es zwischen landbesitzender

[30] Es gibt eine umfangreiche Literatur zu diesem Thema; siehe kurz Ossowski, *Klassenstruktur*, S. 62–67.

[31] Siehe die scharfsinnige Analyse ibid., besonders Kap. 5.

[32] Siehe P. Vidal-Nacquet, *Les esclaves grecs étaient-ils une classe?*, Raison présente 6, 1968, S. 105–11; vgl. seine *Économie et société dans la Grèce ancienne*, Archives européennes de sociologie 6, 1965, S. 111–48, hier S. 120–30.

Aristokratie und den Armen eine mächtige Klasse von Kapitalisten gegeben haben muß. Wir haben bereits gesehen, daß die *equites* ein Stand im eigentlichen Sinne waren, und es ist gezeigt worden, daß die überwiegende Mehrheit von ihnen Landbesitzer waren. Es gab unter ihnen, das ist wahr, eine kleine, aber wichtige Gruppe, die Publikanen. Sie übernahmen Aufgaben für den Staat, beschäftigten sich mit Steuerpacht sowie mit Kreditvergabe im großen Stil, und zwar an diejenigen Gemeinden in den Provinzen, die auf Grund ebender Steuern in Verlegenheit waren, die dieselben Publikanen für den römischen Staat einzogen. Ich will die Rolle dieser Leute nicht unterschätzen, aber sie waren weder eine Klasse – es ist wichtig zu bemerken, daß sie Land als Sicherheit für ihre Pachtverträge stellen mußten –, noch waren sie repräsentativ für den Ritterstand insgesamt, waren weder an Manufakturen und am Handel von großer Bedeutung beteiligt, noch gab es einen Klassenkampf zwischen ihnen und den Senatoren. Ein ungeheures Gebäude von Fiktionen, errichtet auf einem einzigen falschen Vorurteil über Klassen, gilt noch heute in zu vielen Büchern als römische Geschichte[33].

Vor einem halben Jahrhundert machte ein sehr orthodoxer Marxist, Georg Lukács, die richtige Beobachtung über vorkapitalistische Gesellschaften: »Das Standesbewußtsein ... verdeckt das Klassenbewußtsein.« Damit meinte er, nach seinen eigenen Worten, folgendes: »Der Aufbau der Gesellschaft nach Kasten, Ständen usw. bringt es mit sich, daß in der objektiv wirtschaftlichen Struktur der Gesellschaft die wirtschaftlichen Elemente sich mit den politischen, religiösen usw. Elementen *unentwirrbar* vereinigen«; weiter: »Ökonomische und juristische Kategorien sind sachlich, *dem Gehalte nach unzertrennbar ineinander verflochten*«[34].

[33] Ich schreibe das in fester Überzeugung, und zwar dank der abschließenden Untersuchungen durch P.A. Brunt, *Die Equites in der späten Republik*, in: H. Schneider (Hrsg.), *Zur Sozial- und Wirtschaftsgeschichte der späten römischen Republik*, Darmstadt 1976, S. 175–213, erstmals erschienen unter dem Titel *The Equites in the Late Republic*, Proceedings of the 2nd International Conference of Economic History, Aix-en-Provence 1962, Bd. 1: *Trade and Politics in the Ancient World*, Paris/Den Haag 1965, S. 117–49, mit dem Kommentar dazu von T.R.S. Broughton, beides wieder abgedruckt in R. Seager (Hrsg.), *The Crisis of the Roman Republic*, Cambridge/New York 1969, S. 83–130; außerdem C. Nicolet, *L'ordre équestre à l'époque républicaine (312–43 av. J.-C.)*, Paris 1966, und dazu die Rezension Brunts in Annales: Economies, Sociétés, Civilisations 22, 1967, S. 1090–98.

[34] *Geschichte und Klassenbewußtsein*, Berlin 1923, S. 66–70; zu Lukács' Orthodoxie siehe sein eigenes Vorwort von 1967, in: Werke, Bd. 2, Frühschriften 11,

Kurz, weder vom marxistischen noch vom nichtmarxistischen Standpunkt her ist Klasse ein ausreichend bestimmter Begriff für unsere Zwecke – abgesehen von der ungefährlichen, aber verschwommenen Bezeichnung »obere (oder niedere) Klasse«, die ich bereits erwähnt habe. Es stellt sich also für uns weiterhin die Notwendigkeit, eine Bezeichnung zu finden, die die spartanischen »Geringeren« (eigentliche Bürger, die ihr Landlos verloren hatten) einschloß, dazu die Nobilität der späten Römischen Republik, die »Freunde des Königs«, die den führenden Personenkreis um die frühen hellenistischen Könige bildeten[35], die Leute, an die Cicero dachte, als er die Berufe der Medizin und Lehre ehrenhaft nannte für die, »zu deren Status sie passen«[36], und auch Trimalchio.

Trimalchio war ein ehemaliger Sklave, ein Freigelassener, und die Römer kannten auch einen *ordo libertinorum*, doch sahen sie die eigentliche Bedeutungslosigkeit einer solchen Standesbezeichnung ein und gebrauchten sie nur selten. In bezug auf seinen Reichtum war Trimalchio den Senatoren gleichgestellt, ebenso in seiner »Klassenzugehörigkeit« im marxistischen Sinne und sogar in seinem Lebensstil, sofern wir nur seinen erlesenen Luxus in Betracht ziehen und seine Anerkennung gewisser »senatorischer« Werte wie z. B. das Eigentum an großen Landgütern als etwas, das »nicht Beruf« ist, und den Stolz auf seine wirtschaftliche Unabhängigkeit. Nicht gleichgestellt war er aber, wenn wir weitergehende Betrachtungen anstellen, etwa über die Tätigkeiten, von denen er als Freigelassener durch Gesetz ausgeschlossen war, oder die gesellschaftlichen Kreise, von denen er ebenfalls ausgeschlossen wurde und in die einzudringen er sich nicht die geringste Mühe gab. Es ist überzeugend gesagt worden, daß Trimalchio, anders als Molières *bourgeois gentilhomme*, kein Parvenu war, denn er war nie arriviert[37].

Für solche Unterschiede eben schlage ich vor, das Wort »Sta-

Geschichte und Klassenbewußtsein, Neuwied 1968, S. 5–45; vgl. J.-P. Vernant, *Remarques sur la lutte des classes dans la Grèce ancienne*, Eirene 4, 1965, S. 5–19, wieder abgedruckt in ders., *Mythe et société en Grèce ancienne*, Paris 1974, S. 17–29.

[35] Siehe C. Habicht, *Die herrschende Gesellschaft in den hellenistischen Monarchien*, Vierteljahresschrift für Sozial- und Wirtschaftsgeschichte 45, 1958, S. 1–16.

[36] Im lateinischen Text heißt es *quorum ordini conveniunt*, doch Cicero gebraucht *ordo* hier sicherlich in übertragener Bedeutung, nicht im wörtlichen Sinne eines Standes. Ich habe bereits gesagt, daß ich »Status« nicht in dem Sinne gebrauche, wie es die Römer taten, wenn sie von rechtlichen Angelegenheiten sprachen.

[37] Veyne, *Vie de Trimalcion*, S. 213–47, hier S. 244f.

tus« zu verwenden, ein bemerkenswert unbestimmtes Wort mit beträchtlicher psychologischer Nebenbedeutung. Trimalchio ist verglichen worden mit dem Pompejaner, der sich als erster unter den Freigelassenen *princeps libertinorum* nannte[38], und das ist es, was Status bedeutet. Reiche Griechen und Römer waren nach Lage der Dinge zwangsläufig Angehörige von Gruppen verschiedenster Art. Manches gehörte zusammen, wie z. B. Bürgerrecht und Landbesitz, andere Zugehörigkeiten dagegen brachten Spannungen und Störungen im Bereich der Wertvorstellungen und des sozialen Verhaltens mit sich, wie das z. B. im Verhältnis zwischen Freigelassenen und Freien der Fall war. Wenn auch ein Stand eine übergeordnete oder untergeordnete Position anderen Ständen gegenüber einnahm, so war man doch innerhalb eines Standes nicht auf Gleichheit ausgerichtet[39], wie Perikles es behauptet oder zumindest andeutet durch seinen Stolz auf das Recht auch des armen Atheners, seiner Stadt zu nützen. Die Spannungen, die sich daraus ergaben, konnten in offene Rebellion umschlagen wie damals, als sich verarmte Angehörige der römischen Nobilität im Jahre 63 v. Chr. der Verschwörung des Catilina anschlossen.

Ich möchte nicht weitere Beispiele anführen, wie es sie sehr zahlreich gibt, sondern möchte nur kurz bei der Entwicklung in den letzten Jahrhunderten der Antike verweilen. Die Ausbreitung Roms brachte weitere Verwirrung: Es gab einen lokalen und, davon unabhängig, einen nationalen (römischen) Status, und es gab lokales und römisches Bürgerrecht – ein freier Mann konnte eines davon besitzen oder beide oder keines. Dann entwerteten die römischen Kaiser das römische Bürgerrecht allmählich, bis es geradezu bedeutungslos wurde, als Caracalla es, wahrscheinlich im Jahre 212 n. Chr., prinzipiell auf alle freien Männer des Reichs ausdehnte. Üppig wucherte das Ständewesen unter reichlicher Verwendung von Superlativen in den Titeln, wie *clarissimus, perfectissimus* usw.[40] Obgleich das wie eine *reductio ad absurdum* erscheint, war es Tatsache, daß man sich eifrig um die kaiserliche Gunst bemühte, um so von Stand zu Stand aufzusteigen, und zwar nicht nur wegen der Ehre, sondern auch wegen der finanziellen Vorteile.

[38] Ibid. S. 240.

[39] Siehe Ossowski, *Die Klassenstruktur im sozialen Bewußtsein*, Kap. 7.

[40] Siehe H. G. Pflaum, *Titulature et rang social durant le Haut-Empire*, in: *Recherches sur les structures sociales dans l'antiquité classique*, hrsg. v. C. Nicolet, Paris 1970, S. 159–85; P. Arsac, *La dignité sénatoriale au Bas-Empire*, Revue historique de droit français 4. Reihe 47, 1969, S. 198–243.

Was hat das alles nun eigentlich mit Ciceros kritischen Bemerkungen zur Moral zu tun und mit den wirtschaftlichen Gegebenheiten der Gesellschaft der Antike? Die übliche Antwort erscheint mit monotoner Regelmäßigkeit, wie in einem Buch über die Freigelassenen zur Zeit Ciceros. Ciceros »starre Ansichten«, liest man da, waren Ausdruck »aristokratischen Vorurteils«, von »Dünkel und wehmütiger Erinnerung an eine agrarwirtschaftliche Vergangenheit«. In der »Praxis lagen die Dinge anders. Ganz sicher zog Cicero aus seiner Rednertätigkeit Gewinn, wenn auch indirekt; Senatoren wie Brutus versuchten sich oft im Wucher; der untadelige *eques* Atticus war im Verlagswesen, mit Bankgeschäften und landwirtschaftlicher Produktion beschäftigt.«[41] Ein anderer Gelehrter zeigt, daß die Äußerungen Ciceros belanglos sind, indem er umständlich die Möglichkeit, ja vielleicht die Wahrscheinlichkeit (aber nicht mehr) nachzuweisen sucht, daß zwei der führenden Hersteller arretinischer Keramik zu ebendieser Zeit Angehörige landbesitzender senatorischer Familien waren usw.[42] Noch ein anderer Gelehrter versichert uns, daß alles in allem nur »wenig in dieser Beziehung den Senator vom reichen Nicht-Senator unterschied.«[43]

Wenn Sozial- und Wirtschaftsgeschichte nur so einfach wäre! Cicero gibt eine seiner Meinung nach gültige Beurteilung der Gesellschaft (ähnliche Meinungsäußerungen sind in griechischer wie römischer Literatur im Überfluß vorhanden), und nun wird das beiseite geschoben durch die Aufzählung einiger weniger Männer, die nicht seinen Vorstellungen entsprechen. In einer solchen Erörterung scheint wohl weder Genauigkeit noch Sorg-

[41] S. Treggiari, *Roman Freedmen during the Late Republic,* Oxford 1969, S. 88f.

[42] T. P. Wiseman, *The Potteries of Vibienus and Rufrenus at Arretium,* Mnemosyne 4. Reihe 16, 1963, S. 275–83. In *New Men in the Roman Senate 139 B.C. – A.D. 14,* London 1971, S. 77, sagt Wiseman über die Passage in *De officiis,* daß die dort zum Ausdruck gebrachte Ansicht »auf der idealisierenden Erinnerung an Männer wie L. Cincinnatus ... beruhte ..., die ihre eigenen kleinen Landgüter bewirtschafteten und kein Geld brauchten. Daß dieses Ideal weiterbestand, obwohl es praktisch hinfällig wurde, sobald Roms Wirtschaft über das Niveau einer reinen Bedarfswirtschaft hinauswuchs, lag weitgehend an den Meinungen und dem Einfluß des älteren Cato.« Die Vorstellung, daß entweder Cato oder Cicero einem Ideal zu dauernder Gültigkeit verhalfen, auf Grund dessen man »kein Geld brauchte«, ist so abwegig, daß mir darauf keine andere Antwort einfällt als die Empfehlung, die Werke Catos und Ciceros zu lesen und den griechischen Einfluß auf die Passage aus *De officiis* in Betracht zu ziehen (siehe z.B. Seneca, *Epistulae morales* 88, 21–23); vgl. D. Nörr, *Zur sozialen und rechtlichen Bewertung der freien Arbeit in Rom,* ZRG 82, 1965, S. 67–105, hier S. 72–79.

[43] Frederiksen, *Caesar, Cicero and the Problem of Debt,* S. 131, Anm. 26.

falt vonnöten zu sein. Worte wie »Vorurteil«, »Dünkel«, »Unaufrichtigkeit« sind in der Diskussion fehl am Platz; landwirtschaftliche Produktion ist der Zweck des Landbesitzes, und man kann das wirklich nicht gegen Cicero anführen; die Anwaltstätigkeit hatte Cicero, wie ich schon sagte, bei seiner Aufzählung ausgelassen. Es wird kein Versuch gemacht, zu einer zahlenmäßigen Beurteilung zu gelangen. Noch werden Unterscheidungen getroffen, obwohl einige ganz offensichtlich auf der Hand liegen.

Einige Punkte wollen wir klar herausstellen. Weder im Rom Ciceros noch in irgendeiner anderen entwickelten Gesellschaft verhielten sich alle der anerkannten Ordnung entsprechend. Man ist gezwungen, eine solche Plattheit zu wiederholen, weil es so weitverbreitet ist, die Ausnahme als Beweis anzuführen. Es soll auch nicht behauptet werden, daß die althergebrachten Werte des Homerischen Griechenland oder des legendären frühen Rom noch in späterer Zeit unversehrt und bindend waren. Aber die Alternative kann doch nicht althergebrachte Werte oder gar keine Werte heißen. Bevor das Thema Cicero endgültig abgeschlossen wird, muß noch entschieden werden, ob die neue Freiheit, reich zu werden, für alle galt, sogar für die Nobilität, oder ob das nicht so war, ob man noch immer durch Gesetz oder Übereinkunft gedrängt wurde, dem Status entsprechend bestimmte Quellen des Reichtums in Anspruch zu nehmen[44]. Die Zeit Ciceros gerade bietet die besten Möglichkeiten, das zu prüfen: es war ein Zeitalter des politischen Zusammenbruchs, der härtesten Machtkämpfe, von denen kaum etwas verschont blieb, und eine Zeit tiefgreifender Spannungen zwischen Wertvorstellungen und tatsächlichem Handeln. Damals, wenn überhaupt irgendwann in der Antike, könnte man erwarten, Ansätze einer »modernen« Weise wirtschaftlicher Betätigung zu finden, und man könnte daher solche Äußerungen wie die Ciceros in *De officiis* für leeres Geschwätz halten.

Ich will mit Kreditvergabe und Wucher beginnen. Die Römer versuchten, anders als die Griechen, von frühester Zeit an, die

[44] Im folgenden werde ich mich weitgehend auf Konventionen konzentrieren und Gesetze beiseite lassen. So auch z.B. das im Jahre 218 v. Chr. beschlossene Gesetz, das die Größe von Schiffen beschränkte, die ein Senator besitzen durfte, und zwar auf Küstenschiffe, die groß genug waren, um die Produkte der eigenen Landgüter zu transportieren. Gesetzliche Verbote sind aufs Ganze gesehen kleine Details, die nur wirksam sind, wenn das soziale Klima dafür günstig ist, weshalb es besonders darauf ankommt.

Zinssätze durch Gesetz zu regeln, was im ganzen nicht ohne Erfolg blieb[45]. Doch die Zeit Ciceros war außerordentlich kompliziert: die Erfordernisse der Politik, wie sie damals betrieben wurde, und die hohen Ausgaben, die zur Politik gehörten, veranlaßten die Nobilität und auch andere zur Geldaufnahme in gigantischem Ausmaß. Wählerbestechung, ein aufwendiger Lebensstil, übertriebene öffentliche Spiele und andere Formen der Freigebigkeit im öffentlichen Leben waren notwendiger Bestandteil einer politischen Karriere geworden. Für Leute, deren Reichtum in Landbesitz bestand, waren die Belastungen durch einen Mangel an liquiden Mitteln, an barem Geld verschärft. Infolgedessen schloß eine rege politische Tätigkeit die Verwicklung in ein weitverzweigtes Netz von Krediten und Garantien ein. Sich Geld zu leihen, schuf politische Verpflichtungen – bis man eine Provinzstatthalterschaft zugeteilt erhielt und sich sanierte. Daher wurde Ausbeutung in den Provinzen oft zur persönlichen Notwendigkeit, und immerfort herrschte in diesen hohen Kreisen der römischen Gesellschaft ein angespanntes Verhältnis in bezug auf Geldangelegenheiten. Nur wenige waren wie Pompeius und Crassus so reich, um vor einer Zwangslage ziemlich geschützt zu sein. Auch waren die Risiken beträchtlich: Zahlungsunfähigkeit konnte zum völligen Zusammenbruch führen, wenn sich die Kreditgeber entschlossen, jemanden auch politisch fallen zu lassen; das konnte dann Ausschluß aus dem Senat und Verlust des Vermögens bedeuten[46].

Cicero selbst lieh 3 500 000 Sesterzen zu 6% von berufsmäßigen Geldverleihern, um ein luxuriöses Haus auf dem Palatin von Crassus zu kaufen. Wie er in einem Brief erklärte, wurde er für kreditwürdig angesehen, da er ein beharrlicher Verteidiger der Rechte von Kreditgebern war[47]. Zu einem späteren Zeitpunkt lieh Cicero 800 000 Sesterzen von Caesar aus. Das war ihm sehr peinlich, als er in das Lager des Pompeius überwechseln wollte[48].

[45] Die Belege kann man in dem eher wirren Buch von G. Billeter, *Geschichte des Zinsfusses im griechisch-römischen Altertum,* Leipzig 1898, finden.

[46] Siehe Frederiksen, *Caesar, Cicero and the Problem of Debt,* S. 128–41; J. A. Crook, *A Study in Decoction,* Latomus 26, 1967, S. 363–76; H. Schneider, *Wirtschaft und Politik. Untersuchungen zur Geschichte der späten römischen Republik,* Erlangen 1974, S. 205–21.

[47] *Epistulae ad familiares* 5, 6, 2. Vgl. seine leidenschaftliche Stellungnahme *De officiis* 2,78–84 gegen Maßnahmen zur Schuldentilgung, besonders gegen die Caesars, die er Diebstahl nennt, wie die Ackergesetze; er verteidigt dabei den Besitz, nicht die Geldverleiher.

[48] *Epistulae ad Atticum* 5, 4, 3; 7, 3, 11; 7, 8, 5.

Noch später, im Jahre 47 oder 46, als Caesar alle Fäden in der Hand hielt, lieh Cicero seinerseits dem Sekretär des Diktators, Faberius, eine hohe (nicht genannte) Summe, und die Eintreibung der Schuld stellte sich als eine schwierige, unangenehme Aufgabe heraus[49]. Ob einer der beiden Kredite gegen Zinsen gegeben wurde oder nicht, ist unbestimmt, doch besteht kein Zweifel, daß sowohl Crassus wie Caesar neben anderen hohe zinsfreie Kredite an politisch nützliche Leute gaben[50]. Wenn der Vergleich auch nicht angenehm erscheinen mag, sie führten in der Praxis durch, was Aristoteles meinte, als er schrieb (Nikomachische Ethik 1133 a 4–5), daß »man dem, der uns gefällig gewesen ist, Gegendienste erweisen und auch seinerseits mit Freundlichkeiten begegnen muß«.

Ein weiteres Beispiel soll noch angeführt werden. Zu einem Zeitpunkt zwischen 58 und 56 v. Chr. lieh Brutus, dieses Muster an adliger Gesinnung, noch als junger Mann der Stadt Salamis auf Zypern eine beträchtliche Summe zu einem Zinssatz von 48%. Als der Zeitpunkt gekommen war, die Schuld einzutreiben, betrübte sich Cicero darüber und versuchte als Statthalter von Kilikien zu veranlassen, daß die Angelegenheit mit dem gesetzlichen Zinssatz von 12% erledigt wurde[51]. Das war nicht der einzige römische Kredit, den Cicero während seiner Statthalterschaft einzutreiben suchte, und auch nicht der einzige Kredit, den Brutus vergeben hatte. Was ist da noch glaubhaft an dem, daß »die Erwerbszweige keine Billigung finden, die auf den Haß der Menschen stoßen, wie der ... der Wucherer *(faeneratores)*«?

[49] Siehe O.E. Schmidt, *Der Briefwechsel des M. Tullius Cicero von seinem Prokonsulat in Cilicien bis zu Caesars Ermordung*, Leipzig 1893, S. 289–311.

[50] Siehe dazu kurz M. Gelzer, *Die Nobilität der Römischen Republik*, Leipzig/Berlin 1912, S. 94–98, jetzt in: *Kleine Schriften I*, Wiesbaden 1962, S. 19–135, hier S. 114ff. Die Anspielung Ciceros in *Epistulae ad familiares* 1, 9, 18 aus dem Jahre 54 v. Chr. auf Caesars große *liberalitas* sowohl ihm selbst wie auch seinem Bruder gegenüber muß sich nicht auf das Darlehen von 800000 Sesterzen beziehen, das nicht datiert werden kann, aber erstmals im Jahre 51 v. Chr. belegt ist (*Epistulae ad Atticum* 5, 5, 2). Doch das Wort *liberalitas* schließt sicherlich eine Verzinsung aus, wenn Cicero auch nur ein wenig konsequent in seiner Wortwahl ist, vgl. z.B. *De officiis* 1, 43–44; *Leges* 1, 48. Die Ansicht, daß Caesar Zinsen berechnete, beruht auf dem elliptischen Satz »die 20000 sowie die 800000« in den beiden Briefen *Epistulae ad Atticum* 5, 5, 2 und 5, 9, 2. Der Betrag von 20000 als Zinsen für 800000 (= 2½%) wäre jedoch erstaunlich; die Höhe der Zinsen betrug normalerweise in der Antike ein Vielfaches oder einen Bruchteil von zwölf, d.h. so und soviel pro Monat.

[51] Die wichtigsten Stellen dazu sind Cicero, *Epistulae ad Atticum* 5, 21; 6, 1; siehe die kurze Darlegung bei E. Badian, *Roman Imperialism in the Late Republic*, 2. Aufl., Oxford 1968, S. 84–87.

Sprach nicht Cicero, der Praktiker, dem Moralisten Cicero Hohn?

Ich glaube nicht, sobald man einmal klare Unterscheidungen trifft. An keiner Stelle bezeichnete Cicero die gemeinen Beschäftigungen als unnötig. Wo, außer im Land der Träume, hätten sie das sein können? Geldverleiher waren in seiner Welt ebenso unentbehrlich (auch für ihn selbst) wie Kleinhändler, Handwerker, Parfümhersteller und Ärzte. Die einzige Frage, um die es ihm ging, war der moralische (und soziale) Status derer, die diesen Beruf ausübten. Es war kein Widerspruch, daß er einerseits von berufsmäßigen *faeneratores* Geld lieh, um sich ein seinem Status angemessenes Haus zu kaufen, und andererseits ebendiese *faeneratores* als Menschen schlecht machte*. Bei Brutus, Crassus und Caesar war das etwas ganz anderes. Sie verliehen große Geldbeträge, aber sie waren keine Geldverleiher; sie waren Männer des Krieges und der Politik, der beiden Beschäftigungen, die der Nobilität am meisten entsprachen. Solche Leute konnten, das war allgemein üblich, ohne weiteres ihre überschüssigen Geldmittel arbeiten lassen, indem sie sie ausliehen. Das war eine Nebenbeschäftigung, die sie von ihrer Hauptbeschäftigung, der Karriere als Angehörige der politischen Führungsschicht, nicht ablenkte. In den Tagen Ciceros kam noch als Vorteil hinzu, daß diese Art des Geldverdienens weitgehend politischen Charakter hatte, da sie in den Provinzen auf Kosten der Besiegten und Unterworfenen betrieben wurde. Cicero würde nicht im Traum diese Leute ihrer Nebenbeschäftigung wegen als *faeneratores* bezeichnet haben[52].

Die Möglichkeiten des »politischen Geldverdienens« sind kaum zu überschätzen. Durch Beute, Kriegsentschädigungen, Kredite und andere Forderungen strömte Geld nach Rom in einem Ausmaß, das in der griechisch-römischen Geschichte ohne Beispiel war, und der Zufluß wuchs ständig. Die öffentliche Hand profitierte davon, aber sicherlich verblieb mehr in privaten Händen, in erster Linie bei den Angehörigen der Nobilität; dann zu entsprechend geringerem Teil bei den *equites*, den Soldaten

* »Und kein anständiger junger Mann«, so schrieb Plutarch (*Perikles* 2, 1–2), »verspürt das Verlangen, Phidias zu werden oder Polykleitos, wenn er den Zeus in Olympia oder die Hera in Argos betrachtet ... Denn wenn ein Werk uns in seiner Schönheit erfreut, verdient doch nicht der, der es geschaffen hat, notwendigerweise unsere Achtung.«

52 Auch wenn es überraschend erscheint, so war ich doch nicht in der Lage, eine systematische moderne Untersuchung zu Kreditvergabe und Geldverleihern in dieser kritischsten Periode der Alten Geschichte zu finden.

und sogar bei der niederen Bevölkerung der Stadt Rom[53]. Auch sollte man die Bürgerkriege nicht vergessen: einige der großen Vermögen wurden durch Sullas Proskriptionen und Konfiskationen begründet[54], das gleiche geschah nach dem Sieg des Augustus über Antonius. Trotzdem ist das ganze Phänomen mißverstanden, wenn man es unter der Überschrift »Korruption und Mißwirtschaft« einordnet, wie es Historiker beharrlich weiter tun[55]. Cicero war rechtschaffen als Statthalter in Kilikien in den Jahren 51 und 50 v. Chr., so daß er am Ende seiner Amtszeit nur den ihm gesetzlich zustehenden Gewinn aus dem Amt gezogen hatte. Er betrug 2 200 000 Sesterzen[56]. Das war dreimal soviel wie die 600 000, die er einmal (Stoische Paradoxen 49) als Beispiel für ein jährliches Einkommen erwähnt, das einem Manne ein luxuriöses Leben erlauben könne. Wir haben es hier mit etwas Strukturellem innerhalb der Gesellschaft zu tun.

Die letzte Phase der Römischen Republik zeichnet sich durch das Ausmaß und die konsequente Durchführung dieses Verhaltens aus. In den griechischen Stadtstaaten, ja sogar in hellenistischer Zeit galt, daß der Feldherr »in verschiedener Weise über den Ertrag aus dem Verkauf von Beute verfügen konnte, ... daß aber alles, was in die Heimat zurückgebracht wurde, dem Staat verfiel«[57]. Sicher, wir kennen die Größenordnungen nicht, was zweifellos wichtig wäre, doch bei den zu belegenden Fällen

[53] Eine ausreichende Zusammenstellung der Quellen kann man bei Badian, *Imperialism* finden, besonders in den Kap. 5 und 6; vgl. A.H.M. Jones in den *Proceedings of the 3rd International Conference on Economic History*, Munich 1965, Bd. 3: *The Ancient Empires and the Economy*, Paris/Den Haag 1969, S. 81–88; H. Schneider, *Wirtschaft und Politik. Untersuchungen zur Geschichte der späten römischen Republik*, Erlangen 1974, S. 93–141.

[54] Siehe P.A. Brunt, *Italian Manpower 225 B.C.–A.D. 14*, Oxford 1971, S. 301–05.

[55] In dem Standardwerk von Lily Ross Taylor, *Party Politics in the Age of Caesar*, Berkeley/Los Angeles 1949, umfaßt die Eintragung im Index »Bestechung, siehe Wahlen, Geschworene, Mißwirtschaft« alles, was zu den finanziellen Aspekten gesagt wird, und das ist eben kaum etwas. Vgl. D. Stockton, *Cicero. A Political Biography*, London 1971, S. 240, über das Darlehen des Brutus an die Salaminier: »Der ganzen Sache haftete ein Geruch von Korruption an.«

[56] Ein Jahrhundert später, als große Vermögen ständig größer wurden, hatte der jüngere Plinius, der nicht zu den reichsten Senatoren zählte, aber auch bei weitem nicht der ärmste war, ein jährliches Einkommen, das auf annähernd 2 000 000 Sesterzen geschätzt wurde; siehe R. Duncan-Jones, *The Finances of the Younger Pliny*, Papers of the British School at Rome N.S. 20, 1965, S. 177–88, mit Ergänzungen und Berichtigungen wieder abgedruckt in *The Economy of the Roman Empire. Quantitative Studies*, Cambridge 1973.

[57] W. K. Pritchett, *Ancient Greek Military Practices*, Part 1, Univ. of California Publications, Classical Studies 7, 1971.

militärischer Führer, die bedeutende Reichtümer erwarben, handelt es sich um Männer, die für Tyrannen oder fremde Könige Söldnerdienste leisteten. In Rom galten ähnliche Bestimmungen, doch zeigt sich mit der ersten Eroberung außerhalb Italiens in den Kriegen gegen Karthago im 3. Jahrhundert v. Chr. ein Wechsel im Verhalten, wenn nicht gar eine Änderung der Gesetze. Die Bereicherung militärischer Führer aus Beute war ein Gegenstück zu der Inbesitznahme beschlagnahmten und eroberten Landes in Italien durch den senatorischen Adel[58].

Als dann im Römischen Kaiserreich relative Ruhe und Frieden (und die Interessen des Kaisers) solche Möglichkeiten nicht mehr erlaubten, wurde Bereicherung durch Krieg und Verwaltung auf andere Weise erreicht, nämlich über die Gunst des Herrschers nach hellenistischem Beispiel. Das war sozusagen die kaiserzeitliche Variante der Politik als Weg zur Bereicherung. Es wird berichtet, daß Mela, der Bruder Senecas, »sich aus verkehrtem Ehrgeiz zurückgehalten hatte, ein hohes Staatsamt anzustreben, mit dem Ziel, als römischer *eques* den Konsularen gleichzukommen. Er glaubte zugleich auch, daß die Übernahme von Prokuratorenstellen in der kaiserlichen Verwaltung ein schnellerer Weg sei, Reichtum zu erwerben« (Tacitus, *Annalen* 16, 17). Seneca selbst, Senator und zeitweilig Erzieher und engster Berater Neros, soll angeblich ein Vermögen in Höhe von 300 000 000 Sesterzen angehäuft haben[59]. Einiges davon war zweifelsohne sein Anteil am eingezogenen Besitz des Britannicus, Neros Schwager, der im Jahre 55 n. Chr. kurz vor seinem vierzehnten Geburtstag vermutlich durch Gift starb.

Dieser gierige Erwerbstrieb der Angehörigen der Oberschicht wurde noch dadurch verschärft, daß ihr eigentlicher Reichtum Landbesitz war und daß sie sich daher einem ständigen Mangel an Bargeld gegenübersahen – was damals Gold- und Silbermünzen bedeutete und nichts anderes. Das war jedesmal der Fall, wenn sie entweder größere Beträge für die bei Männern von hohem Status üblichen Ausgaben brauchten wie z. B. für elegante Häuser oder für die Mitgift ihrer weiblichen Verwandten, oder für die ebenso üblichen Ausgaben, die politischer Ehrgeiz erforderte. Derartige Ausgaben besaßen ein Eigengewicht, das zu jeglicher Zeit das Ausmaß der Raubgier gegenüber inneren Geg-

[58] I. Shatzman, *The Roman General's Authority over Booty*, Historia 21, 1972, S. 177–205.

[59] Tacitus, *Annales* 13, 42; Dio Cassius 61, 10, 3.

nern in einem Bürgerkrieg oder auf Kosten bezwungener und unterworfener Völker mitbestimmte. Die militärische und politische Betätigung, die ein solches Einkommen brachte, unter die »Berufe« einzureihen, mag für einen Menschen der Moderne logisch erscheinen. Nach den Regeln der Antike wäre es falsch gewesen, und Cicero war durchaus im Recht, diese Aktivitäten nicht zu erwähnen, wie er auch mit Recht und folgerichtig unterscheidet zwischen berufsmäßigen Geldverleihern und der Kreditvergabe seiner Mitsenatoren.

Er hatte übrigens auch recht und war nicht inkonsequent, als er unter den Berufen, die »eine größere Klugheit« verlangten, ebenjene Tätigkeit ausließ, die ihn zu einer führenden Stellung im Staate gebracht hatte, nämlich die öffentliche Rechtspflege. In Rom nahmen Verteidiger und Rechtsberater eine besondere Stellung in der Hierarchie ein. Ihre Arbeit war eng mit der Politik verknüpft und wurde als ebenso ehrenvoll angesehen. Ein Gesetz des Jahres 204 v. Chr. verbot Verteidigern unter allen Umständen, Gebühren zu erheben oder vor Gericht zu gehen, um von ihren Klienten Geld zu erhalten. Ein derartiges Gesetz war nicht leicht durchzusetzen, und es sind Verletzungen bekannt. Aber nicht auf dem Niveau Ciceros, aus dem ganz einfachen Grunde, weil die großen Verteidiger und Rechtsberater der Republik es nicht nötig hatten, Gebühren zu nehmen. »Wenn Cicero sich dazu herabließ, sich eines Klienten anzunehmen, so standen ihm später Vermögen, Freunde und Einfluß des Klienten jederzeit zur Verfügung«[60], ganz genauso, als ob er einem befreundeten Politiker 2 000 000 Sesterzen zinslos geliehen hätte. Das war bei den anderen Berufen (in unserem Sinne) in Rom nicht der Fall. Der Rechtsgelehrte Julian, der im 2. Jahrhundert n. Chr. schrieb, legte folgende Regel fest (Digesten 38, 1, 27): »Wenn ein Freigelassener den Beruf eines Pantomimen ausübt, ist es rechtens, daß er nicht nur für seinen Herrn, sondern auch zur Zerstreuung von dessen Freunden umsonst tätig wird: ebenso wie bei ihm ist es auch rechtens, wenn ein Freigelassener, der den Beruf des Arztes ausübt, nach dem Willen seines Herrn dessen Freunde heilt.« Der Status eines Arztes war allerdings sehr unterschiedlich zu verschiedenen Zeiten und an verschiedenen Orten der Antike. Bei den Griechen war er im allgemeinen angesehen, auch in der römischen Kaiserzeit, doch rekrutierte sich die Zahl derjenigen, die diesen Beruf ausübten, unter den Römern meist aus der Zahl

[60] J. A. Crook, *Law and Life at Rome*, London 1967, S. 90.

der Sklaven, Freigelassenen und Fremden[61]. Also war es keine grundlose Mißachtung, daß Julian die Ärzte neben die niedere Berufsgruppe der Pantomimen stellte.

Bisher also hat sich der Moralist Cicero als kein schlechter Führer durch die herrschenden Werte erwiesen. Die Frage wird schwieriger, wenn wir uns Handel und Manufaktur zuwenden, was gewissermaßen der Kern des Problems ist. Eine negative Behauptung ist immer schwierig zu belegen. Man muß zugeben, daß die antiken Quellen durch Unvollständigkeit und Parteilichkeit entstellt sind, daß man sich durch stille Partnerschaft und durch vorgeschobene Sklaven und Freigelassene den Regeln Ciceros entzog[62]. Das sind berechtigte Einwände, obwohl sie oft zu unberechtigten Annahmen führen: Warum könnten die *pragmateutai* in Piräus eine Statue zu Ehren der Frau des Herodes Atticus errichtet haben (des reichsten und mächtigsten Mannes in Athen im 2. Jahrhundert n. Chr.)? So fragt ein Gelehrter, und er beantwortet die Frage ohne jeden Beleg: weil sie Handelsvertreter des Herodes waren[63]. Es bleibt ein entscheidender Punkt, daß im Vergleich zu den wenigen bekannten Beispielen stiller Teilhaberschaft und ähnlicher Praktiken nicht ein einziger hervorragender Angehöriger des Ritterstandes benannt werden kann, »der in erster Linie Kaufmann war«[64], oder irgendwelche *equites*, »die selbst im Getreidehandel aktiv wurden oder persönlich mit Seehandel befaßt waren«[65] – keine *equites*, von Senatoren ganz zu schweigen.

Natürlich kümmerten sich Landbesitzer um den Verkauf ihrer Produkte (sofern ihr Land nicht verpachtet war), kümmerten sich mit Hilfe ihrer Gutsverwalter und Aufseher, wie Euangelos bei Perikles, und zumindest in Italien gehörte, wenn ihr Landbesitz auch ertragreiche Tongruben einschloß, Ziegel- und Kachelfabrikation mit zur Landwirtschaft. Daher »ist Ziegelfabrikation praktisch die einzige Industrie in Rom, bei der ein Aristokrat

[61] K.-H. Below, *Der Arzt im römischen Recht,* München 1953, S. 7–21; vgl. K. Visky, *La qualifica della medicina e dell'architettura nelle fonti del diritto romano,* Iura 10, 1959, S. 24–66.

[62] Diese Möglichkeiten sind nüchtern aufgezählt von Broughton in: R. Seager (Hrsg.), *The Crisis of the Roman Republic,* Cambridge/New York 1969, S. 83–130, hier S. 119–21.

[63] J. Rougé, *Recherches sur l'organisation du commerce maritime en Méditerranée sous l'empire romain,* Paris 1966, S. 311.

[64] P. A. Brunt, *Die Equites in der späten Republik,* in: H. Schneider (Hrsg.), *Zur Sozial- und Wirtschaftsgeschichte der späten römischen Republik,* Darmstadt 1976, S. 175–213, hier S. 195.

[65] Broughton, in Seager, Crisis, S. 118, 129.

nicht zögert, seine Verbindung mit den Gewinnen eines Herstellungsbetriebes zuzugeben«[66]. Wiederum muß eine Unterscheidung getroffen werden. Wenn Cicero seine langen Ausführungen beendet: »Von allen Dingen aber, aus denen irgendein Gewinn gezogen wird, ist nichts besser als die Landwirtschaft«, so dachte er bestimmt nicht an Landwirtschaft zur Befriedigung des eigenen Bedarfs. Noch heute sprechen wir von einem *»gentleman farmer«*, niemals in gleicher Weise von einem Händler oder Fabrikanten. Doch während das heute ein erstarrtes Überbleibsel unserer Sprache ist, weil Landwirtschaft ein gleichfalls kapitalistisches Unterfangen ist, so war doch für die längste Zeit der menschlichen Geschichte dieser Unterschied grundlegend. Wer immer die Vornehmheit der Landwirtschaft mit einem Desinteresse an Gewinn und Reichtum verwechselt, verbaut sich den Weg zum Verständnis eines großen Teils unserer Vergangenheit. Es gab niemals jemanden, der das Gewinnstreben leidenschaftlicher vertrat als jener selbsternannte Hohepriester der alten Tugenden, des *mos maiorum*, der ältere Cato.

Zur Kontrolle wollen wir uns nach Rom den wirtschaftlichen Zentren der Provinzen zuwenden. Indem er über Lugdunum (das heutige Lyon) schreibt, ein gallisches Dorf, das bald nach der Gründung einer römischen Kolonie dort im Jahre 43 v. Chr. dank seiner Lage am Zusammenfluß von Rhône und Saône und seinem Aufstieg zu einem wichtigen Verwaltungszentrum zur größten und reichsten Stadt Galliens wurde, sagt Rostovtzeff folgendes: »Um sich die glänzende Entwicklung von Handel und Industrie in Gallien« im zweiten Jahrhundert »zu vergegenwärtigen, braucht man nur die Inschriften im zwölften und dreizehnten Bande des Corpus« der lateinischen Inschriften »und die großartige Sammlung von Skulpturen und Reliefs zu studieren ... So zeigen zum Beispiel die Inschriften von Lyon, die teils in Stein gehauen, teils an Gebrauchsgegenstände *(»instrumentum domesticum«)* angebracht sind, und unter ihnen besonders diejenigen, in denen die verschiedenen Handelsgesellschaften erwähnt werden, eine wie wichtige Rolle die Stadt im Wirtschaftsleben Galliens und des gesamten römischen Reichs gespielt hat. Lyon war nicht nur der Mittelpunkt für den Handel mit Getreide, Wein, Öl und Holz; es war auch eines der größten Zentren

[66] T. Frank, *An Economic History of Rome*, 2. Aufl., London 1927, S. 230f. Unter den römischen Juristen war es strittig, ob Tongruben zu den *instrumenta* eines landwirtschaftlichen Betriebes zu zählen waren und ob sie Gegenstand eines Ususfructus sein konnten: *Digesten* 8, 3, 6; 33, 7, 25, 1.

für die Fabrikation und den Versand von Bedarfsartikeln für Gallien, Germanien und Britannien«[67].

Das mag sehr übertrieben sein, doch kann kein Zweifel an dem Ausmaß und der Wichtigkeit des Handels bestehen, der über solche Zentren lief. Doch das ist nicht das Thema, sondern der Status der Leute, die den Handel und die damit verbundenen finanziellen Transaktionen beherrschten und Gewinn daraus zogen. A. H. M. Jones bemerkte, daß die Handelsherren in Lyon, obwohl bedeutende Leute darunter waren, Freigelassene und Fremde waren (nicht nur aus anderen Städten Galliens, sondern auch aus so weit entfernten Gebieten wie Syrien), von denen nicht einmal ein einziger sich als Bürger Lyons erweist, geschweige denn als Angehöriger der lokalen Aristokratie oder gar des Reichsadels[68]. Eine ähnliche Beobachtung wurde für Arles angestellt[69] sowie für das kürzlich ausgegrabene Handelszentrum auf dem Magdalenenberg in der Provinz Noricum[70], beides große »Umschlagplätze« nach Rostovtzeffs Terminologie. Natürlich gab es Ausnahmen, und zwar nicht nur Personen, sondern auch Städte, wie z. B. Roms Hafenstadt Ostia, die Karawanenstadt Palmyra, vielleicht Arezzo in der Zeit, als es die Monopolstellung für Terra sigillata hatte, doch ich hoffe, ich muß nicht auf das Thema Beweis durch Ausnahme zurückkommen. Sofern die inschriftlichen Quellen gebührend untersucht worden sind – und für dieses Gebiet ist mit den notwendigen Untersuchungen noch kaum begonnen worden –, bestätigen sie, was sowohl die literarische Überlieferung wie die Rechtstexte über den geringen Status der berufsmäßigen Händler und Fabrikanten für die gesamte Zeit der römischen Geschichte aussagen.

Selbst in den Gemeinden der Antike, die weniger üppig ausgestattet waren und nicht so groß wie Rom zur Zeit Ciceros oder in der Kaiserzeit – und die meisten Gemeinden der Antike waren weniger üppig ausgestattet, nicht so groß und vor allem auch traditionsgebundener –, selbst dort mußte es jemanden geben, der Lebensmittel, Metalle, Sklaven und Luxusgüter importierte, der Häuser, Tempel und Straßen baute und eine große Zahl verschiedenartiger Waren herstellte. Wenn das der Fall war und zudem

[67] M. Rostovtzeff, *Gesellschaft und Wirtschaft im römischen Kaiserreich*, Bd. 1, Leipzig 1929, S. 136f.

[68] *The Economic Life of the Towns of the Roman Empire*, Recueils de la Société Jean Bodin 7, 1955, S. 161–94, hier S. 182f.

[69] Ibid., S. 183f.

[70] Broughton in Seager, *Crisis*, S. 129f.

die Überlieferung, wie ich glaube, mit ausreichender Klarheit zeigt, daß ein großer Teil dieser Aufgaben in den Händen von Leuten lag, die entweder von niederem Status waren oder aber politisch ausgeschlossen blieben, wenn sie, wie die reichen Metöken in Athen, größeres Ansehen genossen, so muß es dafür eine Erklärung geben.

Warum hat Athen, das eine Reihe von Gesetzen mit Androhung strenger Strafen erließ, um die lebensnotwendige Versorgung mit Importgetreide zu sichern, keine Gesetzgebung geschaffen, die den Personenkreis betraf, in dessen Händen der Getreidehandel liegen sollte und der in der Tat größtenteils aus Nicht-Athenern bestand? Warum überließen die römischen Senatoren das ertragreiche und politisch bedeutende Geschäft der Steuereinnahme in den Provinzen vollkommen den *equites*?[71] Die Antwort ist folgende: sie taten das, weil die Elite der Bürger nicht in ausreichender Zahl bereit war, diese Aufgaben in der Wirtschaft zu versehen, ohne deren Erfüllung doch weder sie noch die Gemeinschaft auf dem Niveau leben konnten, an das man gewöhnt war. Die Elite besaß die Mittel und die politische Macht, sie verfügten auch über großes Menschenmaterial. Der Wille fehlte, d.h. sie waren in ihrer Gesamtheit durch alles beherrschende Wertvorstellungen gehindert (welche Einwände auch immer eine Minderheit vorbrachte). Und dazu ist es entscheidend wichtig zu bemerken, daß bei der üblichen Verächtlichmachung von Freigelassenen und Metöken – von Plato bis Juvenal – grundsätzlich Moral das Thema ist, nicht Wirtschaft[72]. Sie wurden wegen ihrer Laster und schlechten Eigenschaften verurteilt, niemals als Konkurrenten, die ehrenhaften Menschen etwa ihren Lebensunterhalt streitig machten.

Anders gesagt, ein ökonomisches Entscheidungsmodell oder ein Investitionsmodell würde in der Antike auf diesen Statusfaktor entscheidendes Gewicht legen. Ich will nicht sagen, daß das der einzige Faktor war oder daß er für alle Angehörigen der verschiedenen Stände oder Statusgruppen von gleicher Bedeutung war, noch wüßte ich, wie man das, was ich gesagt habe, in eine mathematische Gleichung bringen könnte. Vieles hing zu

[71] Cicero, *Epistulae ad Atticum* 1, 17, 9, ist aufschlußreich.

[72] Siehe dazu kurz J. Pečirka, *A Note on Aristotle's Conception of Citizenship and the Role of Foreigners in Fourth Century Athens*, Eirene 6, 1967, S. 23–26, und die ausführliche Aufzählung der verfügbaren Belege aus dem klassischen Athen bei E. Erxleben, *Die Rolle der Bevölkerungsklassen im Außenhandel Athens im 4. Jahrhundert v. u. Z.*, in: *Hellenische Poleis*, hrsg. v. E. Ch. Welskopf, 4 Bde., Berlin 1974, Bd. 1, S. 460–520.

jeder beliebigen Zeit von der Fähigkeit ab, ausreichende Reichtümer aus den angesehenen Einkommensquellen zu ziehen, und von den Zwängen zu Ausgaben und Konsum, denen man unterlag. Für eine genauere Untersuchung habe ich Rom zur Zeit Ciceros gewählt, weil das der Zeitraum war, in dem das auf Status aufbauende System dem Zusammenbruch am nächsten war. Aber es brach nicht zusammen, sondern es bog sich zurecht, paßte sich an, indem es die Möglichkeiten in verschiedenen Richtungen, wenn auch nicht in allen, erweiterte; in Richtungen zudem, die sich offensichtlich logisch ergaben aus ebenden moralischen Werten, die bedroht und verteidigt wurden. Und wenn das System selbst diese außerordentliche Periode überstand, dann war es ohne Zweifel in anderen Zeiten und Gegenden gesichert. Trimalchio bleibt ein zuverlässiger Gewährsmann.

III. Herren und Sklaven

Obwohl es paradox erscheinen mag, bereitet im Zusammenhang mit den antiken Vorstellungen von Status nichts größere Schwierigkeiten als die Institution der Sklaverei. Es sieht alles so einfach aus: ein Sklave ist Eigentum, ist den Regeln des Eigentums unterworfen und wird als solches behandelt in Hinsicht auf Verkauf, Vermietung, Diebstahl, natürlichen Zuwachs usw. Der Schweinehirt Eumaios, Lieblingssklave des Odysseus, war Eigentum; ebenso war es Pasion, der das größte Bankunternehmen Athens im 4. Jahrhundert v. Chr. leitete, ziemlich bald freigelassen und schließlich mit dem athenischen Bürgerrecht geehrt wurde; Eigentum war auch jeder Sklave, der in den berüchtigten spanischen Silberminen arbeitete; ebenso Helicon, der Sklave des Caligula, der von Philon (Gesandtschaft an Gaius 166–72) als der Hauptverantwortliche für die Schwierigkeiten der jüdischen Gemeinde in Alexandria ausgemacht wurde; ebenso der stoische Philosoph Epiktet, um 55 n. Chr. geboren, ursprünglich der Sklave eines der Freigelassenen am Hofe Neros. Das gibt zu denken, doch schließlich und endlich unterscheiden sich Häuser und Güter sowie alle Arten von Besitzgegenständen auch weitgehend in ihrer Beschaffenheit voneinander. Sklaven flohen, wurden geschlagen und gebrandmarkt, aber auch Tiere wurden so behandelt; für Schaden, den sowohl Sklaven wie Tiere anderen Personen oder anderem Besitz zufügten, wurden ihre Eigentümer verantwortlich gemacht mittels einer Regelung, die das römische Recht Noxalhaftung nannte. Dann allerdings kommen wir zu zwei Eigenschaften, in denen der Sklave als Eigentum einmalig war: erstens konnten Sklavinnen Kinder gebären, die von freien Männern gezeugt waren, und das gab es in der Tat; zweitens waren Sklaven in den Augen der Götter zumindest insofern menschliche Wesen, als ihre Tötung eine gewisse Form der Reinigung verlangte und sie selbst an rituellen Handlungen wie der Taufe teilnahmen.

Dieser nicht zu übersehende zweifache Aspekt des Sklaven, daß er beides war, nämlich Person und Eigentum, brachte Widersprüche mit sich, die in Bucklands 1908 veröffentlichtem Buch *The Roman Law of Slavery* sehr schön dargestellt sind. Buckland war ein sparsamer Autor, er beschränkte sich auf die Kaiserzeit und auf den rechtlichen Aspekt im engen Sinne. Dennoch brauchte er 753 Seiten, da es, wie er in seinem Vorwort sagte, »kaum ein Problem gibt, das sich in irgendeiner Sparte des Rechts ergeben kann, dessen Lösung nicht möglicherweise dadurch beeinflußt wird, daß eine der betreffenden Parteien ein Sklave ist«. Durch den nicht unüblichen Vorgang der Freilassung von Sklaven wurde die Ungewißheit beendet. Obwohl sie als Freigelassene weiter noch gewissen Einschränkungen unterworfen waren, hatten sie nichtsdestoweniger die große Schranke überwunden, und ihre Kinder, sofern sie nach der Freilassung geboren waren, waren von Geburt an frei, wie z.B. der Dichter Horaz. Wenn auch normalerweise nicht in Griechenland, so wurden doch in Rom die Freigelassenen, deren Besitzer Bürger waren, ihrerseits durch den formellen Akt der Manumission Bürger. Das war der einzige Fall, wo dieses Privileg des Bürgerrechts durch eine rein private Handlung eines privaten Individuums verliehen werden konnte.

Diese Widersprüche jedoch, so tiefgreifend sie auch sind, ergeben noch nicht das ganze Paradoxon, von dem ich ausging. Ich will zwei Einrichtungen als weitere Beispiele nennen. Erstens: das Helotensystem in Sparta. Die Heloten waren eine zahlenmäßig starke Gruppe, sie waren wesentlich zahlreicher als die Spartaner, deren Land sie in Lakonien und Messenien bestellten, denen sie im Haus dienten und für die sie die verschiedensten anderen Aufgaben übernahmen. Die Griechen sprachen in der Regel von den Heloten als »Sklaven«, doch sind sie ohne weiteres in wesentlichen Punkten von den Besitzsklaven z.B. in Athen zu unterscheiden. Sie waren nicht frei, sie waren aber auch nicht persönliches Eigentum einzelner Spartaner; sie wurden nicht gekauft und verkauft, sie konnten nicht freigelassen werden (außer von Staats wegen), und, am bezeichnendsten von allem, sie selbst sicherten den Fortbestand der Institution. Wo immer man in der Antike Besitzsklaven findet, sieht man, daß der Bestand nicht nur durch Geburt ergänzt wurde, sondern auch durch fortlaufenden Import aus dem Ausland. Niemals jedoch im Falle der Heloten, die demzufolge zumindest *de facto*, wenn nicht *de iure* ihre eigenen Familien gehabt haben müssen, eigenen Besitz, der von Generation zu Generation weitergegeben wurde, zweifelsohne ihre eigenen Kulte und überhaupt alle üblichen menschlichen Einrichtungen außer ihrer Freiheit. Eine Folge war, daß es bei ihnen Aufstände gab, wie es sonst bei wirklichen Sklaven in der griechischen Welt in vorrömischer Zeit nicht vorkam. Eine weitere Folge war, daß sie in Zeiten schweren militärischen Engagements zum Dienst im spartanischen Heer gepreßt wurden (als normale Schwerbewaffnete, nicht einfach als Ordonnanzen und Troß)[1].

Mein zweites Beispiel, die Einrichtung des *peculium*, ist besser aus Rom bekannt, wo es auch weiter entwickelt war als in Griechenland. Was die Römer *peculium* nannten, war Besitz (in welcher Form auch immer), den man zur Nutzung, zur Verwaltung und in beschränktem Maße auch zur freien Verfügung jemandem überließ, der nicht das Recht hatte, etwas zu besitzen, also einem Sklaven oder jemandem, der der *patria potestas* unterstand. In streng juristischem Sinne wurde ein *peculium* auf rein freiwilliger Basis vom Herren oder *pater* gewährt, und dieser ging damit eine rechtliche Verpflichtung gegenüber Dritten bis zum Wert des *peculium* ein. Die Gewährung konnte jederzeit widerrufen werden. In der Praxis aber hatte der Empfänger in der Regel freie Hand und durfte, sofern es ein Sklave war, erwarten, daß er sich mit den Einkünften seine Freiheit erkaufen konnte, als Freigelassener das Geschäft, wenn er wollte, fortführen und an seine Erben weitergeben konnte. Es wurde in der Praxis vom 3. Jahrhundert v. Chr. an in Rom, Italien und wo sonst im Reich Römer beschäftigt waren, sogar ein beträchtlicher Teil der städtischen Aktivitäten in Handel, Finanzen und Industrie auf diese Weise ausgeführt. Anders als Sklaven, die Verwalter und Aufseher waren, arbeiteten die, die ein *peculium* hatten, unabhängig und nicht nur für ihre Eigentümer, sondern auch für sich selbst. Und wenn das Geschäft über ein gewisses Mindestmaß hinausging, war es wahrscheinlich, daß ihr *peculium* Bargeld, Geschäftslokale, Ausrüstung, Lagerhaltung und sogar andere Sklaven einschloß[2].

Es ist nun folgendes offenbar geworden: Obwohl Haussklaven, Sklaven mit einem *peculium* und solche, die in Ketten auf einem großen Landgut arbeiteten, rechtlich alle in eine Gruppe gehörten, verdeckt die rechtliche Stellung doch ihre wirtschaftlichen

[1] Siehe Y. Garlan, *Les esclaves grecs en temps de guerre*, in: Actes du Colloque d'histoire sociale, Univ. de Besançon 1970, S. 29–62.

[2] Das römische *peculium* findet man in jeder Textausgabe zum Römischen Recht erörtert; zu Athen siehe E. L. Kazakevich, *Were* οἱ χωρὶς οἰκοῦντες *Slaves?*, VDI 1960, 3, S. 23–42 und *Slave Agents in Athens*, ibid. 1961, 3, S. 3–21 (beide Aufsätze in russischer Sprache); L. Gernet, *Aspects du droit athénien de l'esclavage*, in seinem: *Droit et société dans la Grèce ancienne*, Neudr. Paris 1964, S. 151–72, hier S. 159–64 (ursprünglich veröffentlicht in Archives d'histoire du droit oriental 5, 1956, S. 159–87).

und sozialen Unterschiede[3]. Und die Rechtsstellung wird sehr undurchsichtig, wenn man eine Gruppe wie die Heloten betrachtet. Die Griechen, denen ein entwickeltes Rechtswesen fehlte, haben nie einen ernsthaften Versuch unternommen, die Stellung der Heloten rechtlich zu definieren: »zwischen Freien und Sklaven« (Pollux, Onomastikon 3, 83) ist das Beste, dessen sie fähig waren. Und es ist eine berechtigte Annahme, daß auch den Römern das nicht gelungen wäre, hätten sie es versucht. Römische Rechtsgelehrte beschäftigten sich mit den inneren Angelegenheiten Roms, und die weitgespannten sozialen Probleme der zunehmend heterogenen Welt des Reichs waren ihnen unheimlich; daher ihre Unfähigkeit, die sogenannten *coloni* der späteren Kaiserzeit einzuordnen[4], und ihre Zuhilfenahme so monströser Unterteilungen wie dem *liber homo bona fide serviens* und dem *servus quasi colonus.* Wir sind die Erben des römischen Rechts, das über das Mittelalter auf uns gekommen ist, und wir sind auf die Vorstellung fixiert, daß am unteren Ende der Sozialskala, bei der arbeitenden Bevölkerung, drei und nur drei Kategorien möglich sind, nämlich Sklaven, Leibeigene und freie Lohnarbeiter. So werden die Heloten zu Leibeigenen[5], und die Sklaven mit einem

[3] Die volle Bedeutung des *peculium* ist bei der Beurteilung der antiken Sklaverei nicht richtig zum Ausdruck gebracht worden, hauptsächlich deswegen, wie ich glaube, weil man sich zu sehr auf den juristischen Aspekt konzentriert hat. Eine wichtige frühzeitige Ausnahme war E. Cicotti, *Il tramonto della schiavitù nel mondo antico,* 2. verb. Aufl., Udine 1942, Teil II, Kap. 9, der allerdings seine Argumentation dadurch schwächte, daß er den Sklaven mit *peculium* der Funktion nach mit der Lohnarbeit in Verbindung brachte. E. M. Shtaerman, *Slaves and Freedmen in the Social Struggles at the End of the Republic,* VDJ, 1962 1 S. 24–45 (in russischer Sprache), trifft zwar klare Unterscheidungen, doch wegen des eng umgrenzten Interesses, das schon der Titel des Aufsatzes erkennen läßt, entgehen ihr viele Schlußfolgerungen. Als sinnvollen Vergleich siehe H. Rosovsky, *The Serf Entrepreneur in Russia,* Explorations in Entrepreneurial History 6, 1954, S. 207–33.

[4] Siehe z.B. *Codex Theodosianus* 5, 17, 1: *coloni,* die versuchten zu fliehen, »sollen wie Sklaven in Eisen gelegt werden, damit sie die Aufgaben, die ihnen als Freien zukamen, durch die Bestrafung als Sklaven zu erfüllen gezwungen werden«; *Codex Iustinianus* 11, 53, 1: *coloni* und *inquilini* sollen »Sklaven des Bodens sein, nicht kraft der steuerlichen Abgabe, sondern unter dem Namen und der Bezeichnung *coloni*«.

[5] Die Stellung eines Leibeigenen ist nicht ohne weiteres genau zu definieren, sondern sein Status kann nur beschrieben werden über sein persönliches Verhältnis zu seinem Herrn, das beherrscht war von überkommenen Regeln hinsichtlich der Rechte und Pflichten, und das insbesondere gekennzeichnet war durch die volle rechtliche Autorität (im strengsten Sinne) dieses Herrn; siehe z. B. M. Bloch, in: *Cambridge Economic History,* Bd. 1, hrsg. v. M. M. Postan, 2. Aufl., Cambridge 1966, S. 253f. Heloten können nicht in dieser Weise gekennzeichnet werden.

peculium werden in erster Linie als Sklaven betrachtet, wo sie doch wirtschaftlich und im Sinne der Gesellschaftsstruktur und deren Funktionieren in der Hauptsache selbständige Handwerker, Pfandleiher, Geldverleiher und Kleinhändler waren. Sie versahen dieselben Aufgaben in der Gemeinschaft wie die entsprechenden freien Männer, in derselben Weise und unter denselben Bedingungen trotz des formalen Unterschieds in der Rechtsstellung. Weder die Angehörigen der einen noch die der anderen Gruppe arbeiteten unter dem Zwang einer dritten, in dem Sinne, wie es von Aristoteles und Cicero als sklavisch und unfrei verurteilt wurde. Und genau hier liegt das Paradoxon in der Sklaverei der Antike.

Historisch gesehen ist die Einrichtung der Lohnarbeit eine hochstehende, späte Entwicklung. Allein die Vorstellung der Lohnarbeit erfordert zwei schwierige gedankliche Schritte. Erst einmal muß man die Arbeit eines Mannes losgelöst von seiner Person und dem Produkt seiner Arbeit sehen. Wenn man einen Gegenstand von einem selbständigen Handwerker erwirbt, sei er nun frei oder Sklave mit *peculium,* so hat man nicht seine Arbeit, sondern den Gegenstand gekauft, den er zu einem von ihm selbst bestimmten Zeitpunkt und unter von ihm selbst bestimmten Arbeitsbedingungen hergestellt hat. Doch wenn man Arbeit mietet, kauft man etwas Abstraktes, nämlich Arbeitskraft. Die nutzt der Käufer dann zu einer Zeit und unter Bedingungen, die er, und nicht der »Eigentümer« der Arbeitskraft bestimmt (und er zahlt normalerweise dafür, nachdem er sie genutzt hat). Zweitens erfordert das System der Lohnarbeit zum Zwecke der Bezahlung eine Methode, die erworbene Arbeit zu messen. Gewöhnlich wird ein zweiter abstrakter Begriff eingeführt, nämlich Arbeitszeit[6].

Die Größe dieser gedanklichen Schritte, eher gesellschaftlich als verstandesmäßig gesprochen, sollten wir nicht unterschätzen; selbst die römischen Juristen hatten damit Schwierigkeiten[7]. Die Notwendigkeit, Arbeitskraft freizusetzen für Ziele, die jenseits

[6] Die Geschichte der Interdependenz von Arbeitsbedingungen und Zeitgefühl ist an sich aufschlußreich. Ich kenne keine Untersuchung, die sich auf die Antike erstreckt; was die neuere Geschichte betrifft, siehe E. P. Thompson, *Time, Work-Discipline, and Industrial Capitalism,* Past & Present 38, 1967, S. 56–97 mit einer ausführlichen Bibliographie.

[7] Siehe J. A. C. Thomas, *»Locatio« and »operae«,* Bulletin dell' Istituto di diritto romano 64, 1961, S. 231–47; J. Macqueron, *Le travail des hommes libres dans l'antiquité romaine,* Cours des Pandectes 1954/55 (hektographiert), Aix en Provence, S. 25–29.

der Möglichkeiten des einzelnen und der Familie liegen, besteht schon lange und reicht bis weit in vorgeschichtliche Zeit zurück. Wenn irgendeine der Gesellschaften, deren Geschichte wir zurückverfolgen können, einen Zeitpunkt erreichte, zu dem Mittel und Macht in ausreichendem Maße in den Händen weniger konzentriert waren (ob König, Heiligtum, Herrschergeschlecht oder Aristokratie), so daß für Landwirtschaft, Bergbau, öffentliche Arbeiten oder Waffenherstellung mehr Arbeitskräfte erforderlich waren, als sie Haushalt oder Geschlechtsverband stellen konnten, so wurden die erforderlichen Arbeitskräfte nicht gemietet, sondern wurden durch Waffengewalt oder durch die Macht des Gesetzes und des Brauches gezwungen. Im übrigen bestand die Masse dieser unfreiwilligen Arbeiter normalerweise nicht aus Sklaven, sondern aus der einen oder anderen Art von »Zwittern«, wie den in Schuldknechtschaft Geratenen, den Heloten, den Klienten im frühen Rom, den *coloni* in spätrömischer Zeit. Gelegentlich findet man Sklaven darunter, insbesondere weibliche Kriegsgefangene, und ebenso gelegentlich einen freien Mann, der gemietet wurde; aber keiner von beiden spielte über längere Zeit eine wesentliche Rolle in der Produktion, weder auf dem Lande noch in der Stadt.

Ein genaues Bild dieser Menschen von niederem Status ist schwierig zu gewinnen. In einer berühmten Passage bei Homer besucht Odysseus den Hades, trifft den Schatten des Achilleus und fragt ihn nach seinem Befinden. Die Antwort fällt bitter aus. Lieber als König über alle Toten, so sagte Achill, »wäre ich Tagelöhner auf dem Lande und *thete* neben einem anderen Manne ohne Landbesitz« (Odyssee 11, 489–91). Nicht Sklave, sondern ein *thete* war der niedrigste menschliche Status, den Achill sich vorstellen konnte. Und in der *Ilias* (21, 441–52) erinnert der Gott Poseidon den Apollon an die Zeit, da beide ein ganzes Jahr lang »um einen ausbedungenen Lohn« als *theten* für Laomedon, den König von Troja, arbeiteten. Am Ende des Jahres wurden sie ohne Bezahlung fortgejagt und hatten keine Möglichkeit, Genugtuung zu fordern[8]. *Theten* waren freie Leute, der Schweinehirt Eumaios war ein Sklave, doch hatte letzterer dank seiner Zugehörigkeit zu einem *oikos*, einem fürstlichen Haushalt, einen sicheren Platz in der Welt. Eine solche Zugehörigkeit bedeutete mehr, war von größerem Wert als die rechtliche Stellung eines freien Mannes, als die Tatsache, daß man nicht Besitz

[8] Vgl. die legendäre Geschichte, die Herodot (8, 37) über die Begründer des makedonischen Königshauses erzählt.

eines anderen war. Betrachtet man die Auseinandersetzungen, die in Athen im frühen 6. Jahrhundert und in Rom im 5. und 4. Jahrhundert v. Chr. mit dem Ziel stattfanden, die Schuldknechtschaft abzuschaffen, so erkennt man noch eine andere Nuance. In beiden Gemeinschaften war tatsächlich eine beträchtliche Zahl von Bürgern durch Schulden in Abhängigkeit geraten – über Athen sagt Aristoteles (Staat der Athener 2,2) sogar, daß »die Armen, sie selbst und ihre Kinder und Frauen, den Reichen als ›Sklaven‹ dienten«. Doch der erfolgreiche Kampf der in Schuldknechtschaft Geratenen wurde niemals von ihnen selbst oder den Gewährsmännern der Antike, die zu diesem Thema Stellung nehmen, als ein Sklavenaufstand angesehen. Sie waren Bürger, die ihren rechtmäßigen Platz in der eigenen Gemeinschaft zurückforderten – nur für sich und nicht für die wenigen wirklichen Besitzsklaven, die damals aus dem Ausland nach Athen und Rom gebracht worden waren[9].

Waren diese abhängigen Bürger vor ihrer Befreiung frei oder nicht? Meiner Meinung nach ist das eine sinnlose Frage und, schlimmer noch, eine Frage, die in die Irre führt. Denn sie spiegelt die falsche Dreiteilung wider, von der ich vorher sprach, aufgrund derer wir alle Arbeit in eine der drei Kategorien zu pressen versuchen, Sklave, Leibeigener oder freier Mann. Rechtlich gesehen sind zwei einander entgegengesetzte Maximalvorstellungen in bezug auf »Freiheit« denkbar. Das eine Extrem ist der Sklave als Eigentum und nichts anderes; auf der anderen Seite steht der vollkommen freie Mensch, dessen sämtliche Handlungen aus freiem Willen vollbracht werden. Keines von beiden Extremen hat je bestanden. Es hat sicher einzelne Sklaven gegeben, die das Pech hatten, von ihren Eigentümern nur als reiner Besitzgegenstand behandelt zu werden, aber ich kenne keine Gesellschaft, in der die Sklavenbevölkerung als ganze in dieser rohen Weise betrachtet wurde. Andererseits ist jedermann, außer Robinson Crusoe, in seiner Freiheit auf die eine oder andere Weise eingeengt infolge der Tatsache, daß er in einer Gesellschaft lebt. Absolute Freiheit ist ein leerer Wahn (und wäre überhaupt psychisch nicht zu ertragen).

Zwischen diesen beiden hypothetischen Extremen gibt es ein breites Spektrum von Möglichkeiten, wie ich schon einige als Beispiele angeführt habe, die oft innerhalb ein und derselben

[9] Siehe dazu allgemein mein *Die Schuldknechtschaft,* in: H. G. Kippenberg (Hrsg.), *Seminar: Die Entstehung der antiken Klassengesellschaft,* Frankfurt 1977, S. 173–204.

Gesellschaft nebeneinander bestehen. Eine Person hat in vielerlei Hinsicht Rechte, Privilegien, Ansprüche und Pflichten oder auch nicht: Man kann die Freiheit besitzen, den Überschuß aus seiner eigenen Arbeit nach Abzug von Abgaben, Mieten und Steuern zu behalten, ohne auch gleichzeitig die Freiheit zu besitzen, die Art der Arbeit und den eigenen Arbeitsplatz oder seinen Wohnsitz zu wählen; man kann seinen Beruf frei wählen dürfen, aber nicht den Arbeitsplatz; man kann bestimmte bürgerliche, aber keine politischen Rechte besitzen; man kann politische Rechte haben, aber kein Recht auf Besitz, solange man nach römischen Begriffen *in potestate* ist; man kann oder man kann nicht berechtigt (bzw. verpflichtet) sein, Militärdienst zu leisten, und zwar auf eigene oder auf Staatskosten, usw. Die Kombination dieser Rechte oder ihr Fehlen bestimmen den Platz eines Mannes innerhalb des erwähnten Spektrums. Dieses darf natürlich nicht als ein mathematisches Kontinuum verstanden werden, sondern mehr im metaphorischen Sinne als durchbrochenes Spektrum mit Lücken hier und stärkeren Häufungen dort. Sogar im Farbenspektrum, das in ein mathematisches Kontinuum übersetzt werden kann, bleibt die Grenze zwischen den Primärfarben klar sichtbar[10].

Das alles mag manch einem unnötig abstrakt und spitzfindig erscheinen; ich finde das nicht. Im vorangehenden Kapitel habe ich versucht zu zeigen, wie am oberen Ende der sozialen Skala das Vorhandensein eines Spektrums von Status und Ständen vieles in bezug auf das wirtschaftliche Verhalten erklärt (ohne das Wort »Spektrum« zu benutzen). Jetzt behaupte ich, daß dasselbe analytische Vorgehen hilft, Fragen über das Verhalten am unteren Ende der Skala zu lösen, die sonst schwer zu behandeln sind. Ich habe bereits darauf hingewiesen, daß es Helotenaufstände gab, während es seitens der Besitzsklaven in Griechenland keine gab, und das eben deshalb, weil die Heloten bestimmte Rechte und Privilegien besaßen, und weil sie mehr verlangten. Was man in herkömmlicher Weise »Klassenkampf« nennt, sind in der Antike immer Auseinandersetzungen zwischen Gruppen, die an verschiedenen Stellen des Spektrums stehen und um die Vertei-

[10] Für eine kurze theoretische Analyse in einem modernen Zusammenhang siehe S. Ossowski, *Die Klassenstruktur im sozialen Bewußtsein,* Neuwied/Berlin 1962, S. 118–22. Dies ist ein Ansatz, den ich erstmals entwickelt habe in *Servile Statuses of Ancient Greece,* Revue internationale de droits de l'antiquité 3, Reihe 7, 1960, S. 165–89, und in *Between Slavery and Freedom,* Comparative Studies in Society and History 6, 1964, S. 233–49.

lung spezieller Rechte und Privilegien streiten. Als die eigentlichen Sklaven tatsächlich am Ende in drei Aufständen in der Zeit von 140 bis 70 v. Chr. in Italien und Sizilien massiv aufbegehrten, ging es ihnen um ihre eigene Gruppe und deren Stellung, nicht um die Institution der Sklaverei oder einfach darum, die Sklaverei abzuschaffen[11]. Die Vorstellung eines Spektrums versetzt uns auch in die Lage, den Sklaven mit *peculium* in seinem Verhältnis sowohl zum Sklaven als Landarbeiter als auch zum unabhängigen Handwerker und Kleinhändler zu erfassen. Und sie bewahrt uns davor, unsere eigenen moralischen Werte in eine so begrenzt wirtschaftliche Frage wie die vergleichsweise Effizienz von Sklavenarbeit und anderer Form von Arbeit einzubringen.

Der überwiegende Teil der freien Menschen in der Antike, selbst der freien Bürger, arbeitete, um sich den Lebensunterhalt zu verdienen. Sogar Cicero gab das zu. Doch schloß die Summe aller Arbeitskräfte auch eine andere große Gruppe ein. Das waren Menschen, die zu einem größeren oder geringeren Teil nicht frei waren und eine Kategorie bildeten, für die unsere Sprache kein treffendes einzelnes Wort besitzt, wenn man einmal anerkannt hat, daß Besitzsklaven nur eine Unterkategorie sind. In die weitgefaßte Kategorie, die ich »abhängige (oder unfreiwillige) Arbeit« nennen will, schließe ich jeden ein, der für einen anderen nicht deswegen arbeitete, weil er zu dessen Familie gehörte, wie man es in einem bäuerlichen Haushalt tat, und nicht deswegen, weil er freiwillig eine vertragliche Bindung eingegangen war (für Lohn, Honorar oder Gebühren), sondern der für einen anderen arbeitete, weil er durch irgendeine Voraussetzung dazu gezwungen war. Eine solche Voraussetzung konnte durch Geburt in eine Abhängigen-Klasse erfüllt sein, durch Schulden, durch Gefangenschaft oder durch irgendeine andere Gegebenheit, die jemandem nach Gesetz oder Brauch automatisch einen bestimmten Teil seiner Entscheidungs- oder Handlungsfreiheit nahm. Das geschah gewöhnlich auf lange Sicht oder lebenslang.

Historiker haben sich traditionell auf die Unterkategorie der Besitzsklaven konzentriert (wie ich es auch tun werde), und zwar aus verständlichen Gründen. In den großen »klassischen« Zeiten, also in Athen und anderen griechischen Stadtstaaten vom

[11] Auch brachten Intellektuelle, die von Sklaven abstammten, keine Theorien gegen die Sklaverei hervor oder überhaupt irgendwelche Ideen, die sie von den entsprechenden frei geborenen Leuten unterschieden hätten; siehe E. M. Shtaerman, *Slaves and Freedmen in the Social Struggles at the End of the Republic*, VDI 1962/1, S. 24–45 (in russischer Sprache), hier S. 34f.

6. Jahrhundert v. Chr. an und in Rom und Italien vom frühen 3. Jahrhundert v. Chr. bis zum 3. Jahrhundert n. Chr., ersetzte die Sklaverei in wirksamer Weise andere Formen abhängiger Arbeit. Und dieses sind auch die Zentren und Zeiten, die aus vielen verschiedenen Gründen die Aufmerksamkeit auf sich ziehen. Man kann aber weder Wachsen noch Rückgang der Sklaverei in der Antike für sich allein verstehen. So wenig wir auch die Situation konkret erfassen können, so können wir doch sicher sein, daß in der archaischen Zeit der griechischen wie römischen Geschichte die Sklaverei ohne Bedeutung war, daß Klientelwesen, Schuldknechtschaft und ähnliches die vorherrschenden Formen abhängiger Arbeit waren. In der klassischen Zeit dann war Sparta übrigens keineswegs einzigartig in dieser Beziehung: etwas sehr ähnliches wie die Heloten gab es in Kreta und Thessalien, für einige Zeit im griechischen Sizilien sowie in großem Maße und viele Jahrhunderte lang in manchen griechischen Kolonien im Donaubecken und entlang der Küste der Dardanellen und des Schwarzen Meeres[12]. Insgesamt war das ein im quantitativen Sinne sehr wesentlicher Teil von Hellas.

Auch blieb die Schuldknechtschaft, selbst nachdem sie in Athen und Rom abgeschafft worden war, sehr viel weiter verbreitet, als man zugibt. In vielen Gebieten blieb sie legal erhalten[13]; ohne gesetzliche Regelung dort, wo man es am wenigsten erwartet hätte, nämlich in Italien selbst. Das römische Recht schrieb ausdrücklich vor, daß vertraglich gebundene Landpächter frei waren, nach Ablauf der Pacht, die normalerweise fünf Jahre dauerte, fortzugehen (Codex 4, 65, 11). Und das galt auch – vorausgesetzt, sie waren nicht im Rückstand mit ihren Zahlungen. Schon im Jahre 1885 hat Fustel de Coulanges darauf hingewiesen, daß jene Pächter, mit denen L. Domitius Ahenobarbus 50 oder 49 v. Chr. als Privatmann eine Flotte ausrüstete (zusammen mit seinen Sklaven und Freigelassenen), offenbar gar nicht so frei waren[14], und er bemerkte weiterhin, daß die Pächter, die

[12] D. M. Pippidi, *Le problème de la main-d'œuvre agricole dans les colonies grecques de la Mer Noire*, in: *Problèmes de la terre en Grèce ancienne*, hrsg. v. M. I. Finley, Paris/Den Haag 1973, Kap. 3, wieder abgedruckt in seinem *Scythica Minora*, Bukarest/Amsterdam 1975, Kap. 5, ist in bezug auf letzteres absolut sicher.

[13] Siehe mein *Die Schuldknechtschaft* (vgl. Anm. 9); M. W. Frederiksen, *Caesar, Cicero, and the Problem of Debt*, JRS 56, 1966, S. 128–41, hier S. 129; W. L. Westermann, *Enslaved Persons Who Are Free*, American Journal of Philology 59, 1938, S. 1–30, hier S. 9–18.

[14] Caesar, *Bellum civile* 1, 34, 2; vgl. 1, 56, 3.

mit ihren Zahlungen im Rückstand waren und über die sich Plinius d. J. in einem oft zitierten Brief beklagte, noch nach Ablauf ihres Pachtvertrags auf dessen Gütern arbeiteten; sie seien daher in Verbindung zu bringen mit dem ungeklärten *nexus* bei Columella sowie den *obaerati* bei Varro, die ganz sicher Leibeigene waren[15]. Die Argumentation Fustels hat wenig Aufmerksamkeit gefunden, weil die Historiker zu sehr mit den Übeln der Sklaverei beschäftigt waren, um die Übel der kurzfristigen Pacht unter dem harten römischen Schuldrecht zu sehen. Trotz dieser Vernachlässigung ist seine Beweisführung doch nicht weniger gültig[16].

Ein Antrieb für Sklavenbesitz war das Anwachsen der städtischen Produktion, für die die traditionellen Formen abhängiger Arbeit sich nicht eigneten. Auf dem Lande erreichte die Sklaverei beachtliche Durchbrüche überall dort, wo das Helotensystem oder vergleichbare Formen von Arbeitsstatus aus irgendwelchen Gründen nicht in dem Umfang weiterbestanden, der zur Dekkung des Bedarfs der Landbesitzenden erforderlich war (was in Sparta z. B. nicht der Fall war). Das heißt, angesichts des fehlenden freien Arbeitsmarktes wurden Sklaven als Arbeitskräfte von außen herangebracht – denn Sklaven kommen immer in erster Linie von außen –, aber nur, wenn die vorhandenen inländischen Arbeitskräfte nicht mehr ausreichten, wie in Athen nach den Reformen Solons. Als Alexander und seine Nachfolger und später die Römer weite Teile des Alten Orients eroberten, stand ebenfalls diese Überlegung im Mittelpunkt der Entwicklung. Sie fanden dort ein unabhängiges Bauerntum neben einer großen Zahl abhängiger Arbeitskräfte vor in einem Zahlenverhältnis, über das wir noch nicht einmal Vermutungen anstellen können. Als Eroberer, die zur Ausbeutung und wegen des Gewinns gekommen waren, taten sie das Naheliegende: sie ließen das vorgefundene Pachtsystem bestehen und nahmen Veränderungen im Detail nur insoweit vor, als sie erforderlich wurden, z. B.

[15] N. D. Fustel de Coulanges, *Le colonat romain,* in seinen: *Recherches sur quelques problèmes d'histoire,* Paris 1885, S. 15–24. Die Quellenstellen sind Plinius, *Epistulae* 9, 37; Columella, *De re rustica* 1, 13, 12; Varro, *De re rustica* 1, 17, 2; vgl. Sallust, *Catilina* 33, 1. Vgl. mein *Private Farm Tenancy in Roman Italy before Diocletian,* in: M. I. Finley (Hrsg.), *Studies in Roman Property,* Cambridge 1976, Kap. 5.

[16] W. E. Heitland, *Agricola,* Cambridge 1921, S. 321. Anm. 1 erwähnt Fustels Bemerkungen, zieht aber nicht die notwendigen Schlüsse daraus; A. N. Sherwin-White, *The Letters of Pliny. A Historical and Social Commentary,* Oxford 1966, nimmt in seinem Kommentar überhaupt keine Notiz davon.

durch die Gründung griechischer Städte, deren Landgebiet traditionell der Kontrolle durch den König oder durch die Priesterschaft entzogen war[17]. Warum hätten sie anders verfahren sollen? Genauer, warum hätten sie versuchen sollen, bereits abhängige Bauern, die ihren Status aufgrund einer jahrhundertelangen Tradition hinnahmen, in eine andere Art der Unterordnung zu überführen oder sie zu vertreiben, um als Ersatz Arbeitskräfte von außen heranzubringen? Diese rhetorische Frage bedarf keiner Antwort. Die Folge war, daß in Kleinasien, Syrien und Ägypten auf dem Lande die Sklaverei niemals zu einem bedeutenden Faktor wurde. Roms westliche Eroberungen aber, die auf einer anderen vorrömischen Basis aufbauten, nahmen eine andere Entwicklung[18].

Wenn wir zunächst die Frage des Wachsens und Rückgangs der Sklaverei beiseite lassen und uns auf die großen »klassischen« Perioden in Griechenland und Italien konzentrieren, so sehen wir uns den ersten wirklichen Sklavenhaltergesellschaften der Geschichte gegenüber, die umgeben sind von Gesellschaften (oder in sie eingebettet), die auf anderen Formen abhängiger Arbeit basieren. Keineswegs kann man das in klare quantitative Begriffe umsetzen. Zu keiner Zeit kennen wir die Zahlen der Sklaven in Griechenland oder Italien, nicht einmal innerhalb

[17] Die Arbeitskräfte auf dem Lande im hellenistischen und römischen Osten sind ein Thema, das einer gründlichen neuen Untersuchung bedürfte. Die verfügbare Literatur ist voller unwichtiger Dinge und ungenauer Terminologie, ist durchsetzt mit vagen Vorstellungen sowie nicht zu belegenden »quantitativen« Annahmen (z. B. dem Überwiegen freier, unabhängiger Bauern). Die umfangreiche Bibliographie zu diesem Thema findet man zusammengestellt bei P. Briant, *Remarques sur »laoi« et esclaves ruraux en Asie Mineure hellénistique,* in: Actes du Colloque 1971 sur l'esclavage (Besançon), Paris 1973, S. 93–133. Vgl. H. Kreissig, *Boden und Abhängigkeit im Orient in der hellenistischen Epoche,* Jahrbuch für Wirtschaftsgeschichte 1975/II, S. 101–16, und ders., *Hellenistische Grundbesitzverhältnisse im oströmischen Kleinasien,* ibid. 1967/I, S. 200–06; J. H. W. G. Liebeschuetz, *Antioch ... in the Later Roman Empire,* Oxford 1972, S. 61–73. Die außerordentliche Situation in Judäa in der Zeit, nachdem die Makkabäer hellenistischen Besitzansprüchen (aber nicht etwa der Schuldknechtschaft) ein Ende bereitet hatten, ist in gegenteiliger Weise bezeichnend: H. Kreissig, *Die landwirtschaftliche Situation in Palästina vor dem judäischen Krieg,* Acta Antiqua 17, 1969, S. 223–54.

[18] Über die Arbeitsbedingungen in Gallien, Spanien und Nordafrika kann man noch verschiedener Ansicht sein. Meine Ansicht ist, daß Sklaverei in der Landwirtschaft in den westlichen Provinzen stärker verbreitet war, als die meisten modernen Autoren zugeben möchten; ein Grund dafür ist auch der, daß ich keinen anderen Weg sehe, die sehr großen landwirtschaftlichen Gebäudekomplexe im Gallien der Kaiserzeit zu erklären, über die im nächsten Kapitel noch mehr gesagt werden wird.

einer bestimmten Gemeinschaft oder im Besitz einer besonderen Persönlichkeit, von einigen Ausnahmen abgesehen. Die Schätzungen moderner Gelehrter für das klassische Athen gehen weit auseinander und reichen von 20000 bis 400000. Beide Zahlen sind indiskutabel, doch sie zeigen unseren bedauerlichen Informationsstand[19]. Sie enthüllen auch eine bedrückend tendenziöse, subjektive und grundsätzlich falsche Einstellung dem Problem gegenüber. Sicher sollte man versuchen, die Zahlen so genau herauszufinden, wie es die Überlieferung erlaubt, doch kann aus einfachen arithmetischen Überlegungen eher Zahlenfetischismus werden als systematische Quantitätsbestimmung. Die unglaublich niedrige Schätzung von 20000 Sklaven in Athen zur Zeit des Demosthenes ergibt ein Verhältnis von Sklaven zu Haushaltungen der Bürger, das nicht viel unter eins zu eins liegt[20]. Selbst wenn das richtig wäre, was würde das beweisen? In den nordamerikanischen Staaten, in denen es Sklaven gab, machte nach offiziellen Schätzungen 1860 die Sklavenbevölkerung etwas weniger als ein Drittel der Gesamtbevölkerung aus und vielleicht drei Viertel der Weißen besaßen gar keine Sklaven[21]. Niemand aber wird leugnen, daß die nordamerikanischen Sklavenstaaten Sklavenhaltergesellschaften waren: ist einmal eine hinreichende Anzahl von Sklaven vorhanden, die über einem nicht festzulegenden Minimum liegt, so sind nicht Zahlen der Maßstab, sondern der soziale und wirtschaftliche Standort. Gleichgültig wie viele Sklavinnen im Harem des Kalifen von Bagdad zu zählen einem Historiker gelingen mag, sie bedeuten nichts gegenüber der Tatsache, daß die landwirtschaftliche und industrielle Produktion zumeist von freien Männern ausgeführt wurde.

Zugegeben, ein »ausreichendes Minimum« ist keine präzise Vorstellung, aber sie genügt angesichts der großangelegten und fortdauernden Versklavung der unterlegenen Kriegsgegner und der »Seeräuberei«, die überall in der Geschichte der Antike be-

[19] Für 20000 siehe A.H.M. Jones, *Athenian Democracy*, Oxford 1957, S. 76–79; die Zahl von 400000, die bei Athenaios VI 272c genannt wird, findet noch immer Verteidiger trotz der vernichtenden Kritik durch W. L Westermann, *Athenaeus and the Slaves of Athens*, Harvard Studies in Classical Philology, Suppl. 1941, S. 451–70, wieder abgedruckt in *Slavery in Classical Antiquity*, hrsg. v. M.I. Finley, Cambridge/New York 1968, S. 73–92.

[20] Die Sklavenbevölkerung Italiens betrug, als Caesar starb, möglicherweise das Zweifache der Zahl der erwachsenen männlichen Bürger: P.A. Brunt, *Italian Manpower 225 B.C.–A.D. 14*, Oxford 1971, Kap. 10.

[21] Siehe K.M. Stampp, *The Peculiar Institution: Slavery in the Ante-Bellum South*, New York 1956, S. 29f.

legt ist. Caesar allein soll während seiner Feldzüge in Gallien zwischen 58 und 51 v. Chr. für die Versklavung von einer Million Menschen verantwortlich gewesen sein, und die Zahl ist nicht gänzlich unglaubhaft[22]. Xenophon, der in der Mitte des 4. Jahrhunderts v. Chr. schrieb, berichtet von der allgemein verbreiteten Ansicht, daß ein Jahrhundert vorher der General Nikias eintausend Sklaven besaß, die er an Bergbauunternehmer in den athenischen Silberminen vermietete, daß ein anderer Mann sechshundert und ein dritter dreihundert Sklaven besaß (Poroi 4, 14–15). Das wird oft als phantastisch abgetan[23], und ich kann nicht »beweisen«, daß Xenophon recht hat. Aber ich habe das auch nicht nötig: es genügt zu sehen, daß Xenophon annahm, seine Leser würden diese Zahlen nicht für unmöglich halten, und daß er einen sehr detaillierten Vorschlag darauf aufbaut; daß Thukydides (7, 27, 5) es für eine glaubhafte Annahme hielt, daß 20000 Sklaven im letzten Jahrzehnt des Peloponnesischen Kriegs entlaufen waren, der größte Teil davon gelernte Handwerker; daß die beste moderne Schätzung eine fünfstellige Zahl für die Sklaven vorschlägt, die zur Zeit Xenophons in den Minen beschäftigt waren[24]. Es genügt zu sehen, daß der Metöke Kephalos nahezu 120 Sklaven bei der Produktion von Schilden beschäftigte, eine Zahl, die nicht bestritten wird[25], oder, um sich Rom zuzuwenden, daß der Stadtpräfekt Lucius Pedanius Secundus, der zur Regierungszeit Neros von einem seiner Sklaven erschlagen wurde, vierhundert Sklaven allein in seinem Stadthaus hielt

[22] Plutarch, *Caesar* 15, 3; Appian, *Celtica* 1, 2. Siehe auch die Zahlenangaben in den Tabellen bei W. K. Pritchett, *Ancient Greek Military Practices*, Teil 1, Univ. of California Publications, Classical Studies 7, 1971, S. 78f., und allgemein P. Ducrey, *Le traitement des prisonniers de guerre dans la Grèce antique*, Paris 1968, besonders S. 74–92, 131–39, 255–57; H. Volkmann, *Die Massenversklavungen der Einwohner eroberter Städte in der hellenistisch-römischen Zeit*, Abhandl. d. Akad. Wiss. u. Lit. Mainz, Geistes- u. sozialwiss. Kl. 3, 1961; letzteres ist mit Vorsicht zu benutzen: siehe meine Rezension in Gnomon 39, 1967, S. 521f.

[23] Besonders durch W. L. Westermann, *Athenaeus and the Slaves of Athens;* unentbehrlich zu Xenophons *Poroi* ist jetzt Ph. Gauthier, *Un commentaire historique des Poroi de Xénophon*, Genf/Paris 1976.

[24] S. Lauffer, *Die Bergwerkssklaven von Laureion I und II*, Abhandl. d. Akad. Wiss. u. Lit. Mainz, Geistes- u. sozialwiss. Kl. 15, 1955 und 11, 1956, hier II, S. 904–12. Es waren ganze 40000 Sklaven, die nach Polybios (zitiert bei Strabo 3, 2, 10) im frühen 2. Jahrhundert v. Chr. regelmäßig in den Silberminen von Cartagena in Spanien beschäftigt wurden.

[25] Genau genommen waren die 120 Sklaven Besitz der Söhne des Kephalos, Lysias und Polemarchos, die gleichfalls Metöken waren, und wurden im Jahre 404 v. Chr. von den Dreißig Tyrannen beschlagnahmt. Einige wenige waren vermutlich Haussklaven und nicht Schildmacher: Lysias 12, 19.

(Tacitus, Annalen 14, 43). Es überrascht nicht, daß die zahlreichen Grabsteine der gewöhnlichen Bewohner der Stadt Rom zu jener Zeit ein Übergewicht an Freigelassenen (ehemaligen Sklaven) gegenüber den in Freiheit Geborenen zeigen[26].

Mit »Standort« meine ich zweierlei, das unmittelbar zusammengehört, nämlich Standort im Arbeitsprozeß (wo die Sklaven arbeiteten) und Standort in der Sozialstruktur (welche Schicht Sklaven besaß und auf Sklavenarbeit aufbaute), und das müssen wir nun betrachten. Am Anfang steht die Beobachtung, daß man in jeder Sparte des bürgerlichen Arbeitslebens sowohl Sklaven wie Freie beschäftigt findet, wenn auch Bergbau nahezu ein Monopol der Sklaven ist und Dienst im Hause ein Monopol der Sklaven und ehemaligen Sklaven (Freigelassenen) und es vielleicht bemerkenswert ist, daß Cicero bei seiner Aufzählung beide Tätigkeitsbereiche ausläßt. Bergbau ist immer eine außergewöhnliche Berufssparte gewesen, die (wie z.B. noch heute in Südafrika) dem unterdrückten Teil der Bevölkerung vorbehalten ist, also Sklaven, wo es solche gibt, oder, sofern Sklaverei nicht mehr besteht, Freien, deren Freiheit verletzlich und leicht zu mißbrauchen ist[27]. Die ganze Antike hindurch waren freie Bergarbeiter ein derart unbedeutender Faktor, daß Xenophon es sinnvoll fand vorzuschlagen, der athenische Staat solle beginnen, Sklaven anzukaufen, um sie an die Inhaber der Bergbaukonzession für die Silberminen zu vermieten, und man solle aus dem daraus erzielten Einkommen die gesamte Bürgerschaft unterhalten. Was den Dienst im Hause angeht, möchte ich nur anmerken, daß diese Kategorie in wohlhabenderen Häusern nicht nur Köche, Diener und Dienerinnen einschloß, sondern auch Kindermädchen, »Pädagogen«, Spinnerinnen und Weber, Buchhalter, Verwalter; im Haushalt der römischen Kaiser gehörten die niederen Ränge der kaiserlichen Verwaltung dazu.

Wiederum wird man durch Cicero zu der Genauigkeit geführt, die die Analyse weiterhin erfordert: er nennt eine ganze Reihe von Berufen niedrig und eines Freien nicht würdig, doch er beschränkt das Bild vom Sklaven auf diejenigen, die für Lohn

[26] L.R. Taylor, *Freedom and Freeborn in the Epitaphs of Imperial Rome,* American Journal of Philology 82, 1961, S. 113–32.

[27] Zu den Beschränkungen, die freie Arbeiter in den Goldminen Dakiens in ihrer Freiheit erfuhren, siehe A. Berger, *A. Labor Contract of A.D. 164,* Classical Philology 43, 1948, S. 231–42; vgl. J. Macqueron, *Le travail des hommes libres dans l'antiquité romaine,* Cours des Pandectes 1954/55 (hektographiert), Aix-en-Provence, S. 202–26.

arbeiten, auf gedungene Arbeit. Man fand in allen Berufen freie Männer, jedoch in der Regel als selbständige Arbeiter; so waren sie entweder Kleinbauern oder Pächter auf dem Lande, oder unabhängige Handwerker, Händler und Geldverleiher in der Stadt. Das ist die erste grundlegende Unterscheidung, die man machen muß, wenn man den Standort der Sklaverei in der Gesellschaft der Antike bestimmen will. Wenn Belege auch nur in geringer Zahl vorhanden sein mögen, so sind sie doch schlagend in ihrer Beweiskraft. Freie Lohnarbeit war Gelegenheitsarbeit und war saisonbedingt*. Ihr Platz war durch die Grenzen bestimmt, über die hinaus es absurd gewesen wäre, Sklaven zu kaufen und zu unterhalten, in erster Linie z.B. um den außergewöhnlichen und kurzfristigen Bedarf an Arbeitskräften bei der Ernte in der Landwirtschaft zu decken. In ähnlicher Weise gab es in den Städten Männer, die gezwungen waren, durch Lohnarbeit um ihren Lebensunterhalt zu kämpfen, indem sie sich Gelegenheitsarbeiten als Lastenträger im Hafen oder bei Bauarbeiten suchten. Das waren die Männer, die die Griechen *ptochoi*, Bettler, nannten im Gegensatz zu den hart arbeitenden »Armen«[28]. Ernte und Lastentragen waren sicherlich wichtige Arbeiten, doch die Leute, die sie ausführten, gehörten entweder zu jenen Menschen am Rande der Gesellschaft, oder sie waren unabhängige Bauern und Handwerker, die glücklich waren, ihre niedrigen regulären Einkünfte aufbessern zu können.

Immer wenn wir von einem privaten Unternehmen in der Stadt oder auf dem Lande wissen, daß es regelmäßig die Dienste einer Anzahl von Arbeitern in Anspruch nimmt, deren Status definiert ist, so sind dies Sklaven. Unternehmen, die Freie auch

* Natürlich gab es die eine große Ausnahme der Ruderer in der Kriegsflotte und der Berufssoldaten, sofern es sie gab, aber das ist im vorliegenden Zusammenhang ohne Bedeutung.

[28] Gelegenheitsarbeit »ergab sich« in Athen täglich an einem bestimmten Platz nahe der Agora: siehe A. Fuks, *Κολωνὸς μίσθιος. Labour Exchange in Classical Athens*, Eranos 49, 1951, S. 171ff. Man wird mir den Grabstein aus Maktar im Inneren Tunesiens aus dem 3. Jahrhundert entgegenhalten (CIL VIII 11824), auf dem eines Landarbeiters gedacht wird, der sein Leben als Senator des Ortes beendete. Bei allem Respekt vor den Toten: solange nicht noch mehr derartige Grabinschriften gefunden werden, bleibe ich skeptisch auch angesichts der großen Aufmerksamkeit, die diese »Schnitterinschrift« in modernen Darstellungen erfährt. Dazu gehören durchaus nicht unübliche ähnlich unsinnige Bemerkungen wie die, daß diese Inschrift »Zeugnis ablegt von dem materiellen und ideellen Lohn eines arbeitsamen und einfachen Lebens, das in den *Georgica* Vergils idealisiert wird«: G. Steiner, *Farming*, in: *The Muses at Work*, hrsg. v. C. Roebuch, Cambridge/Mass. 1969, S. 148–70, hier S. 169f.

nur auf halbwegs dauerhafter Basis beschäftigen, sind in den Quellen einfach nicht zu finden. Der athenische Redner Demosthenes konnte daher die Worte »Sklaven« und »Werkstatt« *(ergasterion)* vollkommen synonym benutzen, als er seine Erbschaft vor Gericht von seinen Vormündern zurückzuerhalten suchte[29]. Ein halbes Jahrhundert später wurde ein nicht näher bekannter Athener Landbesitzer, den ein leidenschaftliches Verlangen nach einem jungen Sklaven gepackt hatte, nach eigener Aussage (Hypereides 5) vom Eigentümer, einem Parfümhändler, mit List dazu gebracht, das *ergasterion* selbst zu kaufen, das aus drei Sklaven (dem jungen Sklaven, seinem Vater und seinem Bruder), einem Lager und beträchtlichen Schulden bestand. Im Italien des Augustus beschäftigten die erfolgreichen Töpfereien von Arezzo lediglich Sklaven, wobei die höchste bekannte Zahl für eine einzelne Werkstatt 60 beträgt. Als sich das Zentrum für die Herstellung »arretinischer Keramik« nach Gallien verlagerte, waren die örtlichen Töpfer, von denen nahezu alle der Herkunft nach Kelten waren, unabhängige Handwerker und arbeiteten in kleinen Einzelbetrieben, offensichtlich ohne eine größere Zahl von Sklaven oder Lohnarbeitern[30]. In der späteren römischen Kaiserzeit schließlich, als die Unterschiede zwischen Sklaverei und anderen Formen unfreiwilliger Arbeit geradezu verschwindend gering geworden waren, als die kaiserlichen Fabriken und die Münze in einer Zeit, da der Staat unter anderem die von den Armeen benötigten Uniformen und Waffen selbst produzierte, die größten Industrieunternehmen waren, da waren die Arbeiter dort meist Sklaven im weiteren, aber oft auch noch im engeren

[29] Demosthenes 27, 19, 26; 28, 12. Für weitere Belege aus dem griechischen Bereich siehe meine *Studies in Land and Credit in Ancient Athens*, New Brunswick 1952 (Neudr. New York 1973), S. 66ff.

[30] Über Arezzo und Lezoux gibt es da keine Meinungsverschiedenheiten: siehe H. Comfort und A. Grenier in T. Frank (Hrsg.), *An Economic Survey of Ancient Rome*, 6 Bde., Baltimore 1933–40, Bd. 5, S. 188–94, bzw. Bd. 3, S. 540–62; neuer dazu G. Pucci, *La produzione della ceramica aretina*, Dialoghi di archeologia 7, 1973, S. 255–93; F. Kiechle, *Sklavenarbeit und technischer Fortschritt im römischen Reich*, Wiesbaden 1969, S. 67–99; allgemein W. L. Westermann, *Industrial Slavery in Roman Italy*, Journal of Economic History 2, 1942, S. 149–63. Die Arbeitsverhältnisse in La Graufesenque scheinen differenzierter gewesen zu sein, doch sind die Belege zu ungenau, als daß man sichere Aussagen machen könnte; siehe dazu neuerdings R. Marichal in: Comptes rendus de l'Acad. des Inscriptions 1971, S. 188–208. Selbst wenn sich ergeben sollte, daß einige Unternehmen in der Antike freie Lohnarbeiter beschäftigten, könnte das nicht wesentlich das Bild ändern, das durch die zur Verfügung stehenden Quellen so übereinstimmend bezeugt ist.

Sinne. Es handelte sich darüber hinaus um Arbeitskräfte, die sich durch Geburt ergänzten[31].

Von dieser späten Entwicklung unter einer gänzlich autokratischen Herrschaft abgesehen, zeigen die Arbeiten an öffentlichen Bauten gewisse Abweichungen, die sie von privaten Unternehmungen unterscheiden. Insofern sie spezielle Fertigkeiten erforderten, ganz besonders bei Marmortempeln, muß man drei verändernde Faktoren in Betracht ziehen: erstens das Element der Frömmigkeit, das freie Arbeitskräfte anzog, wie es private Vorhaben nicht konnten; zweitens die Möglichkeit, die man in einigen Staaten erkannte, zusätzliches Einkommen für die Handwerker unter den Bürgern zu beschaffen; drittens die absolute Knappheit der benötigten Spezialisten außerhalb untypischer Zentren wie Athen und Rom. Für diese Aufgaben hat man daher offenbar Sklaven nur wenig verwendet. Dieselben verändernden Faktoren jedoch machten es fast unmöglich, daß man den Bau durch Großunternehmer ausführen ließ. Die Arbeiten wurden im allgemeinen in kleinere Lose aufgeteilt, und jedes wurde eher auf Grund eines besonderen Vertrags vergeben als auf Lohnbasis[32]. Die Unterscheidung, die die römischen Juristen schließlich zwischen zwei Arten von Verdingungsverträgen machten, der *locatio conductio operis* und der *locatio conductio operarum*, war Ausdruck einer grundlegenden Verschiedenheit im Status, des Unterschieds nämlich zwischen Unabhängigkeit und Abhängigkeit; es war der Unterschied zwischen dem freien Mann, der, obgleich er für seinen Lebensunterhalt arbeitete, für Kunden (privat oder öffentlich) tätig war, und dem, der für den Lohn arbeitete[33].

[31] A.H.M. Jones, *The Caste System in the Later Roman Empire*, Eirene 8, 1970, S. 79–96, hier S. 83. Die beste Darstellung zum Thema der kaiserlichen Fabriken bleibt A.W. Persson, *Staat und Manufaktur im römischen Reiche*, Skriften ... Vetenskaps-Societeten Lund 3, 1923, S. 68–81, die offensichtlich N. Charbonnel, *La condition des ouvriers dans les ateliers impériaux au IVe et Ve siècles*, Travaux et recherches de la Faculté de Droit de Paris, Série ›Sciences historiques‹ 1, 1964, S. 61–93, unbekannt geblieben ist.

[32] Die besten Belege aus dem griechischen Bereich liefern vielleicht die Tempelabrechnungen aus Delos, die G. Glotz, *Les salaires à Delos*, Journal des Savants 11, 1913, S. 206–15 u. 251–60, analysiert hat; dazu P.H. Davis, *The Delos Building Accounts*, BGH 61, 1937, S. 109–35. Siehe auch A. Burford, *The Greek Temple Builders at Epidauros*, Liverpool 1969, besonders S. 191–206; ders., *The Economics of Greek Temple Building*, Proceedings of the Cambridge Philological Society N.S. 11, 1965, S. 21–34. Aus dem römischen Bereich gibt es keine vergleichbar genauen Angaben. Einige Ausnahmen müssen gemacht werden, von denen eine (aus Athen) später in diesem Kapitel zu betrachten sein wird.

[33] Siehe J.A. Crook, *Law and Life at Rome*, London 1967, S. 191–98. Im

Die Schönheit großartiger Tempel sollte uns nicht vergessen lassen, daß die meisten öffentlichen Bauten – Straßen, Mauern, Wege, Aquädukte, Kanäle – mehr Kraft als Fertigkeit erforderten. Doch an diesem Punkt lassen uns die Quellen bei ihrem Desinteresse an solchen Dingen im Stich, und auch die Archäologie kann nicht helfen. Gerade derartige Arbeiten konnten gleichermaßen Soldaten oder Kriegsgefangenen auferlegt werden. Zwei römische Textstellen, die in dieselbe Zeit gehören, lassen jedoch, wie ich glaube, einen Schluß zu. Es wird die Geschichte erzählt (Sueton, Vespasian 18), daß jemand zum Kaiser Vespasian gekommen sei mit einer neuen Erfindung, um den Transport schwerer Säulen auf das Kapitol zu geringen Kosten durchzuführen. Der Kaiser belohnte den Erfinder für seine Einfallsgabe und lehnte es dann ab, die Erfindung anzuwenden, indem er ausrief: »Es muß möglich sein, daß ich der Bevölkerung zu essen gebe.« Das klingt rührend, aber bei den fortwährenden hohen Ausgaben des Kaisers für die römische Bevölkerung ging es ihm um Brot und Spiele, nicht um Arbeitsplätze[34]. Vespasians Bemerkung bezieht sich auf die Art von Gelegenheitsarbeit, über die ich bereits gesprochen habe. Der Transport von Säulen auf das Kapitol hätte kaum ständige Beschäftigung für eine große Zahl von Menschen bringen können, während das andererseits durch die

römischen Recht erlitt ein Mann, der für Geld in der Arena mit wilden Bestien kämpfte, *infamia*, nicht aber einer, der das zu seinem Vergnügen tat: Digesten 3, 1, 1, 6. Das ist genau die Unterscheidung, die ich für einen anderen Bereich betont habe und die üblicherweise von Historikern übersehen wird, wie z.B. in dem folgenden Absatz aus T. Frank (Hrsg.), *An Economic Survey of Ancient Rome*, 6 Bde., Baltimore 1933–40, Bd. 5, S. 235 f.: »Daß freie Bauunternehmer weiter in der Hauptstadt ihren Lebensunterhalt verdienten, zeigt das ungewöhnlich große und geschäftige *collegium fabrorum tignuariorum* ... nach einer Durchsicht der Mitgliederlisten scheint es wahrscheinlich, daß diese 1000–1500 freien oder freigelassenen *fabri* erfolgreiche Zimmerleute waren, die den Einsatz zahlreicher Sklaven kontrollierten ... Es ist daher anzunehmen, daß bei öffentlichen Bauvorhaben eine große Zahl *freier Arbeiter* beschäftigt wurden« (die Kursive stammt von mir).

34 *»Panem et circenses* war die Formel ... auf die man sich verließ, um die unterdrückte Bevölkerung davon abzuhalten, daß sie vergebliche Mittel fand, ihre eigene bedrängte Lage zu verbessern.«: T. Veblen, *Essays in Our Changing Order*, Neudr. New York 1954, S. 450. Charakteristischerweise fügte er hinzu: »Was die *circenses* anbetrifft ... hat es da Veränderungen und Verbesserungen in den folgenden Jahrhunderten gegeben; die Kinos des 20. Jahrhunderts sind ein Geschäft für sich ... da es die einfachen Leute sind, denen Entspannung geboten wird, so ist es nur recht und billig, daß die einfachen Leute dafür bezahlen.« Wenn J.P.V.D. Balsdon zeigt, daß die Volksmassen der Stadt Rom nicht »den größeren Teil ihrer Zeit beim Wagenrennen, im Theater und bei den Gladiatorenkämpfen verbracht haben« konnten, so trifft er nicht den Kern der Sache: *»Panem et circenses«* in: *Hommages à Marcel Renard*, Bd. 2, Brüssel 1969, S. 57–60.

Aufrechterhaltung der Wasserversorgung geschah, für die es ein ständiges Personal von 700 Sklaven gab (die »Architekten« eingeschlossen)[35].

Das wissen wir aus einem Buch, geschrieben von Sextus Julius Frontinus, der im Jahre 97 n. Chr. vom Kaiser Nerva zum *curator aquarum* ernannt wurde. Frontinus war ein Senator, der sich einigermaßen ausgezeichnet hatte, denn er war *praetor urbanus, consul suffectus* und Statthalter von Britannien gewesen, lange bevor er die Aufsicht über die Wasserversorgung Roms übernahm. Der Gegensatz zwischen seinem Status und dem der »Architekten«, die Sklaven waren, und in deren Händen die technische Betriebsführung lag, zeigt etwas Grundsätzliches. Politische Verwaltung war eine Sache, Betriebsführung eine andere. Und Betriebsführung war durch die ganze klassische Periode Griechenlands wie Roms in der Stadt wie auf dem Lande zumindest in allen größeren Betrieben, in denen der Eigentümer selbst normalerweise keine aktive Rolle spielte, die Aufgabe von Sklaven und Freigelassenen. Daß Männer von höchstem Status sich nicht damit abgegeben hätten, ihre eigenen Güter und die übrigen geschäftlichen Angelegenheiten zu leiten, und das auch gar nicht konnten, versteht sich von selbst: ihre Lebensweise machte das unmöglich, ganz besonders für die größeren Landbesitzer, die in der Stadt lebten und ihre Güter von Zeit zu Zeit besuchten. Das zeigt sich, wo immer wir hinsehen, ob wir Xenophons *Oikonomikos* oder Catos Handbuch oder die Briefe des Plinius betrachten.

Sogar eine Tätigkeit im öffentlichen Verwaltungsdienst war unterhalb der höchsten Ränge problematisch. Es gibt einen Text aus der zweiten Hälfte des 2. Jahrhunderts, der das verdeutlicht, die *Apologie* des Lukian, eines Griechen aus Syrien, der ein bekannter Rhetoriker und Schöngeist geworden war, aber gegen Ende seines Lebens einen Posten in der kaiserlichen Verwaltung übernahm. Er hatte einst eine Abhandlung geschrieben, in der er das »sklavische Wesen« der Schriftsteller heftig angriff, die für ein Gehalt in den Häusern reicher Gönner lebten. Tat er nicht gerade dasselbe, fragt er nun? Es ist wahr, antwortet er, daß ich und sie Lohn erhalten und arbeiten »unter dem Befehl eines anderen«, doch während »ihre Sklaverei offensichtlich ist und sie

[35] Frontinus, *De aquis urbis Romae* 96–118. Die spärlichen Belege zu der wichtigen Rolle, die die Sklaven im Baugewerbe allgemein spielten, findet man bei H. J. Loane, *Industry and Commerce of the City of Rome (50 B.C.–200 A.D.)*. Baltimore 1938, S. 79–86.

sich nicht viel von mit Geld gekauften oder im Hause aufgezogenen Sklaven unterscheiden« – ich finde die Anklänge an Aristoteles und Cicero bemerkenswert, wenn sie nicht gar beabsichtigt sind –, ist meine Stellung nicht damit zu vergleichen, denn ich diene dem öffentlichen Interesse[36]. Ohne Zweifel ist das Gedankenspielerei, doch deswegen nicht weniger bezeichnend: heute würde eine Rechtfertigung für die Übernahme eines untergeordneten Regierungspostens anders lauten.

In der städtischen Wirtschaft standen Sklaven, die eine leitende Position einnahmen, in engem Zusammenhang mit den Sklaven mit *peculium* und demzufolge, insbesondere in der römischen Gesellschaft, mit den Freigelassenen. Denn es waren diese Sklaven, die im allgemeinen eher freigelassen wurden, nicht die Sklaven in der Landwirtschaft. Wir müssen uns nun fragen, warum eine so wichtige Rolle in der Wirtschaft oder – um genauer in Begriffen der Antike zu sprechen – bei dem Erwerb von Reichtum den Sklaven und Freigelassenen überlassen wurde. Eine Möglichkeit ist, die Erklärung in der »relativ größeren Tüchtigkeit und der besseren Ausbildung der Unfreien und kürzlich Freigelassenen«[37] zu suchen. Vielleicht stimmt das, doch liegt in dieser Argumentation ein falscher Zirkelschluß. Wenn die Freigeborenen für eine Ausbildung nicht zur Verfügung standen, so heißt das, daß sie nicht gewillt waren, in ein Beschäftigungsverhältnis zu einem anderen zu treten, was man betonen muß, um den Eindruck zu vermeiden, es habe eine echte Konkurrenz zwischen zwei Arten leitender Angestellter gegeben[38].

Nun ist es eine Besonderheit im Status der Freigelassenen, daß es sich um ein Übergangsstadium handelt, das durch Gesetz auf eine einzige Generation beschränkt ist. Die Söhne eines Freigelassenen blieben Sklaven, wenn sie vor seiner Freilassung geboren waren (außer sie wurden ebenfalls freigelassen), doch wenn sie später geboren waren, waren sie völlig frei. Daher setzte ein Freigelassener auf seine Söhne alle seine Hoffnungen in bezug auf jene sozialen und politischen Folgen des Wohlstands, die das Gesetz ihm selbst versagte, insbesondere auf ein Staatsamt. Eine gründliche Untersuchung der Grabinschriften aus Italien wäh-

[36] Lukian, Apologie 10; siehe D. Nörr, *Zur sozialen und rechtlichen Bewertung der freien Arbeit in Rom,* ZRG 82, 1965, S. 67–105, hier S. 75f.

[37] W.L. Westermann, *Industrial Slavery in Roman Italy,* Journal of Economic History 2, 1942, S. 149–63, hier S. 158.

[38] Dazu z.B. A.M. Duff, *Freedmen in the Early Roman Empire,* Neudr. Cambridge 1958, S. 11: ein »ungleicher Kampf gegen die gewitzteren Orientalen«.

rend der Kaiserzeit, die vor fast einem halben Jahrhundert angestellt wurde[39], zeigt, daß ein hoher Anteil an den Mitgliedern der Senate in den Landstädten Söhne von Freigelassenen waren. Am höchsten war der Anteil in einer Stadt wie Ostia, wo die Zahl schätzungsweise eine Höhe von 33 Prozent oder mehr erreicht haben soll, am niedrigsten in dem eher ländlichen Gebiet des Cisalpinen Gallien, nämlich zwölf Prozent. Die Zahlen sind als zu hoch gegriffen abgelehnt worden wegen des ungenauen Prüfungsverfahrens, das der Autor anwandte, um zu bestimmen, wer der Sohn eines Freigelassenen war oder nicht. Die Kritik an der Statistik ist berechtigt, doch geht sie am Wesentlichen vorbei. Niemand will behaupten, daß die Söhne von Freigelassenen in großer Zahl zu Angehörigen der örtlichen Aristokratie wurden oder daß die örtlichen Senate unter den Einfluß solcher Leute gerieten oder daß sie eine neue »Klasse« innerhalb der römischen Gesellschaft bildeten. Selbst eine Herabsetzung der Prozentsätze um die Hälfte würde nichts ändern an der Schlußfolgerung, daß es einer beachtlichen Zahl von Freigelassenen gelungen war, über ihre Söhne einen hohen sozialen und politischen Status zu erreichen. Es war keine leere Geste, als der Kaiser Claudius im Jahre 41 n. Chr. den Alexandrinern befahl, »jene, die von Sklaven geboren waren«, von der Gruppe der Epheben auszuschließen, dem Verband der jungen Griechen der Oberschicht[40]. Ebensowenig machte Marc Aurel eine leere Geste, der ungefähr im Jahre 175 die Stadt Athen anwies, jeden, der nicht in der dritten Generation frei geboren war, aus dem führenden Rat des Areopag zu entfernen, während er den Söhnen von Freigelassenen die Mitgliedschaft im Rat der Fünfhundert ausdrücklich zugestand[41]. In Rom selbst wurde nach Aussage des Tacitus (Annalen 13, 27) zur Zeit Neros darüber gesprochen, daß die meisten Ritter und viele Senatoren Nachkommen von Sklaven waren. Ohne Zweifel handelt es sich um eine tendenziöse Übertreibung, dennoch kann man sie nicht einfach beiseite schieben.

[39] M. L. Gordon, *The Freedman's Son in Municipal Life*, JRS 21, 1931, S. 65–77, der sich auf mehr als 1000 Belege stützt; siehe auch P. Garnsey, *Descendants of Freedmen in Local Politics. Some Criteria*, in: *The Ancient Historian and His Materials*, hrsg. v. B. Levick, London 1975, S. 167–80.

[40] Z. 56–57 eines Briefes des Claudius, zuerst veröffentlicht von H. I. Bell, *Jews and Christians in Egypt*, 1924, neuerdings im *Corpus Papyrorum Judaicorum*, hrsg. v. V. A. Tcherikower und A. Fuks, Bd. 2, Cambridge/Mass. 1960, nr. 153.

[41] Z. 59–60 bzw. 99–101 einer umfangreichen griechischen Inschrift, veröffentlicht von J. H. Oliver, *Marcus Aurelius. Aspects of Civic and Cultural Policy in the East*, Hesperia Suppl. 13, 1970.

Der Aufstieg wurde durch die übliche Methode erreicht, ausgiebig Mittel an die Gemeinschaft und ihre Bürger auszuschütten, und die einfache Erklärung ist, daß diese Vermögen durch Handel, Manufaktur und Geldverleih erworben wurden. Dennoch muß die Tatsache ein wenig zu denken geben, daß sich unter diesen erfolgreichsten Freigelassenen sehr viele Männer fanden, die aus dem kaiserlichen Verwaltungsdienst oder dem der Landstädte aufgestiegen waren. Außerdem bleibt es eine offene Frage, wie viele der reicheren Freigelassenen, wie Trimalchio, oder ihrer nun zur Oberschicht gehörenden Söhne ihren Wohlstand in die sicheren Bahnen des Grundbesitzes lenken konnten. Es ist vermutlich unmöglich, eine überzeugende Antwort zu finden, doch es gibt gelegentlich Hinweise, wie z.B. die Tatsache, daß von den größeren Höfen (und Weinbergen) in der Nähe Pompejis, auf denen einige Dutzend Sklaven beschäftigt waren (was unter anderem durch die Ketten belegt ist, die man bei Ausgrabungen gefunden hat), vielleicht die Hälfte im Besitz von Freigelassenen war[42]. Doch wie immer die Antwort lautet, d.h. wie hoch auch der Anteil derer war, deren Familien weiterhin in der Stadt ihre wirtschaftliche Tätigkeit ausübten, die wichtige Schlußfolgerung ist, daß die ephemere Schicht derer, die die Geschäfte der adligen Großgrundbesitzer führten, niemals Rostovtzeffs Bourgeoisie werden konnte[43]. Sie spielten nicht die schöpferische Rolle der Gutsverwalter, Aufseher und Anwälte in Europa zu Beginn der industriellen Revolution, die »den adligen Landbesitzer ... in das neue wirtschaftliche Geflecht der Gesellschaft« einfügten[44]. Ein Trimalchio konnte nicht der Stolz in Gontscharows *Oblomow* werden[45].

[42] J. Day, *Agriculture in the Life of Pompeii,* Yale Classical Studies 3, 1932, S. 166–208, hier S. 178f. (seine Schätzungen der Größe der Güter sind auf zu oberflächlicher Basis vorgenommen). Einige literarische und inschriftliche Texte sind gesammelt bei E.M. Shtaerman, *Slaves and Freedmen in the Social Struggles at the End of the Republic,* VDI 1962/1, S. 24–45, auf S. 26–27, und bei S. Treggiari, *Roman Freedmen during the Late Republic,* Oxford 1969, S. 106–10, doch unternimmt keiner von beiden den Versuch, die Belege zu interpretieren.

[43] Siehe P. Veyne, *Vie de Trimalcion,* Annales: Economies, Sociétés, Civilisations 16, 1961, S. 213–47, hier S. 230f., wo er sie eine »verkümmerte Klasse« nennt.

[44] J.H. Plumb, *The Growth of the Political Stability in England 1675–1725,* London 1969, S. 21f.

[45] Am meisten Ähnlichkeit mit Stolz besitzt Zenon, der Verwalter der großen Güter des Apollonius in der Regierungszeit Ptolemaios' II., und es hat sich mittlerweile herausgestellt, daß er eine ungewöhnliche Erscheinung war und zudem am Ende scheiterte; siehe die Abschnitte von J. Bingen und D.J. Crawford in: *Problèmes de la terre en Grèce ancienne,* hrsg. v. M.I. Finley, Paris/Den Haag 1973, Kap. 11 und 12.

Man muß zugeben, daß das Bild bei den Griechen weniger eindeutig ist, nicht in bezug auf die Sklaven in leitender Position, die ausreichend bezeugt sind, sondern was die Freigelassenen und ihre Nachkommen angeht. Unsere Schwierigkeit ist sowohl technisch wie sachlich begründet. Griechische Freigelassene wurden Metöken, nicht Bürger; ihre Namensgebung offenbarte nicht den Status eines Freigelassenen wie in Rom; die Griechen übernahmen niemals die römische Angewohnheit, ihre Laufbahn auf ihren Grabsteinen zusammenzufassen (zumindest nicht vor der römischen Kaiserzeit). Daher kann man einfach nicht sagen, wie viele von den Metöken, die eine so wichtige Rolle in der städtischen Wirtschaft spielten, Freigelassene oder deren Nachkommen waren, im Unterschied zu freien Zugewanderten. Trotz dieser Lücke in unserer Kenntnis und trotz anderer Abweichungen und Nuancierungen glaube ich, daß die allgemeine Feststellung berechtigt ist, daß Sklaven ihrem »Standort« nach für die Wirtschaft der Antike wesentlich waren in der Zeit, die ich mangels einer genaueren Bezeichnung die »klassische Periode« Griechenlands und Roms genannt habe. Sie waren wesentlich sowohl hinsichtlich ihres Tätigkeitsbereichs (wo sie arbeiteten) als auch in bezug auf die Sozialstruktur (die oberste Schicht, die Klasse der Regierenden, vertraute auf sie und ihre Arbeit).

Kurz, das klassische Griechenland und Italien waren wie der amerikanische Süden in demselben weiten Sinne des Wortes eine Sklavenhaltergesellschaft. Es gab bedeutsame Unterschiede, darunter die Tatsache – zumindest hat man den festen Eindruck, es sei eine Tatsache –, daß der Teil der Bevölkerung, der Sklaven besaß, in der Antike im Verhältnis größer war als die geschätzten 25% in den Südstaaten. »Wer weder Sklaven hat noch einen Geldschrank« – so beschreibt ein römischer Dichter den Mittellosen, wie wenn wir sagen: »keinen roten Heller«[46]. Um 400 v. Chr. legte ein Athener beim Rat Berufung dagegen ein, von der Liste derer gestrichen worden zu sein, die Anspruch auf staatliche Unterstützung hatten. Das waren körperlich behinderte Bürger, die Besitz im Werte von weniger als zweihundert Drachmen hatten, was ungefähr zweihundert Tageslöhnen entsprach. In seinem Antrag (Lysias 24, 6) wies er darauf hin, daß er noch nicht in der Lage sei, einen Sklaven zu kaufen, der ihn erhalten könne (der eigentliche Wortlaut heißt »ihn ersetzen«), doch daß er hoffe, das eines Tages tun zu können. Nahezu achthundert Jahre später appellierte der weltberühmte Rhetoriker und Lehrer

[46] Catull 23, 1; 24, 5. 8. 10.

Libanius an den Rat von Antiochia, die Gehälter der Lehrer seiner Schule zu erhöhen, die so arm und erbärmlich unterbezahlt wären, daß sie sich jeweils nicht mehr als zwei oder drei Sklaven leisten könnten[47]. Zu jener Zeit besaßen selbst Gemeine in normalen Regimentern bisweilen eigene Leibburschen[48].

Wie in anderen Sklavenhaltergesellschaften, so konnte man auch hier Sklaven und Freie Seite an Seite arbeiten sehen. Es sind Fragmente der offiziellen Abrechnungen erhalten, die die letzte Phase beim Bau des Tempels auf der Akropolis in Athen im 5. Jahrhundert v. Chr. betreffen, den man als das *Erechtheion* kennt[49]. Sie sind in tägliche Aufstellungen unterteilt, da in diesem Fall der athenische Staat selbst als Unternehmer auftrat. Von den 86 Arbeitern, deren Status bekannt ist, waren 24 Bürger, 42 Metöken und 20 Sklaven. Häufig arbeitete ein Besitzer von Sklaven mit einem oder mehreren seiner eigenen Sklaven zusammen; so z. B. der Metöke Simias, ein Maurer, mit fünf Sklaven. Sie alle scheinen den gleichen Lohn erhalten zu haben, nämlich fünf oder sechs Obolen am Tag, einschließlich der Architekten, deren einziger Vorteil es war, daß sie fortdauernde Beschäftigung an dem Projekt erwarten konnten[50]. Simias steckte natürlich sowohl den eigenen Lohn wie den seiner Sklaven ein, aber das ändert nichts an der Sache.

Die Löhne blieben in der Antike im allgemeinen bemerkenswert stabil und wurden gezahlt, ohne daß man Unterscheidungen traf. *Wir* mögen glauben, daß die Freien durch die Sklaven bei der Konkurrenz um den Arbeitsplatz und bei der Festsetzung der Löhne behindert wurden. Doch *sie* behaupteten das nie; wie ich vorher bereits sagte, sind die Klagen über Sklaven und die Sklaverei, die überliefert sind, moralisch begründet, nicht wirtschaftlich. Die eine große Ausnahme bestätigt diese Auffassung: In Italien hatte während der späten Republik das Anwachsen des Großgrundbesitzes, der mit Sklaven bewirtschaftet wurde, heftige Proteste zur Folge – Tiberius Gracchus brachte die Massen von Sklaven auf dem Lande in die öffentliche Diskussion[51] –, doch das geschah im Interesse der kleinen Landbesitzer, der

[47] *Orationes* 31, 11; siehe dazu A. H. M. Jones, *The Later Roman Empire 284–602*, 3 Bde., Oxford 1964, Bd. 2 S. 851.

[48] Ibid., S. 647.

[49] Für alle Angaben siehe J. H. Randall, jr., *The Erechtheum Workmen*, American Journal of Archaeology 57, 1953, S. 199–210.

[50] Für die Akkordarbeiter ergäbe sich möglicherweise ein anderer Tagessatz, wenn wir wüßten, wie wir ihn berechnen sollten.

[51] Die klassische Textstelle dazu ist Appian, *Bella civilia* 1, 9–11.

Bauernschaft, die ihres Besitzes beraubt war, nicht im Interesse der freien Arbeit in der Landwirtschaft oder im städtischen Bereich[52]. Die von ihrem Besitz Vertriebenen wollten ihr Land zurück haben, wollten nicht Beschäftigung auf den großen Gütern. Streng genommen hatten sie kein Interesse an den Sklaven und keine Einwände gegen Sklavenarbeit auf den herkömmlichen Besitzungen der oberen Klassen.

Zu Beginn der industriellen Revolution in England schrieb Arthur Young: »Jeder, außer einem Dummkopf, weiß, daß die untern Klassen in der Armut zu belassen sind, sonst sind sie nie fleißig.«[53] Den Armen der griechisch-römischen Welt hingegen, und zwar den armen Bürgern, wurde in der klassischen Zeit ihre Freiheit belassen, und sie standen so für Militärdienst und Dienst in der Flotte zur Verfügung[54]. Es gab Zeiten, zu denen sie ihre Freiheit zum Aufstand nutzten, entweder mit der Forderung nach mehr politischen Rechten oder mit dem immer wiederkehrenden revolutionären Programm der Antike, der Schuldentilgung und der Neuverteilung des Landes, dem Schlagwort des Bauerntums, nicht einer Arbeiterklasse. Veteranen forderten ständig Landlose bei ihrer Entlassung; die jüngste Untersuchung dazu stellt fest, daß in der hinsichtlich der Landverteilung außerordentlich bewegten Periode der Bürgerkriege im letzten Jahrhundert der römischen Republik allein von Sulla, Caesar, den Triumvirn und Augustus eine Viertelmillion Veteranenfamilien Land zugeteilt bekamen[55]. Oft waren sie bereit, ein so kleines Landlos anzunehmen, daß noch nicht einmal bei Freistellung von Steuern ein Gewinn zu erzielen war, was in der Tat mit ziemlicher Sicherheit ein Scheitern bedeutete: Landlose von 1 bis 2 ha sind für das 2. Jahrhundert v. Chr. bezeugt; Caesars Gesetz des Jahres 59 v. Chr. sah 10 Jugera vor (wenig mehr als 2,5 ha) für einen Veteranen (oder Armen) mit einer Familie von drei Kindern oder mehr[56]. Oder aber die Menschen blieben in den Städten und forderten mehr und mehr Brot und Spiele.

[52] Siehe E. M. Shtaerman, *Slaves and Freedmen in the Social Struggles at the End of the Republic,* VDI 1962/1, S. 24–45, hier S. 25f., 36, 41ff.

[53] *Eastern Tour* (1771) IV, 361, zitiert nach R. H. Tawney, *Religion und Frühkapitalismus,* Bern 1946, S. 273.

[54] K. Hopkins, *Slavery in Classical Antiquity,* in: *Caste and Race. Comperative Approaches,* hrsg. v. A. de Reuck und J. Knight, London 1967, S. 166–77, hier S. 170f.

[55] P. A. Brunt, *Italian Manpower 225 B.C.–A.D. 14,* Oxford 1971, Kap. 19.

[56] Zu den Zuteilungen des 2. Jahrhunderts siehe Livius 35, 40; 39, 44. 55; 40, 29; 42, 4. Zu der schwierigen Quellenlage für die Maßnahmen Caesars siehe Brunt, *Manpower,* S. 312ff. Vermutlich nahm man an, daß die Empfänger so kleiner

Was es überhaupt nicht gab, ist irgendeine Art von Programm, irgend etwas, was mit Löhnen, Arbeitsbedingungen oder der Konkurrenz durch Sklaven zu tun hätte. In den unzähligen wohltätigen Vereinen, die im allgemeinen im Zusammenhang mit Handel und Beruf entstanden und in den Zentren und Städten besonders der hellenistischen Welt und in der römischen Kaiserzeit wie Pilze aus dem Boden schossen, waren die gemeinsamen Aktivitäten auf religiöse, gesellschaftliche und Wohlfahrtsangelegenheiten beschränkt. In keiner Weise waren sie Gilden, die die wirtschaftlichen Interessen ihrer Mitglieder vertreten oder schützen wollten, und sie zeigten auch keine Ansätze des hierarchischen Aufbaus von Lehrling, Geselle und Meister, der die mittelalterlichen und frühneuzeitlichen Zünfte kennzeichnete[57]. Sklaven und Freie (in erster Linie freie unabhängige Handwerker) konnten gemeinsam Mitglieder eines solchen Vereins sein, eben weil es kein Gefühl der Konkurrenz zwischen ihnen gab.

Weder im Griechischen noch im Lateinischen gab es ein Wort, mit dem man die allgemeine Bedeutung von »Arbeit« oder die Vorstellung von Arbeit »als einer anerkannten sozialen Funktion« ausdrücken konnte[58]. Die Art und die Bedingungen der

Landlose ihren Ernteertrag durch Viehhaltung auf Gemeindeland oder durch Saisonarbeit auf nahegelegenen größeren Gütern aufbesserten. Wie dem auch sei, solche erbärmlichen Bauernstellen sind glaubwürdig belegt, und die traurigen Aussichten der Empfänger waren vorauszusehen.

57 Die »Schnitterinschrift«, über die weiter oben in Anm. 28 gesprochen wurde, hat in diesem Bereich ein Gegenstück in der wiederholt vorgetragenen Behauptung eines »Bäckerstreiks«, der angeblich durch eine fragmentarische Inschrift von Ephesus, wahrscheinlich aus dem 2. Jahrhundert, belegt sein soll, die von W.H. Buckler, *Labour Disputes in the Province of Asia,* in: *Anatolian Studies Presented to Sir William Ramsay,* Manchester 1923, S. 27–50, auf S. 29–33 veröffentlicht wurde und bequem greifbar ist in ihrer Wiedergabe durch T.R.S. Broughton in: T. Frank (Hrsg.), *An Economic Survey of Ancient Rome,* 6 Bde., Baltimore 1933–40, Bd. 4, S. 847f. Dieser vereinzelte, unvollständige und durchaus nicht klare Text gibt nicht den geringsten Aufschluß über die Gründe der »Aufsässigkeit« der Bäcker und ist keine Grundlage für die Annahme, es handele sich um die wirtschaftliche Notsituation einer Gruppe oder um Forderungen, die von einer Art Zunft gestellt wurden. Rostovtzeffs Bemerkungen (*Gesellschaft und Wirtschaft im römischen Kaiserreich,* Bd. 1 S. 147f.) über Kleinasien, wo »die Arbeiter aufgehört hatten, Leibeigene zu sein, ohne doch Bürger der Städte zu werden«, wo sie »richtige Berufsstreiks« anzettelten und »Versuche zu einer regelrechten sozialen Revolution in die Wege leiteten«, sind reine Phantasievorstellungen.

58 Siehe J.-P. Vernant, *Mythe et pensée chez les Grecs,* Paris 1965, Teil 4; F.M. de Robertis, *Lavoro e lavoratori nel mondo romano,* Bari 1963, S. 9–14; vgl. die ersten Seiten von H. Altevogt, *Labor improbus,* Münster 1952; B. Effe, *Labor improbus – ein Grundgedanke der Georgica in der Sicht des Manilius,* Gymnasium 78, 1971, S. 393–99.

Arbeit in der Antike schlossen das Aufkommen solcher verallgemeinernden Vorstellungen aus, wie z. B. die Vorstellung einer Arbeiterklasse. »Niemals werden die Menschen bei Tage Ruhe vor Mühsal und Jammer haben und niemals vor dem Untergang bei Nacht«, sagte Hesiod (Werke und Tage 76–178). Das ist eine beschreibende Feststellung, faktisch, nicht ideologisch; als Schlußfolgerung bleibt daher, daß es besser ist sich abzumühen als unterzugehen, und noch besser, wenn möglich, die Arbeit von Sklaven in Anspruch zu nehmen. Aber die Welt war nicht für jeden voll Mühsal und Jammer, und darin lag eine Schwierigkeit. Die Vertreibung aus dem Paradies hatte den rettenden Aspekt, daß sie die ganze Menschheit umfaßte und daher, wenn sie auch Arbeit mit Sünde und Bestrafung in Verbindung brachte, doch Arbeit an sich nicht abwertete. Ein Schicksal, das jedermanns Schicksal ist, mag tragisch sein, doch kann es nicht Schande bedeuten. Von Sünde kann man sich reinigen, nicht von natürlicher moralischer Minderwertigkeit. Die Theorie des Aristoteles über die Sklaverei von Natur aus im ersten Buch seiner *Politik* war eine extreme Ansicht. Doch die, die sich dem nicht anschlossen, drehten die Argumentation einfach um: Leute, die in den niedrigen Berufen beschäftigt waren oder unter sklavischen Arbeitsbedingungen, wurden durch ihre Arbeit minderwertig. In beiden Fällen gab es keinen Trost.

Man wird einwenden, daß sich all das auf die Ansichten der oberen Klassen und ihrer Sprecher unter den Gebildeten gründet, nicht auf die Ansichten derer, die arbeiteten, sich jedoch nicht äußern konnten. Aber das war doch nicht ganz so. Sie fanden ihren Ausdruck zum Beispiel in ihrem Kult, und man muß beachten, daß Hephaistos (der römische Vulcanus), der Handwerker unter den Göttern, eine untergeordnete Gottheit in der Götterwelt, bei den Menschen wenig verehrt wurde und wenige Tempel besaß, obgleich er doch in gewissem Sinne Schutzgott des Handwerks war[59]. Die »populärsten« Kulte der

[59] Siehe M. Delcourt, *Hephaistos ou la légende du magicien*, Bibliothèque de la Fac. de philosophie et lettres Liège 146, 1957. Der Versuch durch H. Philipp, *Tektonon Daidalos. Der bildende Künstler und sein Werk im vorplatonischen Schrifttum*, Berlin 1968, Kap. 3, eine andere Meinung zu vertreten, ist auf einen speziellen Fall zugeschnitten und überzeugt nicht. Vielleicht ist es notwendig hinzuzufügen, daß das plötzliche Auftauchen von Münzen mit dem Bildnis des Hephaistos in Kleinasien während der römischen Kaiserzeit, besonders aus den chaotischen Jahren von 235 bis 270, mit der Achilleslegende in Verbindung zu bringen ist und nicht mit örtlichen Kulten des Hephaistos; siehe F. Brommer, *Die kleinasiatischen Münzen mit Hephaistos*, Chiron 2, 1972, S. 531–44.

klassischen Zeit waren die ekstatischen, insbesondere der des Dionysos/Bacchus, des Gottes des Rausches (in mehr als einem Sinne). Mit Dionysos feierte man nicht Mühsal, sondern man löste sich davon. Die Arbeitenden äußerten ihre Ansichten auch durch ihre Forderungen nach Land, wie bereits erwähnt, und auch indem sie sich nicht mit den Sklaven verbünden mochten bei den relativ seltenen Gelegenheiten, in denen diese einen Aufstand machten[60].

Sicherlich wurde Geschicklichkeit belohnt und bewundert, doch Stolz auf handwerkliches Können ist eine psychologische Erscheinung, die man nicht mit einer positiven Bewertung der Arbeit als solcher verwechseln darf. Sogar Platon war ein großer Bewunderer handwerklicher Fähigkeiten und machte unzählige wohlmeinende Anspielungen auf den geschickten Handwerker, während er doch in der Hierarchie seiner Werte diese Geschicklichkeit sehr tief ansetzte. Sklaven zeigten einen ähnlichen Stolz, nicht in ihren Worten, die wir nicht besitzen, sondern in der Arbeit selbst. Niemand kann in den Ruinen des Erechtheion unterscheiden, welche Säulenkannelierungen von Simias gehauen waren, welche von seinen fünf Sklaven. Die Terra sigillata, Keramik aus Arezzo, die von Sklaven gefertigt war, war sehr viel eleganter als die Produkte der freien Töpfer von Lezoux.

Die Psychologie des Sklaven ist kompliziert und, zumindest für die Antike, wahrscheinlich nicht zu ergründen. Eine sorgfältige Analyse müßte eine Reihe von Dingen in Betracht ziehen: die Entwurzelung des Sklaven durch die Trennung von Heimat und Familie; die tiefere Bedeutung des überall üblichen »Junge« als Anredeform für männliche Sklaven jeden Alters; der Einfluß auf das sexuelle Verhalten, wie man ihn sehen kann bei den sexuellen Beziehungen des jungen Trimalchio zu seinem Herrn und zu seiner Herrin, was sich bei dem alten Trimalchio mit

[60] Shtaerman, *Slaves and Freedmen in the Social Struggles*, S. 24–45, beharrt fest auf dieser Ansicht trotz ihrer positiven Beurteilung (S. 31 ff.) der »Bindungen« zwischen Freien und Sklaven in den *collegia*. Es ist schade, daß wir nicht mehr über den ungewöhnlichen Fall des Aufstands des Aristonikos in Kleinasien im Jahre 132 oder 131 v. Chr. wissen als lediglich, daß er »schnell eine Menge armer Leute und Sklaven *(douloi)* um sich sammelte, die er unter dem Versprechen der Freiheit zusammenrief und Heliopoliten nannte« (Strabo 14, 1, 38); siehe dazu zuletzt J. C. Dumont, *A propos d'Aristonicos*, Eirene 5, 1966, S. 189–96, sowie kurz mein *Utopianism Ancient and Modern*, in: *The Use and Abuse of History*, London/New York 1975, Kap. 11. Mit *douloi* meinte Strabo wahrscheinlich eine andere Gruppe abhängiger Arbeitskräfte als Besitzsklaven, aber das ist im vorliegenden Zusammenhang ohne Bedeutung. Die späte Erscheinung der Bacaudae, die weiter unten in diesem Kapitel zur Sprache kommen wird, ist keine echte Ausnahme.

seinen eigenen Sklaven wiederholt[61]; das Übergewicht der Landsklaven bei den großen Aufständen, in denen die Stadtsklaven zeitweilig nicht einfach neutral blieben, sondern sogar auf der Seite ihrer Herren kämpften[62]; die aktive Teilnahme von Sklaven an der Verteidigung bei Belagerungen[63]; und vieles andere, das uns über die Grenzen dieser Erörterung hinausführen würde.

Die Qualität der Sklavenarbeit ist der entscheidende Punkt, von dem man auszugehen hat bei einer Betrachtung ihrer Leistungsfähigkeit und Rentabilität und damit der Entscheidungsmöglichkeiten für den Arbeitgeber in der Antike. Das ist ein Thema, das von Vorurteilen und Scheinproblemen beherrscht wird, von denen die meisten aus moralischen Urteilen entstehen. Es gibt eine lange Reihe von Autoren verschiedenster politischer Couleur, die versichern, Sklavenarbeit sei nicht effektiv, zumindest in der Landwirtschaft, und gänzlich unrentabel[64]. Diese Ansicht würde griechische und römische Sklavenbesitzer verwundert haben, die nicht nur viele Jahrhunderte hindurch überzeugt waren, daß sie aus ihren Sklaven erhebliche Gewinne zogen, sondern auch diese Gewinne großzügig ausgaben. Ebenso wären die Plantagenbesitzer in Brasilien und am Mississippi erstaunt gewesen, deren Investitionsrendite ungefähr vergleichbar war mit den Gewinnen in den Teilen der Neuen Welt, wo es keine Sklaven gab[65].

[61] Petron, *Satyricon* 69, 3; 75, 11 und anderswo; vgl. Veyne, *Vie de Trimalcion*, S. 213–47, hier S. 218f.

[62] Z.B. in Morgantina im zweiten sizilischen Aufstand: Diodor 36, 3; siehe mein *Ancient Sicily*, London/New York 1968, Kap. 11.

[63] Siehe Y. Garlan, *Les esclaves grecs en temps de guerre*, in: Actes du Colloque d'histoire sociale Univ. de Besançon 1970, Paris 1972, S. 29–62, hier S. 45–48.

[64] Z.B. Max Weber, *Die sozialen Gründe des Untergangs der antiken Kultur*, in: *Gesammelte Aufsätze zur Sozial- und Wirtschaftsgeschichte*, Tübingen 1924, S. 289–311, hier S. 299f.; J. Salvioli, *Der Kapitalismus im Alterum*, Stuttgart 1912, S. 119–124; E. M. Shtajerman, *Die Krise der Sklavenhalterordnung im Westen des römischen Reiches*, Berlin 1964, S. 34f., 69 und passim.

[65] Es genügt, aus der großen und wachsenden Menge der Literatur folgende Bücher zu nennen: R. W. Fogel und S. L. Engerman, *Time on the Cross*, 2 Bde., Boston/Toronto 1974, mit den kritischen Bemerkungen dazu von H. G. Gutman, *Slavery and the Numbers Game*, Univ. of Illinois 1975, und *A Symposium on Time on the Cross*, hrsg. v. G.M. Walton, Explorations in Economic History 12, 1975; E.D. Genovese, *The Political Economy of Slavery*, New York 1965, Teil 2; die methodisch schwache, doch trotzdem brauchbare Arbeit von R.S. Starobin, *Industrial Slavery in the Old South*, New York 1970, besonders Kap. 5; M. Moohr, *The Economic Impact of Slave Emancipation in British Guiana 1832–1852*, Economic History Review 2. Reihe 25, 1972, S. 588–607, der zu dem Schluß kommt: »Wären Plantagenbesitzer und Verwaltungsbeamte ... ganz und gar erfolgreich gewesen bei ihren Versuchen, die ehemaligen Sklaven der Kolonie vom Landbesitz

Es wird dann versichert, in einer zweiten »Verteidigungslinie«, daß Sklaverei den technischen Fortschritt und das Anwachsen der Produktivität behinderte, daß selbst das sklavenähnliche »Kolonat« des spätrömischen Kaiserreichs, der Vorläufer der mittelalterlichen Leibeigenschaft, leistungsfähiger war, weil *coloni* (von freien Pächtern ganz zu schweigen) »ein größeres Interesse am Ertrag ihrer Arbeit hatten als Sklaven«[66]. Wiederum ein Vorurteil: Es dauerte in England und Frankreich bis ins 14. Jahrhundert, bevor z.B. die Weizenproduktion regelmäßig den vierfachen Ertrag brachte, was anscheinend als das Soll für die mit Sklaven bewirtschafteten Güter im antiken Italien angesehen wurde[67]; und man kann gerade dort technischen Fortschritt nachweisen, wo die Sklaverei sich von der brutalsten und tyrannischsten Seite zeigte, nämlich in den spanischen Silberminen und auf den römischen Latifundien[68].

Wir besitzen nicht das Zahlenmaterial, um die Rentabilität der antiken Sklaverei berechnen zu können, was in jedem Falle ein sehr schwieriges Unterfangen wäre, wie laufende Untersuchungen über den amerikanischen Süden gezeigt haben. Außerdem haben wir keine Möglichkeit, ihre relative Rentabilität in der

fernzuhalten, hätte die Befreiung zu wirtschaftlichen Verhältnissen geführt, die man von denen der Zeit vor der Befreiung nur schwerlich hätte unterscheiden können.« Hingewiesen werden sollte noch auf die bahnbrechende Arbeit von C.A. Yeo, *The Economics of Roman and American Slavery*, Finanzarchiv N.F. 13, 1952, S. 445–85, wenn auch die Analyse der amerikanischen Verhältnisse heute veraltet ist und die Beweisführung Fehler enthält.

66 Shtajerman, *Krise*, S. 90f.

67 Die mittelalterlichen Quellen – es sind zugegebenermaßen wenige, jedoch von übereinstimmender Aussagekraft – sind erfaßt bei B.H. Slicher van Bath, *Yield Ratios, 810–1820*, A.A.G. Bijdragen 10, 1963; vgl. ders., *The Agrarian History of Western Europe, A.D. 500–1850*, London 1963, S. 18ff., sowie die Tabelle auf S. 328–33. Slicher van Bath kennt keine Zahlen aus Italien vor dem 18. Jahrhundert, und das macht einen schon schwierigen Vergleich noch komplizierter angesichts der Qualität sowohl der antiken wie der mittelalterlichen Belege. Außerdem sind Ertragsraten allein bei weitem kein geeigneter Maßstab für die landwirtschaftliche Produktion; siehe dazu z.B. P.F. Brandon, *Cereal Yields of the Sussex Estate of Battle Abbey during the Later Middle Ages*, Economic History Review 2. Reihe 25, 1972, S. 403–20. Doch ist das alles, was wir aus der Antike besitzen (und nicht einmal davon genug), wenn man von dem ptolemäischen und römischen Ägypten absieht, das hier nicht zur Debatte steht. Zumindest gibt es nach meiner Kenntnis keine Belege, die die Ansichten stützen, gegen die ich mich wende.

68 Siehe mein *Technical Innovation and Economic Progress in the Ancient World*, Economic History Review 2. Reihe 18, 1965, S. 29–45, hier S. 43. Zu den beachtlichen technischen Fortschritten der Römer, die sie ohne Neuerungen in den spanischen Bergwerken machten, siehe P.R. Lewis und G.D.B. Jones, *Roman Gold-mining in North-West Spain*, JRS 60, 1970, S. 169–85.

Antike im Vergleich zu anderen Formen der Arbeit abzuschätzen*. Auch die Menschen der Antike hätten die erste Berechnung, die der Rentabilität der Sklaverei, nicht anstellen können, doch was sie wußten, war, daß sie regelmäßig zufriedenstellende Einkommen erzielten. Die zweite Berechnung, die der relativen Rentabilität, kam ihnen gar nicht in den Sinn. Welche realistische Alternative hätten sie dagegensetzen sollen? Die Plantagen- und Fabrikbesitzer der Südstaaten hatten die Verhältnisse im Norden als Vergleichsmöglichkeit. Wohin konnten sich Griechen oder Römer wenden? Im übrigen entschlossen sich die Südstaaten, nachdem sie nach Norden gesehen hatten, zum Krieg, um die Sklaverei zu erhalten, und diese einfache historische Tatsache sollte derartigen Erörterungen, die noch immer einen so breiten Raum in der Alten Geschichte einnehmen, ein Ende bereiten. Wirtschaftswachstum, technischer Fortschritt, steigende Rentabilität sind keine »eigentlichen« Tugenden; sie waren nicht immer Möglichkeiten oder sogar Wunschvorstellungen, zumindest nicht für diejenigen, die die Mittel zu ihrer Erreichung kontrollierten.

Moralvorstellungen und die Beurteilung der Praxis vertragen sich oft nicht. »Nicht notwendigerweise beinhaltet eine unmoralische soziale Organisation wirtschaftliche Ineffizienz, sondern sogar eine größere Wahrscheinlichkeit, daß sie *doch* spürbare materielle Vorteile für die herrschende Klasse bringt.«[69] Die Literatur der römischen Kaiserzeit ist voll von Zweifeln und Gewissensbissen wegen der Sklaverei; Furcht vor Sklaven, davor, von ihnen ermordet zu werden, ist ein stets wiederkehrendes (und altes) Thema. Aber diese Literatur gleicht Seite für Seite der aus den amerikanischen Südstaaten, und in keiner der beiden Gesellschaften wurde die praktische Konsequenz gezogen, die Sklaverei durch andere Formen der Arbeit zu ersetzen, kurz, sie abzuschaffen[70].

Doch gab es am Ende einen »Niedergang« der Sklaverei in der Antike, und das fordert eine Erklärung. Wir wollen uns klar

* Wie könnte man die Befreiung der Sklaven vom Kriegsdienst in die Kalkulation aufnehmen?

[69] A. Fishlow und R.W. Fogel, *Quantitative Economic History. An Interim Evaluation,* Journal of Economic History 31, 1971, S. 15–42, hier S. 27.

[70] Eine ausgezeichnete Sammlung dieser Texte hat zusammengestellt E.M. Shtaerman, *The »Slave Question« in the Roman Empire,* VDI 1965/1, S. 62–81. An einer Stelle (S. 66) scheint sie zu behaupten, daß die Furcht vor Aufständen ein ernstes *wirtschaftliches* Problem bedeutete, doch bringt sie ihr Quellenmaterial im weiteren Verlauf ihres Aufsatzes wieder von dieser Idee ab.

darüber werden, worum es sich handelt. Die antike Sklaverei wurde weder abgeschafft, wie in den Vereinigten Staaten im Jahre 1865, noch verschwand sie, noch wurde sie durch ein System von freier Lohnarbeit ersetzt. Wiederum sind wir mit dem Fehlen statistischer Angaben geschlagen. Sklaven waren in der Spätantike noch überall vorhanden. In der zweiten Hälfte des 4. Jahrhunderts waren römische Offiziere, die die Grenze in Thrakien gegen die Goten verteidigten, so emsig dabei, Sklavenhandel mit dem Feinde zu treiben, daß die Verteidigung des Reiches vernachlässigt wurde[71]. Eine Generation später hatten die Kaiser mitten im Krieg mit dem Gotenführer Alarich alle Hände voll zu tun, um in Illyrien die Versklavung von Bauern zu verhindern, die vor den Barbaren geflohen waren, von Gefangenen, für die man schon ein Lösegeld gezahlt hatte, und selbst von einem Barbarenstamm, unter dem Namen Skiren bekannt, der gewaltsam gezwungen worden war, sich innerhalb der Reichsgrenzen anzusiedeln[72]. Der Bischof Palladius fand nichts Unglaubwürdiges daran, als er berichtete (Historia lausiaca 61), daß gerade zu jener Zeit Melania die Jüngere, eine vornehme Römerin, die beschlossen hatte, ihre weltlichen Güter für ein frommes christliches Leben herzugeben, einen Teil ihrer Sklaven freiließ, nämlich nicht weniger als 8000.

Nichtsdestoweniger ist es ein wohlbegründeter Eindruck, daß mit dem 4. und 5. Jahrhundert unserer Zeitrechnung die Besitzsklaverei ihre Schlüsselstellung selbst auf dem ehemals klassischen Hauptgebiet verloren hatte, in den städtischen Produktionsbetrieben an freie (meistenteils unabhängige) Arbeitskräfte, auf dem Lande an schollengebundene Bauern, die sogenannten *coloni*[73]. Was war geschehen und warum? Wenn, wie ich es bereits dargelegt habe, weder Effizienz noch Produktivität noch nennenswerte Sparmaßnahmen entscheidende Faktoren waren,

[71] Ammian 31, 4–6; siehe E. A. Thompson, *The Visigoths in the Time of Ulfila*, Oxford 1966, S. 39–42.

[72] Codex Theodosianus 10, 10, 25; 5, 7, 2; 5, 6, 3.

[73] *Colonus* bedeutete ursprünglich »Bauer«, »Landmann«, dann auch »Pächter«, doch werde ich mich bei dem Gebrauch des Wortes auf die späte Bedeutung »schollengebundener Bauer« beschränken. Es gab auch weiterhin freie Bauern mit eigenem Landbesitz, doch es ist unmöglich, über ihren Anteil an der Gesamtbevölkerung auch nur eine Vermutung zu äußern. Ich habe den Verdacht, daß Historiker diesen Anteil gerne überschätzen: die Bauern, über die Libanios in seiner 47. Rede so leidenschaftlich sprach, werden regelmäßig zu dieser Gruppe gezählt, z. B. von J. H. W. G. Liebschuetz, *Antioch ... in the Later Roman Empire*, Oxford 1972, S. 61–73, obwohl Libanios sie doch unter anderem *oiketai*, *douloi* und *somata* nennt, die einem *despotes* unterworfen sind.

was veranlaßte die oberen Klassen, insbesondere die Besitzer großer Güter, von Sklaventrupps zu schollengebundenen Bauern überzugehen? Eine einfache Kostenrechnung wird gelegentlich zur Erklärung angeboten. Sie sieht folgendermaßen aus: Rom hatte für seine erfolgreiche Ausdehnung einen Preis zu zahlen; da mehr und mehr von der Welt dem Reich einverleibt wurde, waren mehr und mehr Stämme und Staaten vor Versklavung sicher; die Eroberungen Roms im Osten brachten Hunderttausende von Männern, Frauen und Kindern auf die Sklavenmärkte, solange die Expansion voranging, doch nicht mehr nach der endgültigen Etablierung der Römer zuerst auf dem Balkan, dann in Kleinasien und Syrien; ähnlich war es mit Caesar in Gallien usw.

Offensichtlich ist ein wahrer Kern in einer solchen Darstellung. Es wurden keine großen Mengen an Gefangenen mehr gemacht, und die Sklavenhändler mußten größere Entfernungen überwinden, um zu den Versorgungsquellen zu gelangen. Beides muß, nach einer einfachen arithmetischen Rechnung, den Preis für Sklaven in die Höhe getrieben haben, jedoch fehlen uns die Preisstatistiken, um genaue Berechnungen anzustellen. Aber für eine *ausreichende* Erklärung ist diese Argumentation zu schwach. Erstens in chronologischer Hinsicht: Planmäßige römische Eroberungen hörten mit dem Jahre 14 n. Chr. auf, aber von den vermuteten einschränkenden Folgen auf die Versorgung mit Sklaven war noch zu lange danach nichts zu sehen. Im südwestlichen Gallien z. B. kann man auf Grund archäologischer Quellen die Tendenz, von der vorwiegenden Beschäftigung von Sklaven als Arbeitskräfte auf den großen Gütern abzugehen, auf das frühe 3. Jahrhundert datieren und nicht davor[74]. Eine zweite Schwäche der Argumentation ist die sonderbare Annahme, daß die Germanen, die außerhalb des Reiches blieben, als Sklaven irgendwie nicht den Ansprüchen genügten, anders als all die übrigen »Barbarenvölker«, die durch viele vorangegangene Jahrhunderte Griechen wie Römern als geeignet erschienen waren. Diese Annahme ist nicht nur in den antiken Quellen ohne Stütze, sie wird Lügen gestraft, z. B. durch die Bemühungen um Sklaven im Laufe der Kriege mit den Goten.

Der dritte schwache Punkt ist die Überzeugung, daß eine verminderte Versorgung mit gefangenen oder importierten Sklaven nicht durch Nachwuchs ausgeglichen werden kann. Daß sich

[74] Siehe G. Fouet, *La villa gallo-romaine de Montmaurin (Haute-Garonne)*, Gallia Suppl. 20, 1969, S. 43–46.

eine Sklavenbevölkerung nicht aus sich selbst ergänzen kann, ist reine Erfindung. Aber die Ansicht läßt sich schwer ausrotten, trotz des klaren Beweises aus den amerikanischen Südstaaten, wo das praktisch vollkommene Versiegen des Sklavenhandels zu Beginn des 19. Jahrhunderts mit systematischer Förderung von Nachwuchs beantwortet wurde. Dieses Vorgehen trug zugleich beträchtlich zur Erzielung von Gewinnen aus der Investition in Sklaven bei. Auch in der Antike wurden viele Sklaven aufgezogen, und zwar mehr, als man gemeinhin annimmt, da dies ein arg vernachlässigter Gegenstand der Forschung ist[75]. Der praktisch denkende Columella in der Mitte des 1. Jahrhunderts handelte nicht aus Sentimentalität, wenn er eine Mutter von drei Kindern von der Arbeit auf seinen Gütern entband und sie freiließ, sofern sie weiteren Nachwuchs hervorbrachte (1, 8, 19).

Nichtsdestoweniger scheinen die Arbeitgeber in der späten Kaiserzeit trotz aller denkbaren Möglichkeiten nicht die notwendigen Anstrengungen unternommen zu haben, um einen vollen Ersatz an Sklavenarbeit zu finden. Wenn die Erklärung für ihr Verhalten nicht in der nachlassenden Versorgung mit Sklaven zu suchen ist oder die Entscheidung über Effizienz, Produktivität und ähnliches, dann muß sie in einer strukturellen Veränderung innerhalb der Gesellschaft als Ganzem liegen. Der Schlüssel zur Antwort sind nicht die Sklaven, sondern die armen Freien, und ich glaube, man kann die Entwicklung verfolgen. Ausgangspunkt ist der Trend, zu einer mehr »archaischen« Struktur zurückzukehren, in der Stände wieder von ihrer Funktion her Bedeutung erlangten und ein breiteres Spektrum von Statusmöglichkeiten nach und nach die Gruppierung der klassischen Zeit in Freie und Sklaven ersetzte. Dieser Trend ist vom Beginn der monarchischen Regierung in Rom an sichtbar, also mit anderen Worten seit Augustus. Es fand in der Tat eine Umkehrung des Prozesses statt, der die archaische in die klassische Welt verwandelt hatte. Wesentlich trug dazu bei, daß die stadtstaatliche Form der Regierung mit ihrem intensiven politischen Leben durch eine bürokratische, autoritäre Monarchie ersetzt wurde. Indem die große Mehrheit der Bürger ihre Rolle bei der

[75] Siehe W.L. Westermann, RE Suppl. 6, 1935, S. 894–1068 s. v. Sklaverei, hier S. 934, und ders., *The Slave Systems of Greek and Roman Antiquity*, Philadelphia 1955, S. 32f. (Mittelgriechenland nach 150 v. Chr., als der Sklavenhandel weitgehend nach Italien umgeleitet wurde); I. Biezunska-Malowist, *Les esclaves nés dans la maison du maître ... en Égypte romaine*, Studii Clasice 3, 1962, S. 147–62 und dies. (mit M. Malowist), *La procréation des esclaves comme source de l'esclavage*, in: *Mélanges offerts à K. Michalowski*, Warschau 1966, S. 275–80.

Besetzung von Ämtern verlor sowie ihren Platz im Heer, das jetzt ein Berufsheer war und sich zunehmend aus Rekruten aus bestimmten »entlegenen« Provinzen zusammensetzte, verlor sie auch auf anderen Gebieten an Einfluß.

Diese Veränderung ist gekennzeichnet durch das Auftauchen zweier Kategorien innerhalb der Bevölkerung, der sogenannten *honestiores* und *humiliores*. Man kann das ungefähr mit »Oberklassen« und »Unterklassen« wiedergeben. Diese Kategorien bildeten sich nicht später als im frühen 2. Jahrhundert heraus und waren nach dem Gesetz in den Kriminalgerichten verschieden zu behandeln. Die *humiliores* z.B. waren einer Reihe grausamer Strafen unterworfen, die man ohne weiteres »sklavisch« nennen kann. Der Jurist Kallistratos schrieb (Digesten 48, 19, 28, 11), bei lebendigem Leibe verbrannt zu werden, sei normalerweise die Bestrafung für Sklaven, die die Sicherheit ihres Herrn bedrohten, werde aber auch gegenüber Plebejern und Menschen niederen Ranges *(humiles personae)* angewandt*. Das wäre nie gesagt worden zu der Zeit, als die Bürger gemeinsam wählten und in den Legionen kämpften[76]. Es ist kein Einwand zu sagen, daß in der Praxis die Gleichheit vor dem Gesetz dem Ideal gegenüber immer zurückstand. Wir sehen uns hier mit einer Veränderung der Wertvorstellungen selbst konfrontiert, die eine wachsende Abwertung der unteren Klassen unter den Bürgern in ihrem Status widerspiegelt (und selbst dazu beiträgt).

Ein bekannter Text wird zur Veranschaulichung genügen. In den ersten Regierungsjahren des Kaisers Commodus, unmittelbar nach dem Ende des goldenen Zeitalters Gibbons, wandten sich die Pächter auf einer kaiserlichen Domäne im Bezirk von Karthago an den Kaiser um Hilfe gegen übermäßige Forderungen, die durch die Oberpächter *(conductores)* an sie gestellt wurden. Jene wurden von dem kaiserlichen Prokurator unterstützt, der nicht nur »viele Jahre lang« ihre Bitten um Abhilfe unbeachtet gelassen hatte, sondern Soldaten geschickt hatte, um die Aufbegehrenden, von denen einige sogar römische Bürger waren, fesseln, schlagen und mißhandeln zu lassen. Der Kaiser wies seine Beamten in Afrika in aller Form an, die Bauern in ihre

* Ein anderer Jurist, Aemilius Macer, formulierte es andersherum: Bei den Sklaven soll so verfahren werden, daß sie nach dem Beispiel der *humiliores* bestraft werden.

[76] Siehe allgemein dazu P. Garnsey, *Social Status und Legal Privilege in the Roman Empire*, Oxford 1970; zur Bestrafung: ders., *Why Penal Laws Became Harsher: The Roman Case*, Natural Law Forum 13, 1968, S. 141–62, hier S. 147–52.

Rechtspositionen wiedereinzusetzen[77]. Das ist alles, was das Dokument uns erzählt, und wir haben Grund zu zweifeln, daß der kaiserliche Befehl auch nur kurzfristig großen Eindruck in Karthago machte, geschweige denn auf den riesigen kaiserlichen Domänen im ganzen Reich. Auf vier beredten Seiten hat Rostovtzeff vor langer Zeit dargelegt, daß die bis ins einzelne ausgearbeiteten Verordnungen für die afrikanischen Domänen einerseits die einzige Verteidigungsmöglichkeit der Pächter gegen die *conductores* und Prokuratoren boten, andererseits aber die Bauern ebendiesen Beamten auslieferten[78]. Den Kaiser anzurufen war im Prinzip immer möglich, doch daß die Chancen für eine Gruppe bäuerlicher *humiliores* gering waren, könnte man sich selbst dann ausrechnen, wenn man nicht den Beweis hätte, daß eine um so vieles mächtigere Schicht wie die Mitglieder der Aristokratie der Provinzstädte ebenfalls »weiter von ihrem kaiserlichen Beschützer entfernt waren, als es für die Sicherheit gut war«.[79]

So gesehen war es eine unvermeidliche natürliche Folge, daß Moralisten darauf aufmerksam machten, daß Sklaven auch Menschen seien. Es wird gelegentlich behauptet, Stoiker und Christen hätten auf diese Weise zum Niedergang der Sklaverei beigetragen, obwohl dabei die Tatsache stört, daß sie niemals für deren Abschaffung plädiert haben[80]. Die Logik des Gedankenganges ist nicht ohne weiteres einzusehen. Denn es gibt tatsächlich relativ wenige Erörterungen über Sklaverei in den überlieferten Schriften der römischen Stoiker der Kaiserzeit – Sammlungen relevanter Stellen sind in dieser Beziehung irreführend. Dort wird mindestens ebenso stark die Verpflichtung des Herrn betont, sich im eigenen Interesse selbstbeherrscht und zurückhaltend zu verhalten, wie die menschliche Natur des Sklaven. Von letzterem wird seinerseits gefordert, er solle sich angemessen verhalten und im Grunde entweder seinen Status akzeptieren oder aber die Strafe für Gewalttätigkeit, Unehrlichkeit und Auflehnung zahlen. Ohne Frage wurden einzelne Menschen

[77] CIL VII 10570; Text und Übersetzung gibt R.M. Haywood in T. Frank (Hrsg.), *An Economic Survey of Ancient Rome*, 6 Bde., Baltimore 1933–40, Bd. 4, S. 96ff.

[78] M. Rostovtzeff, *Studien zur Geschichte des römischen Kolonats*, München 1910 (Archiv für Papyrusforschung, Beiheft 1), S. 370–73.

[79] Garnsey, *Legal Privilege*, S. 274.

[80] Die spärlichen Belege zur frühchristlichen Einstellung sind in unendlicher Breite untersucht worden von H. Gültzow, *Christentum und Sklaverei in den ersten drei Jahrhunderten*, Bonn 1969.

von solchen Ansichten beeinflußt, doch ergaben sich daraus nur unbedeutende Einwirkungen auf die Sklaverei als Institution[81].

Was das Christentum anbelangt, so gab es auch nach der Bekehrung Konstantins und der raschen Integrierung der Kirche in das Regierungssystem des Reichs keine Spur einer Gesetzgebung, die die Abkehr von der Sklaverei auch nur schrittweise zum Ziel hatte. Es war im Gegenteil der christlichste aller Kaiser, Justinian, dessen Kodifikation des römischen Rechts im 6. Jahrhundert nicht nur die umfassendste Sammlung von Gesetzen über die Sklaverei einschloß, die je zusammengestellt wurde, sondern auch dem christlichen Europa eine vollständige gesetzliche Grundlage für die Sklaverei lieferte, die von dort tausend Jahre später in die Neue Welt gebracht wurde[82].

Es war übrigens in der Zeit des Commodus, daß in Gallien der erste Aufstand stattfand, von dessen Art es in den westlichen Provinzen bis weit in das 5. Jahrundert hinein immer weitere geben sollte. Die Aufständischen, die aus uns unbekannten Gründen *Bacaudae* genannt wurden, hatten offenbar kein anderes soziales Anliegen, als ihre Rolle mit der der Grundeigentümer zu vertauschen. Zeitweilig war die Bedrohung durch sie so groß, daß eine Unterdrückung in eher militärischem als polizeilichem Ausmaß notwendig wurde. Obwohl wir nur wenige Einzelheiten kennen, da die spätrömischen Schriftsteller sie absichtlich nicht erwähnen, muß der von ihnen angerichtete Schaden in den Gebieten, in denen sie auftraten, erheblich gewesen sein[83]. Und zwei Punkte sind trotz allem erkennbar. Der Sprachgebrauch in den gelegentlichen Erwähnungen deutet an, daß Sklaven und Pächter sich zusammenschlossen. Das ist eine Ausnahme von der Regel, daß Sklavenaufstände und Bauernaufstände niemals Hand in Hand gingen, doch ist es nicht wirklich eine Ausnahme, denn die *Bacaudae* sind ein Beweis für ebendie Statusveränderungen am unteren Ende der sozialen Skala, von denen ich gesprochen

[81] Vgl. die Einstellung der Stoiker und Christen gegenüber Bestrafung ganz allgemein: P. Garnsey, *Penal Laws,* S. 154ff.

[82] Siehe D.B. Davis, *The Problem of Slavery in Western Culture,* Ithaca 1966, Kap. 1–3.

[83] Siehe E.A. Thompson, *Peasant Revolts in Late Roman Gaul and Spain,* Past & Present 2, 1952, S. 11–23, wieder abgedruckt bei M.I. Finley (Hrsg.), *Studies in Ancient Society,* London 1974, Kap. 14. Die archäologisch nachweisbaren Zerstörungen im südlichen Gallien im späten 4. Jahrhundert können möglicherweise das Werk der Bacaudae sein; siehe Fouet, *La villa gallo-romaine de Montmaurin* S. 311.

habe. Sie sind ebenfalls ein Beweis – und das ist der zweite Punkt – für den Zusammenbruch eines sozialen Gleichgewichts von der Art, wie es das frühe Kaiserreich hervorgebracht hatte. Genauer gesagt, der Druck der Kosten, den die landwirtschaftlichen Produzenten zu tragen hatten, hatte vor dem Ende des 2. Jahrhunderts für viele von ihnen das erträgliche Maß überschritten. In den folgenden Jahrhunderten spitzte sich diese Frage immer mehr zu und übte entscheidenden Einfluß auf den Verlauf der Geschichte und die Wandlung des Kaisertums aus.

Die Binsenwahrheit, daß Landbesitz die Hauptquelle des Wohlstands in der Antike war, muß für das römische Kaiserreich von Anfang an so verstanden werden, daß das den Wohlstand des Staates einschloß. Damit will ich sagen, daß der Kaiser selbst nicht nur bei weitem der größte Landbesitzer war, sondern auch der größte Teil der Steuern auf das Land erhoben wurde. Wenn es auch nicht viel aussagt, wenn viele Historiker versichern, daß im frühen Kaiserreich die Besteuerung »nicht sehr drückend war«[84], so ist es doch zutreffend, daß die Last in dem Sinne erträglich war, daß Unzufriedenheit zu Anträgen auf Steuerermäßigung führte und nicht zu massenhafter Landflucht oder zu Aufständen. Es ist nicht ohne Bedeutung, daß solche Anträge bereits für die Zeit der Regierung des Tiberius bezeugt sind*. In der Folgezeit stiegen die Ausgaben des Reiches ständig, wenn auch langsam und schrittweise. Vespasian soll (Sueton, Vespasian 16, 2) die Grundsteuer in manchen Provinzen erhöht, ja sogar verdoppelt haben, doch im großen und ganzen wurde der Bedarf während zweier Jahrhunderte gedeckt durch neue indirekte Steuern, durch Maßnahmen verschiedenster Art mit dem Ziel, Randgebiete und Brachland der Nutzung zuzuführen, durch Konfiskationen und Zwangsverpflichtungen, z. B. zum Straßenbau und für die Reichspost. Daß diese Dinge eine beachtliche zusätzliche Belastung bedeuteten, kann nicht bezweifelt werden. Dazu kam dann noch vom 3. Jahrhundert an die Bürde der ständig steigenden Grundsteuer. Eine Schätzung, die vielleicht übertrieben ist, besagt, daß zur Regierungszeit Justinians der Staat zwischen einem Viertel und einem Drittel des Bruttoer-

* Tacitus (*Annalen* 2, 42) gebraucht den Ausdruck »erschöpft« *(fessae)* für die Bewohner der Provinzen Syrien und Judäa in diesem Zusammenhang.

84 Rostovtzeff, *Gesellschaft und Wirtschaft im römischen Kaiserreich*, Bd. 1, S. 221. Zu den kaiserlichen Domänen ganz allgemein siehe jetzt D. J. Crawford, in: M. I. Finley (Hrsg.), *Studies in Roman Property*, Cambridge 1976, Kap. 3.

trags des Bodens im Reiche beanspruchte[85]. Dazu muß man die erheblichen Beträge hinzufügen, die die Staatskasse nie erreichten, sondern von einer Horde von Steuereinnehmern und Verwaltungsbeamten teils als legaler Nebenverdienst (die sogenannten *sportulae*), teils als illegale Abgaben abgezweigt wurden.

Die Schuld an dem steigenden Geldbedarf kann man auf den ersten Blick jenem ehernen Gesetz absolutistischer Bürokratie zusprechen, das besagt, sie wachse von selbst in ihrem Umfang und ihren Ansprüchen an den Lebensstil. Es gab vom kaiserlichen Hof abwärts von Jahrzehnt zu Jahrzehnt mehr Menschen mit einem ständig wachsenden Standard an Luxus, die aus öffentlichen Mitteln erhalten werden mußten. Dann tauchte ein äußerer, unvorgesehener Umstand auf. Unter der Regierung des Vaters des Commodus, Marc Aurel, der 180 n. Chr. starb, wurden die germanischen Stämme an der Grenze des Reiches im nördlichen Europa erstmals nach mehr als zweihundert Jahren wieder zu einer aggressiven Gefahr; und dies so lange, bis sie das Westreich zerstört hatten. Auch die Perser taten das ihrige und auch weniger starke Streitmächte, wie die Eingeborenenstämme am Rande der Wüste in Nordafrika.

Militärische Notwendigkeiten und militärische Ausgaben wurden demnach die ständige und vorwiegende Sorge der Kaiser, wobei ihren militärischen Aktivitäten Grenzen gesetzt waren durch das Höchstmaß an Mitteln, das sie durch Steuern und erzwungene Arbeit oder erzwungene Lieferungen herauspressen konnten. Außerdem wurden ihnen Grenzen gesetzt durch das politische Chaos, das sich schließlich im Reiche ausbreitete, besonders in dem halben Jahrhundert zwischen 235 und 284, als nicht weniger als zwanzig römische Kaiser vom Senat formell bestätigt wurden, andere zwanzig oder mehr den Titel mit Unterstützung eines Heeres beanspruchten und unzählige andere glaubten, die Anwartschaft darauf zu besitzen. Die Lasten waren geographisch ungleichmäßig verteilt: erstens durch die Zufälligkeit der Verwüstungen, gleich ob sie von fremden Eindringlingen verursacht wurden oder, insbesondere während der Bürgerkriege, durch römische Heere selbst[86]; zweitens weil mancherorts die landwirtschaftliche Produktion und der Bedarf des Mili-

[85] A. H. M. Jones, *The Later Roman Empire 284–602*, 3 Bde., Oxford 1964, Bd. 1 S. 469; vgl. ders., *Over-Taxation and the Decline of the Roman Empire*, Antiquity 33, 1959, S. 39–43.

[86] Es gibt z. B. keinen Grund, das Bild von der Verwüstung Burgunds in den Jahren 269–70, wie man es aus Panegyrici latini 5, 5–6 gewinnt, zurückzuweisen.

tärs in keinem Verhältnis zueinander standen, so daß z. B. die unverhältnismäßig großen Heere, die in Britannien stationiert waren, auch einen unverhältnismäßig größeren Teil der lokalen Produktion für sich in Anspruch nahmen[87].

Die soziale Verteilung der Lasten war noch bei weitem ungerechter. Die Grundsteuer traf direkt oder indirekt am stärksten diejenigen, die das Land wirklich bearbeiteten, also die Bauern und Pächter. Die Eigentümer von Gütern, die mit Sklaven bewirtschaftet wurden, konnten die Steuerlast natürlich nicht weitergeben, doch zumindest die Reichsaristokratie kannte Wege zur Steuerhinterziehung (zudem war der Boden in Italien bis zum Beginn des 4. Jahrhunderts praktisch steuerfrei). Der Kaiser Julian gab das zu, als er die übliche Erlassung von Steuerschulden verweigerte mit der ausdrücklichen Begründung, daß »davon nur die Reichen profitierten«, wo doch die Armen pünktlich zu zahlen hätten[88]. Es liegt in der Natur der Sache, daß der Bauer, sei er frei oder Pächter, in bezug auf das Land eine unsichere Stellung genießt: in harten Zeiten ist sein Spielraum gering. Die Auswirkungen der von mir untersuchten Entwicklungen – der steigenden Besteuerung, der Plünderungen und Verwüstungen, der Abwertung im Status, wie sie durch die gesetzliche Einrichtung einer Kategorie der *humiliores* symbolisiert wird – mußten zusammengenommen den Bauern entweder in den Zustand der Gesetzlosigkeit treiben oder in die Arme des nächsten mächtigen Grundherrn (oder seines Mittelsmannes). Und letzteres bedeutete, wie wir im Falle der Pächter auf der kaiserlichen Domäne in Karthago gesehen haben, gleichzeitig Schutz und Unterdrükkung.

»Wer könnte mehr Unterdrückung ausüben als Grundherren« und ihre Mittelsmänner, so fragt der Zeitgenosse Julians, der Kirchenvater Johannes Chrysostomos, ein Schüler des Libanios. Er präzisierte das einigermaßen ausführlich (Homilia zu Matthäus 61,3): erniedrigende Dienste, die sich »ihrer Körper wie derer von Eseln und Maultieren« bedienten, Schläge und Folterungen, Erpressung und vieles andere. Ein halbes Jahrhundert später faßte Salvian, der in Gallien schrieb, alle Möglichkeiten

[87] Siehe A. L. Rivet, *Social and Economic Aspects*, in: *The Roman Villa in Britain*, hrsg. v. A. L. Rivet, London 1969, S. 173–216, hier S. 189–98; vgl. Erik Gren, *Kleinasien und der Ostbalkan in der wirtschaftlichen Entwicklung der römischen Kaiserzeit*, Uppsala Universitets Årsskrift 9, 1941, S. 135–49. Getreide aus Britannien wurde auch zu den Truppen am Rhein geschickt: Ammian 18, 2, 3; Libanios, *Orationes* 18, 83.

[88] Ammian 16, 5, 15; vgl. Salvian, *De gubernatione dei* 4, 30–31; 5, 35.

zusammen: der Bauer habe die Wahl, sagte er, entweder bei den *Bacaudae* oder bei den einfallenden Barbaren oder bei dem nächsten Großgrundbesitzer seine Zuflucht zu suchen und seinen kleinen Landbesitz gegen »Schutz« einzutauschen[89]. Historiker sind verständlicherweise vorsichtig bei den Zeugnissen von Predigern und Moralisten, doch in diesem Falle bestätigen letztere das, wofür alle anderen Anzeichen sprechen und dem nichts entgegensteht. Salvian wird durch archäologische Quellen in Gallien bestätigt[90]. Und mehr allgemein bestätigen das die gesetzlichen Bestimmungen, daß seit Diokletian, also dem Ende des 3. Jahrhunderts, Pächter gebunden waren, nicht frei. Das Interesse des Kaisers war die Besteuerung, nicht der Status des Pächters, doch der Erfolg war nichtsdestoweniger, daß zum Gesetz wurde, was in der Praxis Schritt für Schritt geschehen war[91]. Und mit dem Verschwinden des freien Pächters verschwand der klassische römische Pachtvertrag, die *locatio conductio rei,* aus den Rechtstexten[92].

Mit Salvian als Gewährsmann kann man natürlich einwenden, daß es in Gallien im 5. Jahrhundert noch freie Bauern gab, die Land besaßen. Ohne Zweifel gab es sie – die Überlebensfähigkeit mancher Bauern in eigentlich jeder Gesellschaft trotz massiven Drucks ist ein bemerkenswertes historisches Phänomen[93]. Es gab sie ebenso, wie es nicht nur im 5., sondern auch im 6. und 7. Jahrhundert noch Sklaven auf dem Lande gab. Wir haben keine Möglichkeit, diese widerstandsfähigen besitzenden Bauern absolut oder relativ zahlenmäßig zu erfassen. Doch unser Interesse gilt auch der Arbeit auf den großen Gütern des Kaisers, von Senatoren oder anderen, wo es eine unbestreitbare (und unbestrittene) Verlagerung der vorherrschenden Arbeitsweise von Sklaven auf Pächter gab, deren gefährdeter Status als völlig freie Menschen allmählich und wohl entscheidend im 3. Jahrhundert

[89] Ibid. 5, 25. 38–45.

[90] Siehe dazu kurz A. Grenier, *Aux origines de l'histoire rurale. La conquête du sol français,* Annales d'histoire économique et sociale 2, 1930, S. 26–47, hier S. 40f.

[91] N.D. Fustel de Coulanges, *Le colonat romain,* in: *Recherches sur quelques problèmes d'histoire,* Paris 1885, zeigte in hervorragender Weise (besonders S. 92, 119) an Beispielen aus den Gesetzestexten, daß die Praxis der Gesetzgebung voranging. Max Weber vertrat davon unabhängig, soweit ich weiß, dieselbe Ansicht: *Die römische Agrargeschichte,* Stuttgart 1891, S. 219.

[92] Siehe die grundlegende Untersuchung von E. Levy, *Vom römischen Precarium zur germanischen Landleihe,* ZRG 66, 1948, S. 1–30, hier S. 17–25.

[93] Sogar z.B. in Nordafrika: H. D'Escurac-Doisy, *Notes sur le phénomène associatif dans le monde paysan à l'époque du Haut-Empire,* Antiquités Africaines 1, 1961, S. 59–71.

ausgehöhlt wurde. Wir bezeichnen sie mit dem allgemeinen Begriff *coloni*, doch die griechischen wie römischen Quellen gebrauchen oft sehr ungenau eine Vielzahl von Ausdrücken. Eine einleuchtende Vermutung geht dahin, daß die Terminologie die soziale Wirklichkeit der späten Kaiserzeit widerspiegelt: Regionale Unterschiede z.B, oder verschiedene Arten von Status mit verschiedenem Ursprung, die möglicherweise auf dasselbe hinausliefen oder auch nicht[94]. Leider ist diese Vermutung bis jetzt nicht geprüft worden, doch scheint sie a priori wahrscheinlich, da die römischen Eroberungen Gebiete mit weitgehend unterschiedlicher Sozialstruktur umfaßten, was, wie ich vorher sagte, zu verschiedenen Formen der landwirtschaftlichen Organisation innerhalb des Reiches geführt hatte.

Im Osten hätte die Entwicklung der späteren Kaiserzeit hauptsächlich eine Intensivierung und Konsolidierung des bereits bestehenden Status der Abhängigkeit des Bauerntums bewirkt. In Italien und im übrigen Westen, wo es einige Jahrhunderte lang Sklavenhaltergesellschaften gab, war der Effekt drastischer: aus der Sklaverei wurde das Kolonat. Der Niedergang der Sklaverei war mit anderen Worten die Umkehr des Vorgangs, durch den die Sklaverei aufgekommen war. Einstmals importierten die Arbeitgeber in diesen Gegenden Sklaven, um ihren Bedarf zu dekken. Jetzt standen die eigenen Unterklassen zur Verfügung, was vorher nicht der Fall gewesen war, und zwar zwangsweise, nicht aus freier Entscheidung. Es gab daher keine Notwendigkeit mehr, weitere Anstrengungen zu unternehmen, um den Nachschub an Sklaven aufrechtzuerhalten, und ebensowenig um Lohnarbeit einzuführen.

Die städtischen Zentren des Reiches reagierten ebenfalls auf die strukturellen Veränderungen. Die Steuerlast höhlte die Kurienordnung aus (die städtischen Senate); in den Gegenden, die am heftigsten von den Barbaren angegriffen wurden, neigten die Reichen dazu, sich vorsorglich auf ihre Landgüter zurückzuziehen und die Produktion von Manufakturwaren dort zu verstärken; der Staat bezahlte das Militär und die Zivilverwaltung weitgehend mit Naturalien, indem er die Armeen mit beschlagnahmten Lebensmitteln und mit Produkten der eigenen, mit Sklaven betriebenen Werkstätten versorgte. Das folgerichtige Ver-

[94] P. Collinet, *Le colonat dans l'empire romain*, Recueils de la Société Jean Bodin 2, 1937, S. 85–122; zu regionalen Unterschieden siehe auch J. Percival, *Seigneurial Aspects of Late Roman Estate Management*, English Historical Review 84, 1969, S. 449–73.

schwinden größerer privater Manufakturbetriebe aus den Städten war von einschneidender Wirkung auf die Arbeitsverhältnisse im städtischen Gewerbe. Die *plebs urbana* der späten Kaiserzeit ist ein erstaunlich vernachlässigtes Thema in modernen Geschichtsdarstellungen, es sei denn, die ihr Zugehörigen verursachten Aufruhr[95]. Dennoch bezweifelt niemand, daß sie in großer Zahl vorhanden waren und daß sie, anders als *coloni* oder Sklaven, noch zu den freien Menschen zählten: noch im Jahre 432 n. Chr. bezieht sich eine kaiserliche Verordnung (Codex Theodosianus 9, 45, 5) auf den *ordo plebeiorum*. Darin waren nicht nur die Ungelernten, die »Bettler«, eingeschlossen, sondern auch die Kunsthandwerker in den Städten, die hochspezialisierte, hart arbeitende und meist sehr arme Leute waren. Die Sklaven in der Stadt waren jetzt das unproduktive Element. Wir können nur auf Grund unserer Eindrücke urteilen, doch es ist auffallend, daß in allen Quellen der späten Kaiserzeit, wenn produktive Sklaven auftauchen, sie als Bauern oder Handwerker auf dem landwirtschaftlichen Sektor arbeiten. Die immer noch zahlreichen Sklaven in der Stadt hingegen (außerhalb der kaiserlichen Betriebe) erscheinen mit gleicher Regelmäßigkeit als Haussklaven und Verwalter, als ein Luxus für allfälligen Gebrauch nicht nur durch die Reichen, sondern auch durch so unscheinbare Leute wie die Lehrer an Libanios' Schule in Antiochia.

[95] Sowohl das Vorhandensein als auch die Vernachlässigung noch nicht erschlossener Informationsquellen sind behandelt bei I. Hahn, *Freie Arbeit und Sklavenarbeit in der spätantiken Stadt*, Annales Univ.... Budapestiensis, Sectio historica 5, 1961, S. 23–39, worauf meine kurze Darstellung weitgehend beruht, sowie bei W. Seyfarth, *Soziale Fragen der spätrömischen Kaiserzeit im Spiegel des Theodosianus*, Berlin 1963, S. 104–27. Über die Unruhen in der Stadt Rom siehe H.P. Kohns, *Versorgungskrisen und Hungerrevolten im spätantiken Rom*, Bonn 1961; für einen etwas früheren Zeitraum C.R. Whittaker, *The Revolt of Papirius Dionysius A.D. 190*, Historia 13, 1964, S. 348–69.

IV. Grundherren und Bauern

In dem engen Zusammenhang von Status und Landbesitz spielte auch die Rechtsordnung eine Rolle. Die Griechen waren es, die den Bürgern im größten Umfang das Recht auf Landbesitz als Monopol bewahrten und in den mehr oligarchischen Gemeinden, am umfassendsten in Sparta, die vollen politischen Rechte auf die Landbesitzenden unter ihren Mitgliedern beschränkten. Doch waren die Gesetze, wie ich schon vorher bemerkt habe, oft weniger wichtig als Brauch, Tradition, soziale und politische Zwänge. Die römische Expansion in Italien z.B. hatte eine Öffnung der Bürgerrechtspolitik zur Folge, so daß die Latiner von einem frühen Zeitpunkt an, und mit dem beginnenden 1. Jahrhundert v.Chr. alle freien Italiker, das Privileg erhielten, römischen Boden zu besitzen. De facto gab es eine (den griechischen Stadtstaaten fremd gebliebene) grundlegende Veränderung im Verhältnis Landbesitz–Bürgerrecht, die man bei rein juristischer Betrachtungsweise übersieht.

In einem Stadtstaat war des weiteren das Land prinzipiell frei von regelmäßiger Besteuerung. Der Zehnte oder eine andere Form der direkten Besteuerung des Bodens war nach Aussage der Griechen ein Merkmal der Gewaltherrschaft. Diese Ansicht war so tief verwurzelt, daß sie, im Unterschied zu dem in anderen Gesellschaften durchaus üblichen Vorgehen, eine Notabgabe im Kriege wie die athenische *eisphora* niemals zu einer Dauermaßnahme werden ließen (was auch die Römer in der Zeit der Republik nicht taten). Territorialstaaten wiederum bezogen ihr hauptsächliches Einkommen aus Bodenpachten und Grundsteuern, obwohl es den Griechenstädten gelang, ihren hellenistischen Oberherren einige Freiheit für das Land um eine Stadt herum abzuringen, und Italien seine traditionelle Steuerfreiheit bis zum Anfang des 4. Jahrhunderts n.Chr. bewahrte. (Landbesitz römischer Bürger in den Provinzen hingegen war zumindest schon zur Zeit Ciceros der Besteuerung unterworfen.) Ich betone all das paradoxerweise nicht wegen seiner Tragweite für die oberen Klassen, sondern wegen seiner Bedeutung für das Bauerntum, für den freien Bauern und Bürger. Die wohlhabenden Griechen trugen trotz der Steuerfreiheit ihrer Güter den Hauptteil der Kosten des Staates; wenn die wohlhabenden Römer das nicht taten, zumindest nicht nach dem 3. Jahrhundert v.Chr., so lag das einzig und allein daran, daß die Ausbreitung des Römischen Reichs es ihnen ermöglichte, diese Bürde auf die von ihnen unterworfenen Völker, auf die Provinzbevölkerung abzuwälzen. In den großen Monarchien war die Situation dann umgekehrt: die Grundsteuerbelastung ging zu großen Teilen auf die Armen und schließlich auch auf die Mittelklasse über, während die Oberschicht immer weniger von den Lasten der öffentlichen Finanzen trug[1].

Dies entspricht dem normalerweise im politischen Zusammenhang gesehenen Unterschied zwischen der Freiheit des Bürgers im klassischen Stadtstaat und der relativen oder völligen Unfreiheit in einem monarchischen Großreich (und unter den früheren, archaischen Regierungsformen). Ich bin der Meinung, daß die Steuerfreiheit eine wesentliche Voraussetzung jener ungewöhnlichen, selten wiederholten Erscheinung der klassischen Antike war, der Eingliederung des Bauern als vollwertigem Teil der politischen Gemeinschaft[2]. Ideologisch fand das seinen Ausdruck in der Verherrlichung der Landwirtschaft, wofür das berühmteste und kunstvollste Beispiel sicher Vergils *Georgica* sind. Alle Schichten der Bürgerschaft teilten im allgemeinen diese Ideologie. In den Einzelheiten gingen die Meinungen dann auseinander. Heitland schrieb dazu: »Die Verherrlichung der unermüdlichen Arbeit und Mühe als dem wahren Geheimnis des Erfolgs war (und ist) das Thema, das den Predigern der Lehre vom ›Zurück auf das Land‹ vollkommen entsprach.« Doch »die immer wiederholten Lobpreisungen des Landlebens sind unaufrichtig. Selbst wenn sie ehrlich gemeint sind, sind sie Äußerungen von Stadtmenschen, die des Lärms und der Torheiten des Stadtlebens müde sind, die aber nichtsdestoweniger augenblicklich dazu zurückkehren würden, erfrischt, jedoch gelangweilt von ihrem Ausflug auf das Land.«[3] Für sie bedeutete Landbesitz, wie ich bereits bemerkte, keinen Beruf zu haben; für die anderen bedeutete es unermüdliche Arbeit. Allen war ein Hunger auf

[1] Tertullian, *Apologeticum* 13, 6 nannte direkte Steuern »Zeichen der Gefangenschaft« *(notae captivitatis)*.

[2] Wie außerordentlich das war (und ist), kann man daran erkennen, wie das Motiv der politischen Unterdrückung sich als roter Faden durch *Peasants and Peasant Societies,* hrsg. v. T. Shanin, London 1971, zieht.

[3] W.E. Heitland, *Agricola,* Cambridge 1921, S. 226 bzw. 200f. (wo er Lucretius 3, 1060–70 zugrunde legt). Dieses Buch ist nach wie vor die vollständigste Zusammenstellung der griechisch-römischen literarischen Belege zum Thema. Die Aristokraten von Antiochia sind eine späte Parallele aus dem Osten; siehe J. H. W. G. Liebschuetz, *Antioch ... in the Later Roman Empire,* Oxford 1972, S. 51.

Land gemeinsam, der auf der einen Ebene seinen Ausdruck darin fand, daß man, soweit möglich, ein Landgut nach dem anderen erwarb, auf der anderen Ebene in einer verbissenen Bereitschaft, nach Scheitern und Verlust des Besitzes wieder von vorn anzufangen.

Nichts von alldem kann man in Zahlen übersetzen. Es gab immer beträchtliche Gebiete, wo der Anteil derer, die Land besaßen oder als Pächter bewirtschafteten, hundert Prozent der Bürgerschaft erreichte (von dem einzigartigen Fall Sparta ganz abgesehen), auch wenn sie städtische Zentren hatten und sich »Gemeinden« oder »Städte« nannten[4]. Andererseits gab es besonders in der frühen römischen Kaiserzeit einige übermäßig angewachsene Städte, wie Rom selbst, Alexandria, Karthago, Antiochia, mit einer Bevölkerung, deren Zahl hohe sechsstellige Werte erreichte und von der viele in keinerlei Verbindung zu Land und Landwirtschaft standen. Was aber ist über die weiten Gebiete zwischen den Extremen in einem Zeitraum von fünfzehnhundert Jahren der Geschichte zu sagen? Wir hören, daß in Athen im Jahre 403 v. Chr. ein Vorschlag gemacht wurde, die politischen Rechte eines jeden Bürgers, der kein Land besaß, einzuschränken, und daß durch diese Maßnahme, wäre sie durchgeführt worden, was nicht der Fall war, 5000 Bürger betroffen worden wären. Das ist schon etwas – wenn der Bericht stimmt (es gibt Leute, die das bezweifeln). Aber wieviel bringt das? Wir kennen die Gesamtzahl der Bürger im Jahre 403 nicht; »Landbesitz« könnte ebensogut nicht mehr bedeuten als ein Garten in der Stadt, wo ein Steinmetz Bohnen und vielleicht etwas Wein anbaute[5]. Oder wir hören (Josephus, Jüdischer Krieg 2, 385), vermutlich auf Grund eines Zensus, daß die Bevölkerung Ägyptens im 1. Jahrhundert unserer Zeitrechnung 7500000, Alexandria ausgenommen, betrug. Das ist in einer Beziehung schon hilfreicher, denn außerhalb der Stadt Alexandria, deren Bevölkerung nicht größer gewesen sein kann als eine halbe Million, wenn überhaupt soviel, war fast jeder ausschließ-

[4] Xenophons Schilderung (*Hellenika* 5, 2, 5–7) der Schleifung und des Dioikismos Mantineias in Arkadien durch die Spartaner im Jahre 385 v. Chr. bietet ein anschauliches Beispiel.

[5] Die Quelle dafür ist Dionys von Halikarnass, *Über die Reden des Lysias* 32 (oft publiziert als »Argumentum« zu Lysias 34). Ich habe an anderer Stelle gezeigt, daß es unmöglich ist, auf Grund der verfügbaren Quellen eine verläßliche Berechnung der Größe von Landbesitzungen in Athen anzustellen: *Studies in Land and Credit in Ancient Athens*, New Brunswick 1952 (Neudr. New York 1973), S. 56–60.

lich in der Landwirtschaft beschäftigt, die Soldaten und die unzähligen niederen Beamten eingeschlossen. Andererseits war Ägypten die am dichtesten besiedelte und ärmste Provinz im Reich, so daß daraus keine Verallgemeinerung folgen kann.

Wir müssen uns daher mit der unbestimmten, aber sicheren Feststellung begnügen, daß die meisten Menschen in der Welt der Antike in der einen oder anderen Weise vom Bodenertrag lebten und daß sie selbst der Meinung waren, das Land sei die Quelle aller materiellen und moralischen Güter. Wenn wir uns danach der Frage der Größenverhältnisse des Besitzes zuwenden, finden wir uns in einer wesentlich weniger vorteilhaften Lage. Erstens einmal ist die Summe individueller Zahlenangaben, die wir für die gesamte Zeit und den gesamten Raum besitzen, lächerlich klein: wenn ich schätzen sollte, da niemand sie alle zusammengestellt hat, würde ich bezweifeln, daß es zweitausend sind[6]. Zweitens sind die vorhandenen Zahlen nicht ohne weiteres als Vergleichswerte brauchbar: unter antiken Autoren besteht eine Tendenz, entweder einen nach eigener Schätzung festgesetzten und aus mehr als einem Grunde zweifelhaften Geldbetrag anzugeben oder eher das Bruttoeinkommen eines einzelnen Jahres als den Flächeninhalt; und sie neigen dazu, über ein bestimmtes einzelnes Landgut zu berichten statt über den gesamten Besitz eines Mannes. Es hat seitens moderner Historiker Versuche gegeben, zu Berechnungszwecken die eine Art von Zahlenangaben in die andere umzuwandeln, indem man eine sechs- bis achtprozentige »normale Verzinsung auf das in Land investierte Kapital« annahm. Hier befinde ich mich nun in der Verlegenheit, angesichts meiner Beharrlichkeit bei der Suche nach zahlenmäßigen Gesetzen und Mustern doch Einspruch erheben zu müssen. Eine kleine Zahl von Texten liefern in der Tat die Angabe eines solchen Zinssatzes unter besonderen Umständen, doch einige davon stellen sich als wertlos heraus[7], insgesamt sind es zu weni-

[6] Die unzähligen Details an Information in den griechischen Papyri des hellenistischen und römischen Ägypten schließe ich aus, da sie untypische Landbesitzverhältnisse widerspiegeln, über die bald kurz zu sprechen sein wird.

[7] Die angeblich beste antike Quelle, sofern es um Berechnungen geht, nämlich Columella, ist jetzt von Duncan-Jones im Kap. 2 seines Buches *The Economy of the Roman Empire. Quantitative Studies*, Cambridge 1973, als unzuverlässig entlarvt worden. Versuche wie der von René Martin, *Pline le jeune et les problèmes économiques de son temps*, REA 69, 1967, S. 62–97, nämlich, überlieferte Geldbeträge für den Wert von Landgütern auf der Basis eines fiktiven (und in jedem Fall nicht anwendbaren) durchschnittlichen Verkaufspreises von 1000 Sesterzen für ein *iugerum* in Landflächen umzurechnen, sind unbesehen zurückzuweisen.

ge Zahlen, und es gibt einfach zu viele verschiedene Böden, Anbaumöglichkeiten und Arten der Bewirtschaftung des Landes. Man findet auch nicht die in England seit dem späten Mittelalter immer übliche Gewohnheit, den Wert des Bodens in dem Vielfachen des Jahresertrags auszudrücken. Drittens geben antike Schriftsteller häufig eine Zahlenangabe oder beschreiben einen landwirtschaftlichen Betrieb nur deswegen, weil es sich um etwas Ungewöhnliches oder Extremes handelt. So ist auch Varros Aufzählung von Beispielen (De re rustica 3, 2) für den hohen Nutzeffekt zu verstehen, den man mit Bienen, Blumen, Hühnern, Tauben und Pfauen auf Landgütern in der Nähe der Stadt Rom erzielen konnte. Das wenige, was wir haben, ist daher keine zufällige Auswahl.

Nichtsdestoweniger glaube ich, daß wir in der Lage sind, etwas von Bedeutung über den Umfang von Landbesitz und die Tendenzen herauszufinden. Wir wollen mit dem außerordentlichen und atypischen Fall Ägypten beginnen. Er war nicht typisch, weil sein Bewässerungsanbau relativ stabile, hohe Erträge hervorbrachte (ungefähr einen zehnfachen Ertrag für Getreide), weil es wenig Brachland gab (nur fünf Prozent im Faijum) und weil die dort beheimateten Bauern niemals eine freie Bevölkerung waren wie die griechischen und römischen der klassischen Zeit. In einem typischen Dorf des Faijum der ptolemäischen Zeit, wie z.B. Kerkeosiris mit einer Bevölkerung von vermutlich 1500 Familien, die eine Fläche von ungefähr 1200 ha bebauten, lebten viele Bauern am bloßen Existenzminimum mit einem Besitz von nur einem halben oder einem Hektar, einige von ihnen mit jährlichen Pachtverträgen und alle zur Zahlung von Abgaben und Steuern verpflichtet[8]. An der oberen Grenze sollen zwei ungefähre Zahlen genügen, um Ausmaß und Trend anzudeuten. Die erste ist das ca. 2600 ha umfassende Gut eines gewissen Apollonius im Faijum, im frühen 3. Jahrhundert v. Chr., der eine Zeitlang der höchste Beamte im Lande war[9]. (Apollonius besaß zumindest ein anderes großes Gut in Memphis, und als er in Ungnade fiel, kehrte alles in den Besitz der Krone zurück.) Die zweite Zahl bezieht sich auf die Familie der Apionen, die aus Ägypten stammten und im 6. Jahrhundert n. Chr. zweimal den höchsten Posten im byzantinischen Reich erlangten, nämlich den eines Prätorianerpräfekten. Diese Familie gehörte zu einer Reihe außerordentlich reicher Grundbesitzer in Ägypten. Man

[8] Siehe D. J. Crawford, *Kerkeosiris*, Cambridge 1971.

[9] C. Préaux, *L'économie royale des Lagides*, Brüssel 1939, S. 17–20.

weiß nicht, wie reich sie waren, aber man hat ausgerechnet, daß eine ihrer Besitzungen allein eine Fläche von über 30000 ha umfaßte und sie von dort möglicherweise 7,5 Millionen Liter Getreide zu der jährlichen Getreideabgabe für Konstantinopel beitrugen[10].

Eine so außerordentliche Bandbreite war ungewöhnlich in der antiken Welt, doch war der Unterschied zwischen dem kleinsten und dem größten Landbesitzer auch im allgemeinen groß genug und vergrößerte sich ständig, wie ich glaube. Wir haben bereits gesehen, daß römische Bürger im 2. Jahrhundert v. Chr. in Kolonien in Italien angesiedelt wurden auf Landlosen, die nur wenig mehr als ein Hektar groß waren, wobei 2½ ha zur Zeit Caesars mehr oder weniger die Norm für Männer mit größeren Familien war. Als im 3. oder 2. Jahrhundert v. Chr. auf der Insel Curzola in der Adria eine kleine griechische Gemeinde gegründet wurde, bekamen die ersten Siedler eine nicht genannte Fläche von Akkerland und ungefähr 3000 qm eines Weinberges zugewiesen[11]. Obwohl die Belege kein ausreichend genaues Bild geben, kann man nicht bezweifeln, daß bäuerlicher Landbesitz in so geringer Größenordnung allgemein verbreitet war. Wenigstens handelte es sich, anders als in Ägypten, in der klassischen Zeit nicht um Besitz, der durch Steuern belastet war, und es war in dieser Hinsicht größere Lebensfähigkeit gegeben. Es ist auch wenig wahrscheinlich, daß dieser bäuerliche Landbesitz über die Jahrhunderte irgendwelche wesentlichen Veränderungen zeigte, bis unter den römischen Kaisern die allgemeine Abwertung des freien Bauerntums einsetzte.

Wenn man Veränderungen sucht, muß man sich den oberen Schichten zuwenden. Schon im Athen des 5. und 4. Jahrhunderts gab es Grundbesitzer, die drei bis sieben Güter in verschiedenen Teilen Attikas besaßen. Die wertvollsten, die uns bekannt sind,

[10] Die einigermaßen glaubhaft zu belegenden Berechnungen stammen von A. H. M. Jones, *The Later Roman Empire 284-602*, 3 Bde., Oxford 1964, S. 780–84. Die grundlegende Untersuchung zu den Landgütern der Apionen bietet E. R. Hardy jr., *The Large Estates of Byzantine Egypt*, New York 1931; für eine neuere Bibliographie siehe D. Bonneau, *L'administration de l'irrigation dans les grandes domaines d'Egypte* ... sowie J. Fikhman, *On the Structure of the Egyptian Large Estate in the Sixth Century*, in: Proceedings of the XIIth International Congress of Papyrology, Toronto 1970, S. 43–60 bzw. 123–32.

[11] Syll. 141. Hier und an anderer Stelle in der vorliegenden Erörterung bin ich der unsicheren griechischen Maßeinheiten wegen gezwungen, die Zahlen umzurechnen. Dieser Text ist ziemlich präzise – drei *plethra* eines Weinbergs, wobei ein *plethron* 100 × 100 griechische Fuß maß. Aber die Länge eines griechischen Fußes war nicht immer gleich.

sind zwei landwirtschaftliche Betriebe, einer in Eleusis, der andere in Thria, die zum Besitz mehrerer Generationen einer Familie gehören, die von einem gewissen Buselos abstammten. Man kann diese Familie das 5. und 4. Jahrhundert v. Chr. hindurch verfolgen; sie schloß eine ansehnliche Zahl von Männern ein, die in den militärischen und politischen Angelegenheiten Athens hervorgetreten waren. Der Hof in Eleusis soll 12000 Drachmen wert gewesen sein, der andere 15 000 Drachmen. Das sind vermutlich Untertreibungen, aber immerhin waren 12000 Drachmen vierzigmal die obere Besitzgrenze, die jemand haben durfte, der staatliche Unterstützung suchte, und sechsmal der Mindestbesitz, der für das volle Bürgerrecht nach der Athen 322 v. Chr. aufgezwungenen oligarchischen Verfassung notwendig war[12].

Die Familie des Buselos gehörte zu den wohlhabenderen im Athen des 4. Jahrhunderts v. Chr., doch im Athen der römischen Kaiserzeit hätte sich ihr Vermögen sehr bescheiden ausgemacht. Der Fall, den ich anführen möchte, ist zugegebenermaßen ein Extremfall, doch es sind Extreme, die die Bandbreite bestimmen. Das Leben in Athen im 2. Jahrhundert n. Chr. wurde von einem Mann beherrscht, Herodes Atticus, dem Gönner der Künste und Wissenschaften (der selbst ein bedeutender Schriftsteller und Gelehrter war), dem Wohltäter des öffentlichen Lebens im Stile eines Herrschers nicht nur in Athen, sondern auch anderswo in Griechenland und Kleinasien, dem Verwalter vieler wichtiger Posten, dem Freund und Verwandten von Kaisern[13]. Seine Familie, die ursprünglich aus Marathon kam, gehörte mindestens schon seit dem späten 2. Jahrhundert v. Chr. zur Elite der Stadt, ihr Status und ihre Macht wuchsen ständig weiter, und unter Nero wurde ihnen das römische Bürgerrecht verliehen. Dann, vermutlich im Jahre 92 oder 93 n. Chr., geriet Hipparchos, der Großvater des Herodes, in Schwierigkeiten, und seine Güter wurden von Domitian beschlagnahmt. Dieser, so hören wir, verkaufte sie für 100 Millionen Sesterzen (2 500 000 Drachmen), also einhundertmal den Mindestbesitz, den man brauchte, um Senator sein zu können, und ungefähr fünfzigmal das Jahresein-

[12] Zu der Familie des Buselos siehe J. K. Davies *Athenian Propertied Families 600–300 B. C.*, Oxford 1971, nr. 2921. Für andere Beispiele aus Athen (und zu der Tatsache, daß es unmöglich ist, über einfache Beispiele hinauszukommen) siehe meine *Studies in Land and Credit in Ancient Athens*, S. 56–60; Beispiele aus dem übrigen Griechenland bei A. Jardé, *Les céréales dans l'antiquité grecque*, Paris 1925, S. 118–122.

[13] Zum Folgenden siehe P. Graindor, *Un milliardaire antique. Hérode Atticus et sa famille*, Kairo 1930.

kommen seines Zeitgenossen Plinius des Jüngeren, der keineswegs mit Armut geschlagen war. Aber Hipparchos hatte klugerweise eine sehr große Summe in barem Geld versteckt gehalten, so daß wenige Jahre später unter der liberaleren Regierung Nervas sein Sohn, der Vater des Herodes Atticus, das Familienvermögen zurückgewinnen konnte; bei seinem Tode hinterließ er zu treuen Händen ein Vermögen, das jedem Athener ein jährliches Einkommen von 100 Drachmen bringen sollte. Das setzt ein Gesamtkapital von weit über 100 Millionen Sesterzen voraus.

Die Athener bekamen das Geld niemals, aber das ist eine andere Geschichte. Was uns interessiert ist, daß es im wesentlichen Reichtum in Landbesitz war (die einzige andere Quelle des Familieneinkommens, die belegt ist, ist Geldverleih in großem Stil[14]) und daß Herodes Atticus Landhäuser in Kephisia nahe der Stadt Athen und in Marathon besaß, Hausbesitz in der Stadt hatte, Grundbesitz in beiden Bereichen sowie im nördlichen Attika, auf der Insel Euböa, in Korinth und anderswo auf der Peloponnes, in Ägypten und außerdem, aus der Mitgift seiner aristokratischen römischen Ehefrau, Besitz in Italien an der Via Appia und in Apulien[15]. In und um Marathon scheint der Besitz zudem ein großer zusammenhängender Landstrich gewesen zu sein[16].

Der Reichtum dieser Familie war selbst für römische Begriffe bemerkenswert: das läßt sich an dem Ton erkennen, in dem Sueton (Vespasian 13) von dem Hundert-Millionen-Gewinn spricht, der Domitian aus den beschlagnahmten Gütern des Großvaters des Herodes zufiel. Normalerweise ließ die Größe der Verhältnisse in der römischen Gesellschaft die Griechen armselig erscheinen. Einen gewissen Eindruck von dem Aufwärtstrend in der Anhäufung von Reichtümern bei der römischen Führungsschicht kann man bereits aus den Reformen der Gracchen gewinnen. Im Jahre 133 v.Chr. peitschte Tiberius Gracchus ein Gesetz durch, das den Besitz eines einzelnen am

[14] Es ist bezeichnend, daß Rostovtzeff, *Wirtschaft und Gesellschaft im römischen Kaiserreich*, 2 Bde., Leipzig 1929, Bd. 1, S. 126f. Herodes als ein Musterbeispiel anführt für den »Reichtum, den die städtische Bourgeoisie in ihrer Hand vereinigte«.

[15] Eine kurze Zusammenfassung der Quellen kann man finden bei J. Day, *An Economic History of Athens under Roman Domination*, New York 1942 (Neudr. New York 1972), S. 235f.

[16] U. Kahrstedt, *Das wirtschaftliche Gesicht Griechenlands in der Kaiserzeit*, Bern 1954, S. 47f.

ager publicus beschränkte, also an Grund und Boden in Italien, der vom römischen Staat im Laufe seiner Eroberungskriege in Besitz genommen und dann üblicherweise gegen einen nominalen Zins verpachtet worden war. Die Obergrenze, die gesetzt wurde, betrug 500 *iugera* (ca. 125 ha) sowie 250 (ca. 63 ha) zusätzlich für jeden von zwei Söhnen, das ergibt ein Maximum von ungefähr 250 ha pro Familie. (»Privatbesitz« an Boden blieb unangetastet.) Daß es vielen Senatoren und anderen gelungen war, wesentlich mehr als 250 ha *ager publicus* an sich zu bringen, das zeigt sowohl die Heftigkeit ihrer Reaktion auf das Gesetz wie das sprunghafte Ansteigen der Zensuszahlen für das nächste Jahrzehnt infolge der Beschlagnahme durch die Gracchen und der Neuverteilung der Besitzungen, die über der Höchstgrenze lagen[17]. Ein Jahrhundert später ermöglichte der Reichtum, den er gegen Julius Caesar ins Feld führen konnte, dem Pompeius, in sein Heer 800 eigene Sklaven und Hirten einzugliedern, und dem Ahenobarbus, jedem seiner Männer 10 ha Land von seinen Gütern in Etrurien zu versprechen (und größere Zuteilungen an Offiziere und Veteranen)[18]. Ahenobarbus' Angebot erstreckte sich auf entweder 4000 oder 15 000 Soldaten, je nach Auffassung des Ausdrucks »seine Leute«, und natürlich mußte er seine Aufrichtigkeit und seine Fähigkeit, soviel Land aufzutreiben, nie unter Beweis stellen. Nichtsdestoweniger ist es ein Hinweis, selbst wenn es nur Propaganda ist.

Ich kann nicht widerstehen, zwei weitere Beispiele anzuführen. Als Melania die Jüngere sich im Jahre 404 entschloß, dem weltlichen Leben zu entsagen, brachten die Güter, die sie und ihr Mann in verschiedenen Gegenden Italiens, Siziliens, Spaniens, Nordafrikas und Britanniens besaßen, ein jährliches Einkommen von 524 kg Gold (1600 römische Pfund). Ein Gut bei Rom bestand aus 62 Hofstellen, von denen jede 400 Sklaven in der Landwirtschaft beschäftigt haben soll, also insgesamt 24 000 Sklaven[19]. Ich will nicht auf den Einzelheiten bestehen: die Hagiographie ist nicht für ihre Bescheidenheit oder Skrupel bekannt. Aber ich möchte auf der Wahrscheinlichkeit des Berichts bestehen (die Höhe der Sklavenzahl ausgenommen), denn es gibt

[17] Trotz der nicht zu leugnenden Unsicherheit der Zensuszahlen sage ich das mit Bestimmtheit; die neueste Erörterung der Frage bei P. A. Brunt, *Italian Manpower 225 B.C.–A.D. 14*, Oxford 1971, S. 77–81.

[18] Caesar, Bellum civile 3, 4, 4 bzw. 1, 17.

[19] Die Zahlen muß man sich aus den griechischen und lateinischen Viten der Melania zusammensuchen und aus Palladius, *Historia Lausiaca*. Es gibt eine gute moderne Ausgabe der griechischen Vita von D. Garce (Paris 1962).

zu viele schriftliche wie archäologische Belege aus derselben Zeit, die auf der gleichen Linie liegen, als daß man sie einfach verwerfen könnte[20]. Die Angaben über die Familie der Apionen in Ägypten sind gesichert. Auf bescheidenerem Niveau zeigt ein rechtliches Dokument von 445 oder 446, dessen Exaktheit auch nicht bestritten werden kann, folgendes: Ein früherer Großkanzler des Kaisers Honorius, dessen Herkunft bei weitem nicht so vornehm war wie die Melanias – er kam aus der Gruppe der jungen Sklaven, die als Kastraten im kaiserlichen Haushalt beschäftigt wurden –, empfing beinahe 14 kg Gold pro Jahr allein von sechs Besitzungen in Sizilien[21]. Zudem konnte natürlich auch Melania keinem Vergleich mit den Kaisern selbst standhalten, deren Ansammlung von Grundeigentum durch Beschlagnahme, Schenkung, Hinterlassenschaft und Urbarmachung insgesamt eine Größe erreichte, die unsere Vorstellungskraft, wären uns die Zahlen bekannt, übersteigen würde. Mit ihnen konkurrierte vom 4. Jahrhundert an die Kirche durch den Besitz der Päpste, Bischöfe und Klöster[22].

Man darf jetzt, denke ich, trotz meiner eigenen Kritik am Argumentieren mit Beispielen, aus der Häufung von Einzelfällen schließen, daß die Tendenz in der Antike auf ein ständiges Anwachsen der Größe von Landbesitz hinauslief. Das ging nicht geradlinig aufwärts und war ebenso die Anhäufung verstreuter, gelegentlich sehr weit verstreuter Besitzungen wie ein Arrondierungsprozeß, war aber nichtsdestoweniger eine fortlaufende Tendenz. Diese allgemeine Aussage bezieht sich auf die Klasse der reichen Grundbesitzer, nicht auf irgendeine bestimmte Einzelperson oder Familie. Man kann Ausnahmen genug finden, die es auf Grund von Krieg oder politischem Mißgeschick gab. Doch es ist eine bestärkende Tatsache, daß aus jeder derartigen Krise Männer hervorgingen, die reicher waren, deren Grundbesitz größer war als je zuvor. Der Hannibalische Krieg verwüstete zwar weite Teile Süditaliens, doch gab er auch der Besetzung von immer mehr *ager publicus* durch eine kleine herrschende Elite in

[20] Siehe z.B. S. Applebaum in: *The Agrarian History of England and Wales*, Bd. 1, 2, hrsg. v. H.P.R. Finberg, Cambridge 1972, S. 230f.; G. Fouet, *La villa gallo-romaine de Montmaurin (Haute-Garonne)*, Gallia Suppl. 20, 1969, S. 304–312.

[21] J. O. Tjader, *Die nichtliterarischen lateinischen Papyri Italiens aus der Zeit 445–700*, Lund 1955, nr. 1.

[22] Griechisch-römische heidnische Heiligtümer waren außer in einigen östlichen Provinzen nicht Besitzer großer Ländereien; siehe die Aufsätze von Broughton und Zawadzki, die in Kap. 3, Anm. 17 genannt sind.

Rom Auftrieb. Das halbe Jahrhundert des Bürgerkriegs von Sulla bis Augustus, der ähnliche Verwüstungen anrichtete, hatte vergleichbare Ergebnisse (ganz abgesehen von den riesigen Gewinnen, die im außeritalischen Raum gemacht wurden). Es gibt ein schönes Beispiel ganz am Anfang jener Zeit: Ein kostspieliges Landhaus, das Marius gehörte, wurde von einer Dame namens Cornelia, vermutlich der Tochter Sullas, für 300000 Sesterzen gekauft und von ihr für zehn Millionen an Lucullus weiterverkauft[23]. Dies mag zu moralischen Zwecken erdichtet sein, doch wie alles gut Erdichtete spiegelt es im Grunde die Wahrheit wider[24].

Wir dürfen auch den Schluß ziehen, daß große Güter große Einkünfte brachten, daß die vertraute Wiederkehr dessen, was Historiker eine »Agrarkrise« nennen, eine Krise des Bauerntums war oder der Militärbereitschaft oder von etwas anderem, aber nicht ein plötzliches Absinken der Gewinne der *latifundia*. Wir können keine Bilanzen vorzeigen, aber wir können auf den Lebensstil der Reichen verweisen und auf die hohen Ausgaben, die sie für den eigenen aufwendigen Konsum oder für die Unterstützung durch die Öffentlichkeit bei Wahlen oder aus irgendeinem anderen Grunde machten. Diese Ausgaben hörten niemals auf, sie nahmen sogar meistens noch zu[25]. Zweifellos wurden landwirtschaftliche Arbeitskräfte intensiv ausgebeutet. Dabei handelte es sich um gebundene Bauern in den östlichen und einigen anderen eroberten Gebieten, im klassischen Kernland in erster Linie um Sklaven und den gelegentlichen Freien, der kleine Pachtgüter übernahm. Dann kam der zweifache Schock für die Bauernschaft, nämlich die fortdauernde Abwertung der Bedeutung des Bürgerrechts für die unteren Klassen und die Last der Besteuerung und anderer Abgaben auf den Landbesitz. Mit der Zeit glitten sie gezwungenermaßen in die Reihe derer ab, die ganz der Ausbeutung unterworfen waren, wie wir im Zusammenhang mit dem Niedergang der antiken Sklaverei schon gesehen haben. Das brachte eine Veränderung in der Sozialstruktur der land-

[23] Plutarch, Marius 34, 1–2. Vgl. die Angabe Ciceros in seiner Rede für Sextus Roscius (20–21), daß Crysogonus, der Freigelassene des Sulla, zehn der Landgüter des Roscius im Tibertal, die sechs Millionen Sesterzen wert waren, für nur zweitausend erwarb.

[24] Siehe M. Jaczynowska, *Die wirtschaftliche Differenzierung der römischen Nobilität am Ende der Republik*, in: H. Schneider (Hrsg.), *Zur Sozial- und Wirtschaftsgeschichte der späten römischen Republik*, Darmstadt 1976, S. 214–236.

[25] Zu luxuriöser privater Bautätigkeit, die ein sehr guter Indikator ist, siehe J.H. D'Arms, *Romans on the Bay of Naples*, Cambridge/Mass. 1970; A. Boëthius, *The Golden House of Nero*, Ann Arbor 1960.

wirtschaftlichen Arbeitskräfte und in den Besitzverhältnissen mit sich, während die Intensität der Ausbeutung und die Einträglichkeit erhalten blieben*.

Es ist vielleicht zwecklos, eine realistische Vorstellung des mittelgroßen Landbesitzes zu suchen, obwohl nach meiner Kenntnis niemand es bisher auch nur versucht hat. Ein sicheres Zeugnis für verbreiteten mittelgroßen Landbesitz in Italien zur frühen Kaiserzeit ist als Maßstab bemerkenswert. Die Quelle ist eine Bronzetafel aus Velleia bei Piacenza, die sich auf die Zeit zwischen 98 und 113 bezieht und in Verbindung zu Trajans Programm der *alimenta* steht, das im wesentlichen über größere Landgüter, die die Finanzierung des Plans garantierten, kaiserliche Mittel für Kinder verteilte[26]. In der betreffenden Gruppe gab es 46 Besitzungen in der Hauptliste, von denen vier mit je über einer Million Sesterzen bewertet wurden, während der Durchschnitt nahe bei 300000 lag. Bei dem willkürlich angenommenen, aber sicher bescheidenen Zinssatz von sechs Prozent per annum würde das durchschnittliche Einkommen bei dem Wert von ungefähr 18000 Sesterzen liegen oder bei fünfzehnmal dem Bruttosold eines Legionärs (wovon seine Ernährung und andere Kosten abgezogen wurden), der Unterschied wäre also der zwischen DM 120000.– und DM 8000.– jährlich. Außerdem hatten vermutlich einige der Grundeigentümer von Velleia andere Besitzungen in derselben Gegend oder anderswo. Fast die Hälfte von ihnen scheinen Besitzer gewesen zu sein, die nicht auf ihren Gütern lebten, was sicher manchen Schluß zuläßt.

Ich erhebe natürlich keinen Anspruch darauf, daß dieser einzelne Texte für sich genommen irgend etwas beweist. Noch würde die folgende Zahl allein etwas beweisen, die von Ausonius, einem Professor für Rhetorik und späteren Konsul, für das Gut angegeben wird, das er in der Mitte des 4. Jahrhunderts in der Nähe von Bordeaux erbte: ungefähr 50 ha Ackerland, halb soviel an Weinbergen, Weideland und über 160 ha Wald[27]. Jedoch tauchen Landgüter dieser Größenordnung im archäologischen Befund

* Nichts ist aufschlußreicher an unserem Quellenmaterial als die Tatsache, daß wir praktisch nichts über die Vermarktungsmethoden wissen, die von den Grundbesitzern angewandt wurden.

[26] Siehe Kap. 2, Anm. 10, und die dortigen Literaturangaben. Das Folgende basiert auf den sorgfältigen Berechnungen von Duncan-Jones.

[27] Die Zahlen finden sich in seinem kurzen Gedicht *De herediolo* (»Über meine kleine Erbschaft«); siehe die Untersuchung von M. K. Hopkins, *Social Mobility in the Later Roman Empire. The Evidence of Ausonius*, Classical Quarterly N.F. 11, 1961, S. 239–49, hier S. 240–43.

Galliens häufig auf. Diese Zeugnisse können nun mit dem in Verbindung gebracht werden, was ich im vorhergehenden Kapitel über die pompejanischen Weinberge gesagt habe und die Söhne von Freigelassenen, die den Status der lokalen Aristokratie erreichten, oder damit, daß Landbesitz die Basis für diese (kuriale) Klasse in den Städten im gesamten Reich war. Wenn man das im Zusammenhang sieht, scheint folgende Hypothese begründet: Im frühen Kaiserreich und noch in weiten Gebieten in der späten Kaiserzeit gab es ein beachtlich breites Spektrum des Umfanges von Landbesitz vom Bauern bis zur obersten Schicht, und insbesondere befanden sich zahlreiche Besitzungen von angenehmer Größe in Händen von Familien, die in den historischen Aufzeichnungen kaum Spuren hinterließen[28]. Ich wage zu behaupten, daß das in den meisten Teilen der antiken Welt zu den meisten Zeiten gleichfalls so war, wenn man verschiedene Begriffe von Annehmlichkeit voraussetzt.

Noch schwieriger ist es sogar, sich ein Bild von der Unterschiedlichkeit unter den Bauern zu machen, doch auch der Vergleich mit anderen Gesellschaften legt das Bestehen eines ganzen Spektrums von verschiedenartigen Bauern nahe. Unter Historikern und sogar unter Soziologen gibt es eine eigentümliche Abneigung, den Begriff »Bauer« zu definieren, und in der englischsprechenden Welt besteht eine Tendenz, den Bauern als eine minderwertige Art Mensch, die man nur in anderen Ländern findet, unbeachtet zu lassen. Ich sage »eigentümlich«, weil der Bauer der üblichste und am weitesten verbreitete Sozialtypus von allen ist, der Mensch, »dessen elementare Sicherung und Existenz darin liegt, daß er gewisse Rechte auf Land und die Arbeit von Familienmitgliedern auf diesem Land besitzt, der aber durch Rechte und Pflichten in ein weitergespanntes ökonomisches System einbezogen ist, das die Teilnahme von Nichtbauern einschließt«[29]. All diese Elemente sind wesentlich; einerseits

[28] Siehe A. Grenier, *Manuel de l'archéologie gallo-romaine*, Bd. 2, 2, Paris 1934, S. 930f. Für andere Beispiele von Landbesitz mittlerer Größe, hauptsächlich von den Inseln der Ägäis und aus Kleinasien, siehe A. H. M. Jones, *Census Records of the Later Roman Empire*, JRS 43, 1953, S. 49–64, die nochmals untersucht sind von Duncan-Jones in M. I. Finley (Hrsg.), *Studies in Roman Property*, Cambridge 1976, Kap. 2.

[29] J. S. Saul und R. Woods in: *Peasants and Peasant Societies*, hrsg. v. T. Shanin, London 1971, S. 105. In seiner Einleitung (S. 14f.) und wiederum S. 240–45 schließt der Herausgeber ausdrücklich auch »die spezielle kulturelle Tradition« und »Menschen untergeordneter Stellung« mit ein. Zweifelsohne sind das »Grundformen«, doch unterschied sich, wie ich bereits betont habe, der klassische

um den Bauern von dem zu unterscheiden, der primitiven Ackerbau und Viehzucht betreibt und nicht in ein »weitergespanntes ökonomisches System« einbezogen ist; andererseits um ihn zu unterscheiden von dem modernen landwirtschaftlichen Familienbetrieb, wo die Familie eher eine »unternehmerische Einheit« als eine Produktionseinheit ist[30]. Diese Definition nun schließt die überwältigende Mehrheit der Bevölkerung der antiken Welt ein, sowohl die freien Kleinbauern wie die an die Scholle gebundenen Bauern, die *coloni*. Strenggenommen paßt sie nicht auf die freien Pächter, die über die Laufzeit ihrer normalerweise kurzen Verträge hinaus kein Recht auf das Land besaßen, aber wie wir sehen werden, gab es in der Praxis etwas Diesbezügliches, wodurch die freie Wahl der Großgrundbesitzer, deren Pächter sie waren, eingeschränkt wurde.

Über die optimale Größe eines Bauernhofs nachzudenken, ist offensichtlich ein sinnloses Vorhaben: es gibt zu viele Variablen. Doch wir wollen als Grundlage einer Erörterung einmal die Ansiedlungen durch Caesar nehmen, zehn *iugera* (2,5 ha) für einen Veteranen mit drei Kindern. Das römische Flächenmaß, das *iugum* (Joch), war die Landfläche, die ein Mann (theoretisch) an einem Tag pflügen konnte. Zehn *iugera* guten Ackerlandes würden genügend Nahrung bringen, um sogar bei Zweifelderwirtschaft eine kleine Familie (aber nicht einen Ochsen zusätzlich) zu ernähren, zumal wenn sie frei von Pachten und Steuern waren[31]. Die Größe der Familie wurde dabei zur Hauptschwierigkeit, erstens einmal weil wenig von der Ernte übrigblieb; zweitens weil zehn *iugera* eine Familie nicht die ganze Zeit beschäftigt halten können; drittens weil nach griechischem und römischem Erbrecht ein Besitz prinzipiell gleichmäßig unter die legitimen Söhne (und manchmal Töchter) aufgeteilt wurde ohne eine Spur von Erstgeburtsrecht; viertens weil ein Bauer die überzähligen Arbeitskräfte nicht entlassen kann. Was Hesiod in seiner charakteristischen Weise im 7. Jahrhundert v. Chr. sagte,

Typ des griechisch-römischen Bauern in dieser Beziehung und gehörte eher in die von Shanin so genannte Klasse der »Randgruppen in analytischer Hinsicht«.

[30] A. Galeski, ibid., S. 122.

[31] Ich nehme den optimalen Fall an, daß die Zuweisungen an die Veteranen ganz aus gutem Ackerland bestanden, was in Wirklichkeit nicht notwendigerweise so war. Übrigens weiß ich nur von zwei Texten, die ausdrücklich von einem Ochsengespann und Saatgut sprechen, die mit der Landzuweisung verbunden waren, und beide Texte stammen aus dem 4. Jahrhundert n. Chr. Zu den früheren Veteranensiedlungen siehe Brunt, *Italian Manpower*, S. 294–297. Die beiden Texte aus dem 4. Jahrhundert sind *Codex Theodosianus* 7, 20, 3 und 7, 20, 8.

blieb für die gesamte Antike gültig: »Nur ein einziger Sohn sollte da sein, um das väterliche Haus zu ernähren; so nämlich vermehrt sich der Wohlstand im Hause. Wenn man aber einen zweiten Sohn hinterläßt, sollte man alt sterben« (Werke und Tage 376–78).

Hohe Raten der Kindersterblichkeit halfen; wenn die Natur versagte, nahm man Zuflucht zu Kindermord und Kindsaussetzung (oft einfach ein Weg, um das gesetzliche Verbot des Verkaufs freier Kinder in die Sklaverei zu umgehen[32]). Eine Erinnerung an letzteres überlebt in dem häufigen Vorkommen von Findlingskindern in den Mythen und Legenden und in der Komödie bei Griechen wie Römern.

Man kann die Auswirkungen kaum überschätzen, die die Tatsache mit sich bringt, daß ein Besitz nur 2 bis 2,5 ha groß ist. Zum Vergleich: in Deutschland waren in den 50er Jahren unseres Jahrhunderts Höfe unter 10 ha fast ausschließlich in Händen älterer Menschen zu finden, von Kriegerwitwen oder Bauern, die gleichzeitig Arbeiter waren[33]. Der geringe Umfang der Bauernstellen in der Antike bedeutete chronische Unterbeschäftigung der Arbeitskraft in Hinsicht auf die Produktion, wenn auch nicht Unterbeschäftigung der Energie, was nicht dasselbe ist. Moderne Untersuchungen zeigen, daß der Einsatz von Arbeitsstunden pro Hektar desto größer ist, je kleiner der Besitz ist. Was kann der Führer eines bäuerlichen Haushalts anderes tun? Da er die Mitglieder seiner Familie nicht fortjagen kann, muß er sie, sofern er sie nicht wegschicken kann, um auf größeren Gütern eine Pacht zu übernehmen, irgendwie zu Hause beschäftigen; in der Fachsprache ausgedrückt, ist sein Ziel, »eher den Input von Arbeit zu maximieren als den Gewinn oder irgendeinen anderen Indikator der Leistung«[34].

Diese eingebaute Leistungsschwäche bedeutete auch, daß man

[32] Siehe J. Biezunska-Malowist, *Die Expositio von Kindern als Quelle der Sklavenbeschaffung im griechisch-römischen Ägypten,* Jahrbuch für Wirtschaftsgeschichte 1971/2, S. 129–33.

[33] S.H. Franklin, *The European Peasantry. The Final Phase,* London 1969, Kap. 2. Was das anbetrifft, beachte man, daß selbst ein athenischer Redner des 4. Jahrhunderts v. Chr. einen Hof von ungefähr 6 ha als klein bezeichnet: Isaios 5, 22.

[34] Franklin, *Peasantry,* S. 1 und 19. Vgl. N. Georgescu-Roegen, *Analytical Economics,* Cambridge/Mass. 1966, S. 371: »In den dreißiger Jahren dieses Jahrhunderts ergaben Untersuchungen, die in mehreren Ländern mit großer Bauernschaft durchgeführt wurden, die erstaunliche Tatsache, daß ein beträchtlicher Teil der Bevölkerung entbehrt werden könnte, ohne daß das Bruttosozialprodukt im mindesten sinken würde.«

sich den Weg zu technologischen oder anderen Verbesserungen verbaute und das existentiell Notwendige vorzog auf Kosten anderer möglicher Wege der Nutzung der Mittel. Mit Plinius dem Älteren (Naturgeschichte 18,187) dürfen wir uns gewiß fragen, wie lange der Besitzer von zehn *iugera* Landes widerstehen konnte, bis er ohne Rücksicht auf die verheerenden Konsequenzen für die Fruchtbarkeit seines Bodens das traditionelle System der Zweifelderwirtschaft durchbrach. Und wir können sicher sein, daß verschiedene Getreidearten angebaut wurden zum Schaden einer Spezialisierung und ihrer Vorteile. Landwirtschaft zur eigenen Ernährung ist ihrer Definition nach nicht marktorientierte Landwirtschaft, ist nicht die Produktion verkäuflicher Ernteerträge. Der typische »Bauernmarkt« war ein Platz, wo Bauern (und zweifelsohne auf dem Dorf lebende Handwerker) aus dem Umkreis von 8 bis 10 km sich trafen, um durch Tausch untereinander die Lücken des Bedarfs zu schließen; wenn alles gut ging, gab es nur wenige Dinge, die ein Bauer nicht selbst verfertigen konnte – eine metallene Pflugschar z. B. Die Armut an Münzfunden in rein landwirtschaftlichen Gegenden ist kein Zufall[35].

Es gab Umstände, die Bauern, und besonders diejenigen, deren Besitz sich an der Obergrenze eines Familienbetriebes befand, ermutigten, sich dem Anbau für den Verkauf zuzuwenden. Ich denke dabei an die Nähe größerer Städte (15 bis 20 km, nicht weiter), internationaler Heiligtümer mit Anziehungskraft für Besucher, die versorgt werden mußten (wie Olympia oder Delphi) oder die Nähe von mehr oder weniger auf Dauer angelegten Militäranlagen. Ich habe jedoch den Verdacht, daß derart gelegener guter Boden die wohlhabenderen Grundbesitzer angezogen haben könnte, wie die von Varro (De re rustica 1, 16, 3) erwähnten Besitzer von Landhäusern mit ihren Spezialprodukten. Es scheint mir, daß diejenigen, die den Bedarf der Städte, des Militärs und der Heiligtümer deckten, normalerweise eher in dieser Schicht zu finden waren als unter den Bauern[36]. In dem einleitenden Selbstgespräch der *Acharner* des Aristophanes beklagt sich der Protagonist über das Stadtleben, zu dem er zeitweise in den ersten Jahren des Peloponnesischen Krieges eines plündernden

[35] Siehe M. Crawford, *Money and Exchange in the Roman World*, JRS 60, 1970, S. 40–48, besonders S. 43ff.

[36] Ich lasse solche am Rande liegenden Gebiete außer acht wie das unfruchtbare Hügelland im nördlichen Syrien, wo in der römischen Kaiserzeit durch Bauern, deren Status nicht bekannt ist, eine Oliven-Monokultur entwickelt wurde: G. Tchalenko, *Villages antiques de la Syrie du nord*, 3 Bde., Paris 1953.

spartanischen Heeres wegen gezwungen war. Von seinem Platz in der Volksversammlung hoch oben auf der Pnyx hält er Ausschau nach seinem Hof in Acharnai und sehnt sich nach seinem Dorf, wo »es niemals heißt, ›kauf Kohle, Essig, Öl‹, wo das Wort kaufen unbekannt ist«. Ohne Zweifel ist das die Übertreibung eines Dichters, aber sicher nicht die Witzelei eines Komödienschreibers.

Es überrascht nicht, daß sich der Bauer der Antike immer am Rande des Existenzminimums befand. Cato gab seinen angeketteten Sklaven mehr Brot als das, worauf der durchschnittliche Bauer im griechisch-römischen Ägypten als tägliche Ration rechnen konnte[37]. Die einzig übliche Quelle für Nebeneinnahmen der Bauern war Saisonarbeit auf den benachbarten größeren Gütern, besonders zur Erntezeit: die römischen Agrarschriftsteller nehmen an, ja setzen bei allen Berechnungen voraus, daß eine solche Reserve an Arbeitskräften vorhanden ist. Darüberhinaus waren in einer vorindustriellen Gesellschaft die Möglichkeiten für zeitweise Beschäftigung gering und unzuverlässig. Die athenische Flotte im 5. und 4. Jahrhundert v. Chr. war die große Ausnahme und ist der Schlüssel dazu, daß Athen während dieser ganzen Periode von agrarischen Schwierigkeiten verschont blieb. Vielleicht waren die römischen Heere, als sie noch nicht zu langem Dienst außerhalb Italiens gezwungen waren, eine andere Ausnahme, aber sicher eine weniger deutliche.

Hier liegt ein tiefer Widerspruch. Je freier der antike Bauer im politischen Sinne war, desto bedrohter war seine Stellung. Der Klient der archaischen Zeit oder der *colonus* der späten Kaiserzeit mag vielfach unterdrückt gewesen sein, aber er war durch seinen Herrn auch vor Enteignung geschützt, vor dem harten Schuldrecht und vor allem vor dem Militärdienst (der so oft zur unvermeidlichen Vernachlässigung des Hofes und am Ende zur Enteignung führte[38]). Der vollständig freie Bauer genoß keinen Schutz vor einer Serie von Mißernten, vor dem Zwang zum Militärdienst, vor den endlosen Plünderungen in Kriegen und Bürgerkriegen. Daher die wechselvolle Geschichte des Verhaltens der Bauern, das von den Forderungen nach Land, die der schon im frühen 8. Jahrhundert v. Chr. einsetzenden großen griechischen Kolonisation vorangingen, bis zur »Besetzung« von ungenutztem oder verlassenem öffentlichen oder zu einem Tem-

[37] Siehe die Zahlen bei D. J. Crawford, *Kerkeosiris*, Cambridge 1971, S. 129ff.

[38] Der unheilvolle Einfluß des Militärdienstes auf die Bauernschaft ist eines der Hauptthemen von Brunt, *Italian Manpower*, siehe seine zusammenfassenden Bemerkungen S. 130, 155.

pel gehörigen Landbesitz reichte[39], bis zu Landflucht in Richtung auf die Städte oder dem offenen Aufstand; und am Ende kam es dazu, daß man den Status der Abhängigkeit akzeptierte, der im Laufe der römischen Kaiserzeit zur Regel wurde. Alles in allem eine Geschichte, die leider noch geschrieben werden muß.

Die Tatsache, daß Großgrundbesitzer im wesentlichen gegen Krisenzustände immun waren, war eher eine Folge der Größe ihrer Besitztümer und ihrer Reserven sowie zu manchen Zeiten, wenn auch nicht immer, des ständigen Zuflusses an Reichtum aus ihren politischen Vorrechten, als eine Folge qualitativ unterschiedlicher Lösungen gegenüber den Problemen und bei der Nutzung der Möglichkeiten in der Landwirtschaft. Die Familie und die Erbfolge spielten in ihrem Leben dieselbe Rolle. Sie hatten einen »bäuerlichen« Ehrgeiz zur Selbstversorgung auf ihren Gütern, wie extravagant sie auch in ihren Ausgaben in der Stadt gewesen sein mochten. Ihnen waren in gleicher Weise die Hände gebunden durch eine beschränkte und kaum sich weiterentwickelnde Technologie mit der Zweifelderwirtschaft als Grundlage und durch die hohen Kosten des Landtransports. Auf diese Punkte muß ausdrücklich hingewiesen werden, da sie immer wieder von modernen Gelehrten bestritten werden, und zwar nicht so sehr anhand der Quellen als aus psychologischen Gründen, aus dem Unglauben heraus, daß Griechen und Römer so unfähig gewesen sein sollen, »einfache« Verbesserungen durchzuführen. Es gab Verbesserungen der einen oder anderen Art im Laufe der Antike, besonders in der klassischen römischen Zeit bei Trockenlegung und Bewässerung, bei Geräten und Mühlsteinen, bei der Auswahl des Saatguts. Doch es waren nebensächliche Veränderungen, denn wie der führende heutige Sachverständige für römische Landwirtschaft es zusammenfaßt, »blieben die Arten der Bodennutzung, die Methoden der Bestellung unverändert. Wie in der Industrie der Antike wurden neue Aufgaben durch die Übertragung alter Techniken gelöst.«[40] Aber es ist nichts Geheimnisvolles an dieser »Stagnation«, es gibt

[39] Der am besten bekannte Fall ist das Land, das zwei Heiligtümern in Heracla im südlichen Italien gehörte; siehe dazu als neuestes A. Uguzzoni und F. Ghinatti, *Le tavole greche di Eraclea*, Pubblicazioni del Istituto di Storia Antica, Univ. di Pavia 7, 1968.

[40] K. D. White, *Roman Farming*, London 1970, S. 452; siehe die Rezension dazu von P. A. Brunt, JRS 62, 1972, S. 153–58. Vgl. A. Jardé, *Les céréales dans l'antiquité grecque*, Paris 1925, S. 194: »Die griechische Landwirtschaft ganz allgemein und im besonderen der Anbau von Getreide änderten sich kaum in historischer Zeit. Es ist lediglich eine Illusion ... wenn einige den griechischen Ackerbau als ständig im Fortschritt begriffen beschrieben haben.«

keinen ernsthaften Grund für Zweifel: hohe Einkommen, Abwesenheit des Besitzers und damit verbunden der Glaube an ein Leben voll Muße, an Landbesitz als Nichtberuf, die Verpachtung und Unterverpachtung in zersplitterten Einheiten – all das führte dazu, daß jede Suche nach radikalen Verbesserungen abgeblockt wurde[41].

Was das Ziel der Selbstversorgung anbetrifft, so war das weder ein »archaisierendes« Werturteil (z. B. eines Plato) noch einfach ein Witz des Trimalchio. Auf diesem Niveau haben wir es natürlich mit Gütern zu tun, die um ihres Einkommens an barem Gelde willen bewirtschaftet wurden, nicht zur eigenen Versorgung. Im Rahmen des Gewinnstrebens lag auch das Bemühen, bare Ausgaben für den Ankauf von Rebstöcken, Viehfutter, Wein oder für alles andere zur Bebauung des Bodens und Erhaltung der Arbeitskräfte Notwendige zu vermeiden. Es war nichts Archaisches oder Ruchloses an Menschen, die Vorräte hamsterten, weil sie höhere Preise vorausahnten oder erhofften; die sich zu der Empfehlung herabließen, verbrauchtes Vieh und Sklaven, alte Wagen, abgelegte Geräte, gebrechliche Schafe und kranke Sklaven zu verkaufen. Cato schloß seine Ermahnung mit einer Maxime (De agricultura 2, 7): »Ein *paterfamilias* soll ein Verkäufer, kein Einkäufer sein.« Das war weniger ein moralisches Urteil als ein ökonomisches (in unserem Sinne), obwohl ich bezweifle, daß Cato da einen sehr genauen Unterschied gemacht hätte. Ein langer Absatz aus einem russischen Roman des 19. Jahrhunderts ist im engeren Sinne kein Beleg für antike Denkweise, aber ich frage mich, ob die psychologische Einstellung tatsächlich so unterschiedlich war, daß es mir nicht erlaubt sein sollte, ein Stück davon zu zitieren: »Mit jedem Ding, das nicht im Hause erzeugt wurde, sondern käuflich erworben werden mußte, gingen die Oblomower überaus geizig um. Sie schlachteten mit Freude eine vorzügliche Truthenne oder ein Dutzend Küklein, um einen Gast zu bewirten, taten jedoch keine Rosine zuviel ins Essen und erbleichten, wenn der nämliche Gast eigenmächtig auf den Gedanken verfiel, sich ein Glas Wein einzuschenken. Im übrigen kam eine solche Lasterhaftigkeit dort fast nie vor ... Überhaupt gab man dort nicht gerne Geld aus, und so unerläßlich ein Ding

[41] In meinem Aufsatz *Technical Innovation and Economic Progress in the Ancient World,* Economic History Review 2. F. 18, 1965, S. 29–45, habe ich versucht, das zu untersuchen. Vgl. H. W. Pleket *Technology and Society in the Graeco-Roman World,* Acta Historiae Neerlandica 2, 1967, S. 1–25, ursprünglich veröffentlicht auf holländisch in Tijdschrift voor Geschiedenis 78, 1965, S. 1–22.

auch sein mochte, das Geld dafür wurde stets mit dem größten Bedauern hingezählt, auch dann, wenn die Ausgabe ganz unbedeutend war. ... für irgend etwas, selbst das Allernotwendigste, plötzlich zweihundert, dreihundert, fünfhundert Rubel auszugeben, wäre ihnen fast wie ein Selbstmord erschienen. Als der alte Oblomow hörte, daß ein benachbarter junger Gutsbesitzer nach Moskau gefahren sei und dort für ein Dutzend Hemden dreihundert Rubel, für ein Paar Stiefel fünfundzwanzig Rubel und für eine Weste zur Hochzeit vierzig Rubel gezahlt habe, bekreuzigte er sich und sagte mit entsetzter Miene, sich in den Worten verheddernd, daß man einen solchen Burschen ins Zuchthaus sperren müsse.«[42]

Der moralische Unterton ist klar erkennbar, und man muß voll berücksichtigen, daß zu unterscheiden ist zwischen einem führenden römischen Senator, der in der Hauptstadt wohnt und dort politisch aktiv ist, und dem niederen russischen Adel, der sich auf seinen Gütern vergräbt. Was mich interessiert, ist jedoch ein anderer Aspekt. Er wird von dem Romanschriftsteller, der zu einem Zeitpunkt des Übergangs zwischen zwei Lebensweisen in Rußland schrieb, herausgestellt, als er diesen Absatz folgendermaßen beendete: »Überhaupt hatten sie keine Ohren für die nationalökonomischen Wahrheiten von der Notwendigkeit eines raschen und lebhaften Kapitalumlaufs, von gesteigerter Produktion und weniger Ware.« Cato war nicht etwa solchen »ökonomischen Wahrheiten« unzugänglich, sondern er hat nie davon gehört. In seiner Welt gab es niemanden, der sie vortrug oder für sie eintrat. Es fehlten die Verfahren, um die verschiedenen Möglichkeiten durchzurechnen und dann unter ihnen auszuwählen, z. B. die relativen ökonomischen Vorteile von Anbau oder Kauf von Gerste für die Sklaven und den Pfählen für Weinreben; es fehlten die Verfahren, um den relativen Nutzen der einen oder anderen Getreideart unter bestimmten Umständen zu berechnen oder den von Ackerbau gegenüber Viehzucht[43]; die Landbesitzer der Antike, die gerne unabhängig von Käufen auf dem Markt sein wollten, sich für ihren eigenen Bedarf nicht auf andere verlassen wollten, betrieben ihr Geschäft nach Tradition, Brauch und mit

[42] I. A. Gontscharow, *Oblomow*, übers. v. I. Hahn, Frankfurt 1961, S. 119f.

[43] Über die Unzulänglichkeit der Buchführung siehe G. Mickwitz, *Economic Rationalism in Graeco-Roman Agriculture*, English Historical Review 52, 1937, S. 577–89, und ders., *Zum Problem der Betriebsführung in der antiken Wirtschaft*, Vierteljahresschrift für Sozial- und Wirtschaftsgeschichte 32, 1939, S. 1–25; G. E. M. de Ste. Croix, *Greek and Roman Accounting*, in: *Studies in the History of Accounting*, hrsg. v. A. C. Littleton und B. S. Yamey, London 1956, S. 14–74.

Faustregeln, und eine solche Regel war, daß »der *paterfamilias* ein Verkäufer, kein Einkäufer sein soll«[44].

Ein berühmtes Beispiel für diese Betrachtungsweise steht in Catos Handbuch (1, 7), wo er der Reihenfolge nach die wichtigsten Produkte eines vorbildlichen Hofes von 100 *iugera* aufzählt: Wein, Gartenfrüchte und Gemüse, Weidenruten, Oliven, Weideland, Getreide, Laub als Viehfutter und Eicheln. Die Stelle ist aus dem falschen Grunde berühmt: sie wird regelmäßig als eine allgemeine Zusammenfassung der tatsächlichen Verhältnisse der Landwirtschaft in Italien im 2. Jahrhundert v. Chr. zitiert, während man sie doch als Beweis für die Absurdität dessen anführen sollte, was als ökonomische Analyse in den antiken Quellen angesehen wird. Ich brauche die schwachen Punkte wohl kaum aufzuzählen: keine Berücksichtigung der Lage des Hofes im Hinblick auf verfügbare Absatzmärkte oder Exportmöglichkeiten, nichts über die Bodenbeschaffenheit außer dem einzigen Satz: »wenn der Wein gut ist oder der Ertrag hoch«, keine Kostenrechnung auch nur elementarer Art*.

Nicht jeder war wie Cato. Es gab andere Beobachtungen zu der optimalen Verwendung des Bodens und zu seinen Produkten, doch diese waren sozial und politisch orientiert, nicht wirtschaftlich. Da war das Vorgehen des Perikles, die gesamte Produktion als Ganzes zu veräußern, um sich selbst vollständig für seine politische Tätigkeit freizustellen. Da war der anfängliche politische Rivale des Perikles, Kimon, von dem uns Aristoteles berichtete (Staat der Athener 27, 3–4), daß er »viele Angehörige seines Demos unterstützte; denn wer wollte, durfte jeden Tag zu ihm kommen, um den täglichen Bedarf zu empfangen. Dazu noch waren alle seine Ländereien nicht umzäunt, so daß jeder, der wollte, von seinen Früchten genießen konnte.« Das war eine Vorstufe des hochentwickelten Klientelwesens der letzten Jahrhunderte der römischen Republik, als Leute wie Pompeius und Ahenobarbus es für vorteilhaft erachteten, große Reserven an Anhängern wegen ihrer Stimmen bei Wahlen und schließlich wegen ihrer Kampfkraft zu unterhalten.

Ich habe es bisher vermieden, von Rationalisierungsmaßnah-

* Ich will nicht sagen, daß Cato hierfür ohne jedes Verständnis war. Im Abschnitt 1, 3 sagt er ja, daß eine gute Wasserversorgung und Zugang zum Meer, einem Fluß oder einer Straße Faktoren sind, die man bei dem Kauf eines Landguts berücksichtigen muß. Es bleibt die Tatsache, daß seine Aufzählung der Anbaumöglichkeiten alles derartige ignoriert, geschweige denn regional unterschiedliche Bodenbeschaffenheit in Betracht zieht.

[44] Siehe auch Varro, De re rustica 1, 22, 1; Plinius, Naturalis historia 18, 40.

men zu sprechen, nicht weil es keine gab, sondern weil sie meiner Ansicht nach unbedeutend waren, wenn ich auch zugeben muß, daß die Grundlage für jede Schlußfolgerung auf schwachen Beinen steht. Unter den Bedingungen der Antike bedeutete die Arrondierung von Besitzungen zu großen zusammenhängenden Landstrichen nicht automatisch Rationalisierung, zumal nicht dort, wo Sklaven die hauptsächlichen Arbeitskräfte waren. Man hat, auf Grund von Hinweisen in den Werken der Agrarschriftsteller und Feldmesser, Anlaß zu glauben, daß sie ein Gut von 200 *iugera* für die optimale Größe eines Besitzes hielten, den ein einzelner Verwalter leiten konnte. Doch konnte man weit größere Besitzungen im Reich finden. Nach Angabe des nüchternen Frontinus, der am Ende des 1. Jahrhunderts n. Chr. schrieb, gab es in Nordafrika private Domänen, die größer waren als die Gebiete von Städten mit so vielen Arbeitskräften, daß sie genügten, ganze Dörfer *(vici)* zu bevölkern, die wie Befestigungen *(in modum munitionum)* die Villa umringten[45]. Und die unterentwickelten Gebiete im Westen standen sicher zur Verfügung für großflächige römische Besiedlung. Das kürzlich ausgegrabene Landgut in Montmaurin nicht weit von Toulouse z. B. umfaßte möglicherweise 1000 ha bebautes Land und wurde von einem einzigen Gebäudekomplex aus geführt, der selbst eine Fläche von 180000 qm bedeckte. Dort lebte der *vilicus* mit seinen Arbeitskräften, offenbar auch der Eigentümer, und dort wurden die Haustiere gehalten, die Ausrüstung und die Produkte gelagert und alle Hilfsdienste ausgeführt. Diese »Villa« war in der Mitte des 1. Jahrhunderts n. Chr. gebaut worden und arbeitete erfolgreich bis zum Ende des 2. Jahrhunderts, als sie durch eine Überschwemmung verwüstet und danach niemals als Einzelbetrieb wiederaufgebaut wurde[46].

[45] *Gromatici veteres*, hrsg. v. C. Lachmann, Berlin 1848, S. 53.

[46] G. Fouet, *La villa gallo-romaine de Montmaurin (Haute-Garonne)*, Gallia Suppl. 20, 1969, S. 32, 43–46, 291. Der Gutshof von Chiragan war möglicherweise sieben- oder achtmal so groß und bot Wohnmöglichkeit für ungefähr 500 Menschen; der von Anthée in der Provinz Namur/Belgien schloß innerhalb einer Umfassung auf einem Gebiet von ungefähr zwölf ha eine Villa und zwanzig weitere Gebäude ein, von denen einige offensichtlich industriellen Zwecken dienten: A. Grenier, *Manuel d'archéologie gallo-romaine*, Bd. 2, 2, Paris 1934, S. 843–58, 888–97. Vor kurzem gemachte Luftaufnahmen des Somme-Beckens im Norden Frankreichs haben gezeigt, daß es dort Hunderte großer, bisher nicht bekannter und auch nicht erwarteter Villen im Abstand von zwei oder mehr Kilometern voneinander gab, die offensichtlich auf Weizenproduktion und Schafzucht angelegt waren: R. Agache, *Détection aérienne de vestiges protohistoriques gallo-romains et médiévaux ...*, Bulletin de la Société de Préhistoire du Nord, Son-

In den Teilen des Reiches, die schon lange besiedelt waren, scheint hingegen die Tendenz zur Anhäufung von Landbesitz nicht Hand in Hand gegangen zu sein mit einer entsprechenden Anstrengung, das Land in größeren Produktionseinheiten zusammenzufassen. Zwar sind einige bemerkenswerte Beispiele zusammengelegter Güter bekannt wie die Massa Calvisiana im südlichen Sizilien, die im frühen 3. Jahrhundert eingerichtet wurde und sich gut 15 km an dem Ostufer des Gela-Flusses entlang erstreckte, doch bestand offenbar keine Abneigung, *massae* und *fundi* aufzuteilen, wenn die Gelegenheit es notwendig machte[47]. Das zeigt, daß man Rationalisierungsmaßnahmen wenig Aufmerksamkeit schenkte, und ich glaube, daß die verstreuten Besitzungen des Herodes Atticus die im allgemeinen übliche Situation repräsentierten. Zwei wohlhabende Klienten des jungen Cicero, zu einem früheren Zeitpunkt also, besaßen zahlreiche Landwirtschaftsbetriebe, von denen jeder als eine unabhängige Produktionseinheit betrieben wurde: der Besitz des Aulus Caecina schloß sogar zwei nebeneinanderliegende, aber getrennt geführte Höfe ein, von denen zumindest einer verpachtet war; Sextus Roscius aus Ameria im äußersten Süden Umbriens besaß dreizehn Einheiten, die alle im Tibertal lagen[48].

Auch können wir nicht darüber hinwegsehen, daß die Autoren dieser Zeit Rationalisierungsmaßnahmen nicht erwähnen. Der frivole Grund Trimalchios für seinen Wunsch, »seine Grundstücke durch Ankäufe in Sizilien zu arrondieren«, mag keinen

derbd. 7, 1970, Kap. 4, sowie die Karten auf den Tafeln 185f. Zu den größeren Besitzungen in Britannien siehe S. Applebaum, in: *The Agrarian History of England and Wales,* Bd. 1, 2, hrsg. v. H.P.R. Finberg, Cambridge 1972, S. 240–44, 266f. Das Wort »Villa« hat seine besondere Bedeutung verloren, wie es von Archäologen und Historikern verstanden wird (und hatte sie schon bei den Römern verloren: Varro, De re rustica 3, 2), doch im vorliegenden Zusammenhang ist eindeutig, was gemeint ist.

47 Siehe D. Adamesteanu, *Due problemi topografici del retroterra gelese,* Accad. Naz. dei Lincei, Rendiconti della Classe di scienze morali 8. R. 10, 1955, S. 198–210; P. Orlandini, *Lo scavo del thesmophorion di Bitalemi e il culto delle divinità ctonie a Gela,* Kokalos 12, 1966, S. 8–35; M. I. Finley, *Ancient Sicily to the Arab Conquest,* London/New York 1968, S. 158–62.

48 Die wichtigsten Textstellen sind: Pro Aulo Caecina 11. 21. 94 sowie Pro Sexto Roscio Amerino 20. Cicero nennt das einzelne Landgut wiederholt *fundus* (z.B. De oratore 1, 58, 249). Es handelt sich dabei um einen Terminus technicus für eine Wirtschaftseinheit; siehe A. Steinwenter, *Fundus cum instrumento,* Sitzungsber. Akad. Wiss. Wien, Phil.-hist. Kl. 221/1, 1942, S. 10–24. Noch ein weiteres Beispiel, die weitverstreuten Landgüter der vielleicht reichsten Familien im Antiochia des 4. Jahrhunderts n. Chr., möchte ich nennen; siehe J.H.W.G. Liebschuetz, *Antioch ... in the Later Roman Empire,* Oxford 1972, S. 42 sowie Anm. 2.

Schluß zulassen, doch einen von Plinius' Briefen (3, 19) kann man nicht so leicht beiseiteschieben. Ein Landgut, das einem seiner Besitzungen in Umbrien benachbart lag, stand infolge schlechter Führung durch den Besitzer und seine Pächter zu einem günstigen Preis zum Verkauf. Plinius dachte daran, es zu kaufen. Der hauptsächliche Vorteil wäre, wie er schreibt, der des Angenehmen *(pulchritudo)*. Außerdem gäbe es da praktische Vorteile: man könne die beiden Besitzungen mit einer Reise besichtigen, beide könnten der Aufsicht eines einzigen Prokurators (Oberaufseher) und vielleicht sogar eines einzigen *actor* (Verwalter) unterstellt werden, nur ein Landhaus müßte so unterhalten werden, daß es für den gelegentlichen Besuch eines Senators angemessen war. Die Nachteile, fügte er hinzu, seien die Risiken, die es bedeute, zwei Besitzungen denselben »Launen des Geschicks« *(incerta fortunae)* zu unterwerfen, z. B. dem Wetter.

Was rätst du mir? war die Frage, die Plinius seinem Briefpartner stellte, obwohl er doch keine der Informationen gab, die man erwarten sollte, weder die Größe des Besitzes noch die augenblickliche Pachtsumme nannte, noch Genaues über die Produkte. Die erwarteten Vorteile waren weitgehend psychologischer Natur. Abgesehen von den Verwaltern ist da mit keinem Wort von möglichen Rationalisierungsmaßnahmen die Rede, die der Zusammenlegung zweier nebeneinanderliegenden Besitzungen folgen könnte oder würde. Und schon gar nicht wird erwogen, die Produktion z. B. auf mehr Arbeitsteilung oder stärkere Spezialisierung hin zu reorganisieren oder die Arbeitskräfte produktiver einzusetzen.

Anleitung und Kontrolle der Arbeit war ein häufig auftauchendes Thema in der gesamten antiken Literatur, die sich mit Gutsverwaltung beschäftigte (selbst bei Verpachtung). Das war offensichtlich so im Hinblick auf die Tatsache, daß der typische Großgrundbesitzer nicht auf dem Lande wohnte. Ausschlaggebend war jedoch mehr die Ehrlichkeit der Arbeitskräfte, ihre Ehrlichkeit in dem vollen Einsatz ihrer Arbeitszeit und dem Umgang mit Geld und Gut, als die Verbesserung der Arbeitsqualität und des Nutzens der Arbeitskräfte durch bessere Anbaumethoden oder durch die Einführung arbeitsparender Maßnahmen. Dies sind die Gesichtspunkte eines Polizisten, nicht eines Unternehmers. Die moderne Wissenschaft zeigt, daß »Großgrundbesitz, wo der Besitzer nicht auf dem Besitz wohnt, garantiert, daß die herkömmlichen Methoden der Landwirtschaft strikt eingehalten werden, auch wenn sie veraltet sein mögen.«[49] Herkömmliche Methoden ließen technische *Verfeinerungen* zu[50] – das muß wiederholt gesagt werden –, aber damit hörte es normalerweise auf. Daher war Rationalisierung keine realistische Möglichkeit für gerade die Leute, deren Besitzungen theoretisch groß genug waren und weiter wuchsen.

Verpachtung, die oft erörterte Alternative zu den *latifundia*, die mit Sklaven betrieben wurden[51], war in dieser Beziehung noch schlimmer, da kurze Laufzeiten und die Generationenfolge der Familien nachteiligen Einfluß hatten. Wer waren schließlich die Pächter? Einzelne Pachtgüter als große Einheiten kennt man, von Ausnahmen abgesehen, nur bei Staatsland. Insbesondere waren das die Domänen der römischen Kaiser in Afrika, die allerdings in kleine Parzellen weiter unterteilt wurden, so daß die Hauptpächter nicht nach dem Buchstaben des Gesetzes, aber doch dem Sachverhalt nach eher Vertreter und Verwalter des Kaisers waren als Landwirte im großen Stile. Auf Grund der nordafrikanischen Domänen allgemeingültige Feststellungen zu treffen, wie es verbreitet üblich geworden ist, heißt demnach die Situation in Italien und Sizilien, in Griechenland und dem helle-

[49] E. Feder, *Latifundia and Agricultural Labour in Latin America*, in: *Peasants and Peasant Societies*, hrsg. v. T. Shanin, London 1971, S. 83–97, hier S. 88.

[50] Siehe die von G. Drachmann, *Ancient Oil Mills and Presses*, Kopenhagen 1932, zusammengestellten Quellen.

[51] Zum Folgenden siehe jetzt mein *Private Form Tenancy in Italy before Diocletian*, in: M. I. Finley (Hrsg.), *Studies in Roman Property*, Cambridge 1976, Kap. 6. Ich zögere nicht, die Bezeichnung *latifundia* allgemein für »große Landgüter« zu verwenden, wie es meiner Meinung nach auch die Römer selbst taten, und ich tue das unbeschadet der Versuche, die unternommen wurden, dem Wort eine ganz spezielle Bedeutung zu unterstellen, z. B. seitens K. D. White, *Latifundia*, in: H. Schneider (Hrsg.), *Zur Sozial- und Wirtschaftsgeschichte der späten römischen Republik*, Darmstadt 1976, S. 311–47; oder von R. Martin, *Pline le jeune et les problèmes économiques de son temps*, REA 69, 1967, S. 62–97, sowie wiederholt in *Recherches sur les agronomes latins et leurs conceptions économiques et sociales*, Paris 1970, und zwar auf der Basis von aus der Luft gegriffenen Berechnungen der Größe von Landgütern (s. o. Anm. 7). Die allzu oft zitierte Bemerkung des älteren Plinius (Naturalis historia 18, 35), daß »die *latifundia* Italien zugrunde richten«, ist nicht mehr als eine archaisierende Moralpredigt (vgl. aus der gleichen Zeit Seneca, De beneficiis 7. 10, 5, wo das Wort *latifundia* zufällig nicht gebraucht wird), eine Klage über den Verlust römischen Bauerntums und darüber, daß die einfache, gute alte Zeit vergangen sei. Ich kann in diesen Texten nichts finden von einer ernsthaften Diskussion über Möglichkeiten, sich für intensive Ausbeutung des Bodens in großem Stil oder kleinere Einheiten zu entscheiden. Anders als Martin, *Pline le jeune*, S. 67, halte ich das Zögern des jüngeren Plinius angesichts des Risikos, zwei Güter zu besitzen, die den gleichen Wettereinflüssen unterlagen, nicht für ernst gemeint.

nistischen Osten, vielleicht auch in Spanien und Gallien, verfälschen (wie es am anderen Ende der Skala falsch ist, vom ägyptischen Fellachen der ptolemäischen oder römischen Zeit her eine allgemeingültige Aussage zu machen). Das benachbarte Landgut, dessen Kauf sich Plinius überlegte, war (schlecht) bewirtschaftet worden von Pächtern (im Plural), und das war sicher das in klassischer Zeit Übliche für privates Land. Es war weitgehend eine Frage dessen, was zu Gebote stand: man konnte nicht nach Rom oder in eine beliebige andere größere Stadt fahren und einfach Leute finden, die finanziell und ihren Fähigkeiten nach in der Lage waren, große Pachtgüter zu übernehmen. Der normale Pächter war ein Mann mit geringen Mitteln und ohne eigenes Land, ein gescheiterter Bauer, ein »überzähliger« Bauernsohn oder ein enteigneter Bauer wie Ofellus bei Horaz (Satiren 2, 2) – und so dachte er notwendigerweise in bäuerlichen Vorstellungen eines Familienbetriebes, daher die Bezeichnung *patres* des Horaz (Briefe 1, 14, 3) für seine eigenen Pächter[52].

Auf größeren Pachtgütern blieb die kurzfristige Verpachtung ein Hindernis für Verbesserungen oder Rationalisierungsmaßnahmen. Ein besonders drastisches Beispiel geben die zwanzig Güter auf Delos und zwei nahegelegenen Inseln, die dem Heiligtum des Apollon gehörten. Das waren relativ große Einheiten, die an wohlhabendere Angehörige der delischen Gemeinschaft verpachtet und von Sklaven bewirtschaftet wurden. Das beste dieser Güter brachte im günstigsten Zeitraum die hohe Pacht von 1650 Drachmen pro Jahr ein. Doch der Vertrag wurde auf zehn Jahre geschlossen, und die genauen Belege über den langen Zeitraum von 313 bis 170 v.Chr. zeigen folgendes: Obwohl der Pachtvertrag von dem Pächter erneuert werden konnte, taten die Pächter nur das, was von ihnen verlangt wurde, d.h. sie gaben den Besitz mit genau derselben Zahl von Olivenbäumen, Feigen-

[52] Das Landgut des Horaz im Sabinerland, ein Geschenk des Maecenas, war folgendermaßen unterteilt: Ein Stück Landes bewirtschaftete er selbst mit einer Gruppe von acht ständig dort beschäftigten Sklaven und einem weiteren Sklaven als Aufseher; fünf weitere Parzellen waren verpachtet; siehe dazu kurz W.E. Heitland, *Agricola*, Cambridge 1921, S. 215f. Das Gut brachte Horaz ein ausreichendes Einkommen, um in Rom anständig, wenn auch nach den zeitgenössischen Vorstellungen der Oberschicht in bescheidenem Rahmen zu leben. Er war noch nicht einmal als adliger Landbesitzer anzusprechen, und es ist auch ein erstaunliches Mißverständnis, wenn Rostovtzeff, *Wirtschaft und Gesellschaft im römischen Kaiserreich*, 2 Bde., Leipzig 1929, Bd. 1, S. 54 schreibt, Horaz gehöre »also zur selben Kategorie von Grundbesitzern wie die Veteranen«.

bäumen und lebendem Inventar zurück, die sie empfangen hatten, mit nicht mehr und nicht weniger[53]. Auf zehn Jahre befristete Pachtverträge stehen einem Anreiz zu Verbesserungen entgegen, sogar bei Gütern dieser Größe und ganz sicher bei den kleineren, typischeren Familienbesitzungen. Bei Vorhaben zur Urbarmachung von Boden überwand man eine der Schwierigkeiten normalerweise dadurch, daß man zu zeitlich unbegrenzter Verpachtung überging, besonders auf den kaiserlichen Besitzungen, doch die Neigung zu kleinen Familienparzellen verhinderte auch bei ihnen bald eine Fortentwicklung.

Somit kommen wir auf die fundamentale Frage nach den Entscheidungsmöglichkeiten zurück, die in der vorliegenden Untersuchung wiederholt gestellt worden ist. Ich zweifle nicht, daß z.B. Columella trotz der Grenzen, die ihm gesetzt waren, die einfache arithmetische Berechnung durchgeführt haben könnte, die notwendig war, um die Möglichkeit von Einsparungen durch erhöhte Ausnutzung zu erkennen. Das Problem war, in anderen Worten, kein intellektuelles. In moderner Fachsprache: der »Grenzwert im Spektrum der Flächengröße landwirtschaftlicher Betriebe« ist bestimmt durch eine Kombination sozialer und ökonomischer Faktoren, bei deren Fehlen das Rechnerische bedeutungslos wird[54]. Die mächtige Stellung des bäuerlichen Haushalts, die Einstellung gegenüber Arbeit und Führung, die geringe Bedeutung städtischer Märkte, die zufriedenstellenden Gewinne des bestehenden Systems der Landwirtschaft, vielleicht die Schwierigkeiten, die in der Organisation der Führung einer sehr großen Zahl von Sklaven lag – ein Thema, dessen Untersuchung konkret anhand antiker Quellen noch weniger möglich ist als die des Nutzens der Sklavenarbeit –, all das konnte gegen eine Veränderung ins Feld geführt werden. Trotz aller Klagen des Plinius über den Ärger mit Pächtern, deren Schwierigkeiten leicht genug

[53] Siehe J.H. Kent, *The Temple Estates of Delos, Rheneia, and Mykonos*, Hesperia 17, 1948, S. 243–338.

[54] Siehe P.A. David, *The Mechanization of Reaping in the Ante-Bellum Midwest*, in: *Industrialization in Two Systems. Essays ... Alexander Gerschenkron*, New York 1966, S. 3–39, wieder abgedruckt in B.W. Fogel und S.L. Engerman (Hrsg.), *The Reinterpretation of American Economic History*, New York 1971, S. 214–27. Ein großer Teil der gegenwärtigen Diskussion über die »Gallische Mähmaschine« der Antike scheint mir die Bedeutung des Gedankens eines solchen Grenzwerts zu übersehen; siehe K.D. White, *The Economics of the Gallo-Roman Harvesting Machines*, in: *Hommages à Marcel Renard*, Bd. 2, Brüssel 1969, S. 804–09; ders., *Agricultural Implements of the Roman World*, Cambridge 1967, Kap. 10.

zu verstehen sind: *ihm* »fehlt nie Geld in diesen Jahren«[55], noch seinesgleichen. Seinen Brief über das Gut in Umbrien beendet er folgendermaßen: »Du fragst, ob ich eben diese drei Millionen leicht aufbringen könnte. Gewiß, fast mein ganzes Vermögen liegt in Grundbesitz fest, dennoch habe ich einiges Geld gegen Zinsen ausgeliehen, und es wird nicht schwierig sein, ein Darlehen aufzunehmen. Ich kann auch Geld von meiner Schwiegermutter bekommen, über deren Kasse ich nicht weniger verfüge als über meine eigene.«

Wieder einmal wollen wir uns an Trimalchio wenden, um die reine Wahrheit zu erfahren. Das großartige Gastmahl wird plötzlich durch die Ankunft eines Sekretärs unterbrochen, der den Tagesbericht für den 26. Juli verliest: auf dem Landgut bei Cumae seien 70 Sklavenkinder geboren worden, 500 Ochsen abgerichtet, ein Sklave sei wegen Lästerung gekreuzigt worden, und »zehn Millionen Sesterzen, die nicht angelegt werden konnten, wurden in die Kasse eingezahlt« (Satyricon 53, 3). Für diejenigen, mit deren Status Trimalchio sich identifizierte, gab es drei Möglichkeiten, ihren Reichtum anzulegen: in Land, in kurzfristigen zinstragenden Darlehen, oder man hatte eine Geldkassette. Natürlich müssen wir sehen, daß das übertrieben ist: Es gab auch Reichtum, der in Schiffen, Mietshäusern in der Stadt, Warenhäusern, Handwerkssklaven und Rohmaterialien angelegt war, doch repräsentierte das nur einen kleinen Bruchteil des Reichtums der Führungsschicht und führte zu keinem wesentlichen Unterschied im »ökonomischen« Denken.

Demnach spricht man von der »Investition ihres Kapitals« und von Grund und Boden als der »bevorzugten Investition«[56]. Diese Ausdrucksweise enthält manches Wahre, aber es ist weder die ganze Wahrheit noch die alleinige Wahrheit, weil dem modernen Leser kein Eindruck davon vermittelt wird, daß in der Bevorzugung ein sehr entscheidendes nichtwirtschaftliches Element enthalten ist. Zuerst einmal fehlt die Vorstellung der Amortisation vollständig[57]. Als Demosthenes, der athenische Redner des

[55] A. N. Sherwin-White, *The Letters of Pliny. A Historical and Social Commentary*, Oxford 1966, S. 258.

[56] Der Verfasser wendet sich hier gegen eine allzu freizügige Verwendung moderner Begriffe in der gebräuchlichen englischen Übersetzung der Briefe des Plinius und bezeichnet des weiteren den Kommentar Sherwin-Whites zu der diskutierten Stelle 3, 19 als eigenartig und unverständlich (Anm. d. Übers.).

[57] Siehe G. Mickwitz, *Zum Problem der Betriebsführung in der antiken Wirtschaft*, Vierteljahresschrift für Sozial- und Wirtschaftsgeschichte 32, 1939, S. 1–25, hier S. 21 f. Es ist erstaunlich, daß Mickwitz, der in so ausgezeichneter Weise die

4. Jahrhunderts v. Chr., volljährig wurde, strengte er einen Prozeß gegen seine Vormünder an, um seine Erbschaft zurückzuerhalten. Für das Gericht machte er eine Aufstellung des Besitzes, der im Testament seines Vaters angeführt war, unter zwei Rubriken: 1. die produktiven Anlagen *(energa)* umfaßten 32 oder 33 Sklaven, die als Schwertmacher ausgebildet waren und 3000 Drachmen im Jahr einbrachten; weitere 20 Sklaven, die in der Möbelherstellung beschäftigt waren, 1200 Drachmen jährlich; und 6000 Drachmen, die zu zwölf Prozent ausgeliehen waren; 2. die nichtproduktiven Anlagen: Rohmaterialien im Werte von 15 000 Drachmen, die beim Tode seines Vaters neun Jahre vorher vorhanden gewesen waren, das Haus im Werte von 3000 Drachmen, die Einrichtung und der Schmuck seiner Mutter, 8000 Drachmen in bar in einer Geldkassette im Hause, ein Seekredit von 7000 Drachmen, und 4600 Drachmen, die in zwei Banken und bei einem Verwandten deponiert waren. Das zeigt eine merkwürdige Vorstellung von »Kapital«, und sie wird um so merkwürdiger, wenn man den eigentlichen Anspruch gegen die Vormünder in den Einzelheiten verfolgt. Da werden Amortisation und Wertminderung einfach übersehen, und es werden konstante Zahlen für jährliche Produktion, Gewinnanteil und Einkommen zugrunde gelegt[58]. Dennoch war das ein normales Vorgehen in der Antike, eingeschlossen die Vermischung von persönlichem Besitz, Besitz des familiären Haushalts (der Schmuck seiner Mutter) und Geschäftsmitteln (die Rohmaterialien). Demosthenes hat seinen Prozeß gewonnen.

Mit Absicht habe ich als mein erstes Beispiel eine geschäftliche Angelegenheit aus der Stadt gewählt, wo man weiterentwickelte Buchführung hätte erwarten dürfen. Wenn wir uns jetzt den Text ansehen, der von modernen Historikern regelmäßig als die verläßlichste antike Analyse des landwirtschaftlichen Ertrags in Italien angeführt wird, nämlich das Modell des Weinbergs von

Verhältnisse der Hanse und der italienischen Renaissance als Vergleichsmaterial heranzuziehen wußte, nicht auch die Quellen zur amerikanischen Geschichte in Betracht zog und daher der Meinung war, daß das Vorhandensein von Sklaven an sich schon den Gedanken an Amortisation ausschloß.

[58] Der in erster Linie wichtige Text ist Demosthenes 27, 9–11, es ist jedoch notwendig, die beiden Reden 27 und 28 ganz zu lesen, um den vollen Sinn zu erfassen. Zu den verschiedenen irregeleiteten Versuchen, Demosthenes' Abrechnungen in übliche moderne Geschäftsvorgänge zu verwandeln, siehe F. Oertel, *Zur Frage der attischen Großindustrie,* Rheinisches Museum 79, 1930, S. 230–52, jetzt in: ders., *Kleine Schriften,* Bonn 1975, S. 184–204; J. Korver, *Demosthenes gegen Aphobos,* Mnemosyne 3. R. 10, 1941/2, S. 8–22.

7 *iugera* (1,8 ha), das von Columella, nahezu einem Zeitgenossen des Plinius, beschrieben wird, dann entdecken wir folgendes: obwohl er den Kaufpreis des Bodens mit in Betracht zieht, den des Sklaven, der die Weinreben beschneidet, den Preis der Reben und Stöcke und auch den zweijährigen Verdienstausfall einrechnet, bis die neuen Weinstöcke tragen, vergißt er doch die landwirtschaftlichen Gebäude, die Ausrüstung, das für eigene Zwecke benutzte Land (für Futtergetreide z.B.), die Ernährungskosten seiner Sklaven, die Wertminderung und Amortisation[59]. Die von ihm unterstellte Verzinsung von 34 Prozent ist Unsinn, selbst wenn man wegen seiner polemischen Absicht in jenem Abschnitt Abstriche macht. Wir müssen daraus schließen, daß dies nur eine oberflächliche Schreibtischspielerei war, daß die Großgrundbesitzer allein auf der Basis einfacher empirischer Erfahrung handelten mit massiver Unterstützung durch die sozialpsychologischen Zwänge des Grundeigentums an sich. Plinius berechnete weder, ob das zweite Gut in Umbrien einen höheren Ertrag abwerfen würde als die Darlehen, die er zur Bezahlung des Kaufpreises aufnehmen müßte, noch behauptete er, daß es so sei. Er sprach nur von dem Gewinn des Angenehmen.

Kurz gesagt, Investition in Grund und Boden war in der Antike niemals eine Frage systematischen, berechnenden Vorgehens, eine Frage dessen, was Max Weber ökonomischen Rationalismus nannte[60]. Es gab keine klare Vorstellung von dem Unterschied zwischen Kapitalkosten und Arbeitskosten, keine planvolle Rücklage von Gewinnen, keine langfristigen Darlehen für

[59] Siehe die ins Einzelne gehende Untersuchung bei R.D. Duncan-Jones *The Economy of the Roman Empire. Quantitative Studies,* Cambridge 1973.

[60] Ich muß erläutern, worauf sich meine Äußerungen in den nächsten Absätzen stützen. Es ist kaum glaublich, daß es bisher keine systematische Untersuchung (oder eigentlich überhaupt kaum eine Untersuchung) über Ankauf und Verkauf von Grund und Boden in der Antike gibt, vom Kaufrecht abgesehen, das aber nur von nebensächlichem Interesse ist. Nur was Athen betrifft, fühle ich mich wegen meiner *Studies in Land and Credit in Ancient Athens,* New Brunswick 1952 (Neudr. New York 1973), auf sicherem Boden; für alle anderen Bereiche verlasse ich mich auf meine lange Vertrautheit mit den Quellen und auf das, was man meist in negativer Reaktion schöpfen kann aus Werken wie T. Frank, *An Economic Survey of Ancient Rome,* 6 Bde, Baltimore 1933–40; W.E. Heitland, *Agricola,* Cambridge 1921; G. Billeter, *Geschichte des Zinsfußes im griechisch-römischen Altertum,* Leipzig 1898; E. Ziebarth, *Das griechische Vereinswesen,* Leipzig 1896; F. Poland, *Geschichte des griechischen Vereinswesens,* Leipzig 1903; J. Waltzing, *Etudes historiques sur les corporations professionelles chez les Romains,* 2 Bde, Louvain 1895/6; A.H.M. Jones, *The Later Roman Empire 284–602,* 3 Bde, Oxford 1969.

Produktionszwecke. Die Bedeutung des kurzfristigen Darlehens (wie der kurzfristigen Verpachtung) darf in diesem Zusammenhang nicht überschätzt werden. Die für die Antike von Anfang bis Ende bekannten Beispiele dafür, daß Geld auf Landbesitz für Anschaffungen oder Verbesserungen aufgenommen wurde, kann man an den Fingern abzählen. Eine Anleihe aufzunehmen, bedeutete Unglück (»das vertraute Heim pfänden«). Sie war ein kurzfristiges persönliches Darlehen, das dazu diente, »Lücken in der Versorgung mit dem Notwendigsten zu füllen, die normalerweise infolge einer akuten Notlage auftraten, welche unerwartete Anforderungen an die Reserven des Darlehensnehmers gestellt hatte«[61]. Es handelte sich also nicht um ein überlegtes Mittel zur Geldbeschaffung zu niedrigen Zinssätzen, damit man zu höheren Zinssätzen reinvestieren konnte, wie es die Hauptfunktion der modernen Geschäftsanleihe ist. Unter den vermögenden Leuten waren die genannten Anforderungen entweder familiärer Art (die Mitgift für eine Tochter) oder durch den Lebenswandel bedingt, oder es waren politische Ausgaben. Es konnte sich um eines davon handeln oder um alles zusammen. Manchmal trugen solche Ausgaben hohe Zinsen, wie wir gesehen haben, aber nicht in dem Sinne wie Zinsen auf die Investition in Vermögenswerten.

Es ist demnach nicht verwunderlich, daß es weder einen erkennbaren Immobilienmarkt gab noch den Beruf eines Immobilienmaklers. Die griechische Sprache neigt wie das moderne Deutsch zu der Schaffung zusammengesetzter Substantive, und man hat eine Sammlung von mehr als einhundert bekannten Zusammensetzungen angelegt, die das Wort »Verkäufer« enthalten: »Getreideverkäufer«, »Parfumverkäufer«, komische Erfindungen wie der »Beschlußverkäufer« des Aristophanes. Aber es gibt nicht einen einzigen Beleg für einen »Landverkäufer«, »Häuserverkäufer«, »Immobilienverkäufer«[62]. Es gab auch kein Wort für »Makler«[63]. Und dasselbe gilt für das Lateinische.

[61] Ich zitiere aus H. Sieveking, *Loans, Personal*, in: *Encyclopaedia of the Social Sciences* 9, 1933, S. 561–565, hier S. 561, um auf diese wertvolle kurze Untersuchung der wirtschaftlichen, sozialen und historischen Rolle des persönlichen oder Anschaffungsdarlehens aufmerksam zu machen.

[62] F. M. Heichelheim, *An Ancient Economic History*, 3 Bde., Leiden 1964–70, Bd. 2, S. 66–67 (vgl. F.M. Heichelheim, *Wirtschaftsgeschichte des Altertums*, 2 Bde, Leiden 1938, Bd. 1, S. 810f.).

[63] Liddell-Scott-Jones, *A Greek-English Lexicon*, 9. Aufl. Oxford 1940, übersetzt προπώλης als: »one who buys for another or negotiates a sale, a broker« (= jemand, der für einen anderen etwas kauft oder über einen Verkauf verhandelt, ein Makler). Obwohl von J. Partsch, *Griechisches Bürgerschaftsrecht*, Leipzig/Berlin 1909, und danach auch von anderen gezeigt worden war, daß das falsch ist, ist der

Als Plinius vermutlich im Jahre 109 oder 110 n. Chr. von dem Kaiser Trajan nach Bithynien in Kleinasien geschickt wurde, um die in Unordnung geratenen Finanzen der wohlhabenden Städte jener Provinz in Ordnung zu bringen und der Verschwendung ein Ende zu bereiten, berichtete er (Briefe 10, 54) folgendes, nachdem es ihm gelungen war, in einer Stadt, vermutlich Prusa, beträchtliche Summen einzunehmen: »Ich befürchte, daß sie ungenutzt liegen bleiben. Denn zum Erwerb von Grundstücken bietet sich nie oder nur ganz selten eine Gelegenheit, und es findet sich niemand, der der Gemeinde etwas schulden möchte, zumal gegen neun Prozent, zu welchem Zinsfuß man hier bei Privatleuten Kredit erhält.« Er schlug vor, daß die Stadträte gezwungen werden sollten, sich zu einem niedrigeren Zinssatz Geld zu leihen. Trajan lehnte den Vorschlag sofort als »ungerecht« ab. Drei Dinge sind zu beachten. Das erste ist die vertraute Dreiheit von barem Geld, Land, Darlehen. Das zweite ist, daß weder die Stadt noch der Kaiser etwas Schlechtes darin sahen zuzulassen, daß das Geld stillag. Das dritte ist, daß kein Land zum Ankauf zur Verfügung stand.

Es wird nicht ganz klar, wie Plinius herausfand, daß kein Land zu haben war. Ich schlage als Antwort vor, daß er es durch den in allen Mittelmeergesellschaften verbreiteten Kleinstadtklatsch erfuhr, genauer durch den Klatsch unter ebender Munizipalaristokratie, der er Anleihen aufzwingen wollte. Der römische Ritter Gaius Canius, der ein Ferienhaus in Syrakus kaufen wollte, »ließ bekannt machen« *(dictabat)*, wie Cicero sagt (De officiis 3, 58), daß er kaufwillig sei. Das Gerücht drang bis zu einem örtlichen Bankier vor, der daranging, Canius in betrügerischer Absicht seinen eigenen *hortulus* am Meeresufer zu einem exorbitanten Preis zu verkaufen. Ich behaupte weiterhin, daß der Ankauf von Land in der Antike normalerweise ein Gelegenheitskauf war (womit nicht gesagt werden soll, daß Gelegenheiten selten waren). Plinius selbst war nicht aktiv auf der Suche nach einem anderen Landgut, als er an dem in Umbrien Interesse fand, und sicher hatte er kein überschüssiges Bargeld stilliegen, da er doch in die Kasse seiner Schwiegermutter greifen mußte, um den Ankauf zu tätigen. Brachliegendes Land, das infolge Vernachlässigung, Kriegsverwüstungen oder persönlichem Unglück billig zu haben war, war solch eine Gelegenheit. Eine bedeutendere war beschlagnahmtes Land, wie der römische *ager publicus*,

Fehler im Supplement von 1968 nicht berichtigt worden. Die richtige Übersetzung lautet »Bürge«.

gleich ob es einzelnen durch gerichtliche Schritte oder durch kaiserliche Erlasse entzogen oder ganzen Gruppen und Gemeinden im Bürgerkrieg oder durch Eroberung genommen worden war. Und wir müssen auch Land einschließen, das Bauern durch Wucherkredite, illegale Inbesitznahme oder »Schutzherrschaft« gewaltsam abgerungen wurde[64].

Politische Krisen oder politischer Druck konnten natürlich die umgekehrte Wirkung haben, daß die Bodenpreise schnell in die Höhe getrieben wurden. Ein solches Beispiel, das eine Folge von Caesars Marsch auf Rom im Jahre 49 v. Chr. war, wird kurz im Kapitel V behandelt werden. Ein anderes findet sich zu Beginn des 2. Jahrhunderts n. Chr. und wird bei Plinius in einem seiner Briefe (6, 19) beschrieben: »Wie du weißt, sind die Bodenpreise gestiegen, besonders in der Umgegend der Stadt. Die Ursache dieser plötzlichen Teuerung wird überall lebhaft diskutiert. Bei den letzten Wahlen hat der Senat eine aller Ehren werte Verlautbarung erlassen: Die Amtsbewerber sollten keine Schmausereien veranstalten, keine Geschenke verteilen, keine Gelder deponieren. Was die beiden ersten Punkte betrifft, geschah es ganz unverhohlen und ohne Maß, das dritte zwar unauffällig, galt aber doch als allgemein bekannt.« Der Kaiser Trajan wurde gebeten, den Schaden zu beheben. »Er hat es getan, hat nämlich diese ungebührlichen, entehrenden Aufwendungen der Kandidaten durch ein Gesetz gegen Wahlbestechung eingeschränkt, ferner angeordnet, daß sie ein Drittel ihres Vermögens in Grund und Boden anlegen müßten, weil er es beschämend findet – und das ist es ja wirklich –, wenn Leute, die sich um Ehrenstellen bewerben wollen, die Stadt und Italien nicht als ihre Heimat, sondern wie Reisende als Herberge oder Ausspann betrachten. Da laufen sich also nun die Kandidaten die Hacken ab; um die Wette kaufen sie alles, was dem Vernehmen nach feil ist, und tragen so dazu bei, daß nur um so mehr feilgeboten wird.«[65]

Das ist ein gutes Beispiel einer günstigen Gelegenheit für Verkäufer, die ebenso zeitlich begrenzt und zufällig war wie günstige Gelegenheiten für Käufer. Das Fehlen eines Immobilienmarkts wird nicht nur durch die Art unterstrichen, wie Plinius das

[64] Siehe z. B. P. A. Brunt, *Italian Manpower 225 B. C.–A. D. 14*, Oxford 1971, Appendix 8.

[65] Gaius Plinius Caecilius Secundus, *Briefe*, Lat.-dt., hrsg. v. H. Kasten, München 1968. Der Verfasser greift hier nochmals (vgl. o. Anm. 56) eine ihm vorliegende englische Übersetzung an, die, wie er meint, inkorrekterweise die modernen Begriffe »Investition« und »Kapital« verwendet, die einen falschen Unterton in den Text bringen (Anm. d. Übers.).

Umherjagen der Kandidaten beschreibt, deren politische Laufbahn von einem schnellen Ankauf abhing, sondern auch durch die Wirkung, die die Nachfrage von nur einer Handvoll von Männern auf die Preise hatte. Das Moralisieren über die Folgen übermäßiger auffälliger (politischer) Aufwendungen ist ebenfalls bemerkenswert (und wörtlich zu nehmen). Gleichfalls ist bemerkenswert, daß das Ziel des Kaisers nicht ist, »mehr Personen für die Förderung der Landwirtschaft in Italien zu interessieren«[66], sondern die immer mehr aus der Provinz kommenden Mitglieder des Senats zu zwingen, richtige Römer und Italier zu werden, wie es ihrem Status als der Führungsschicht des Reiches entspricht.

Gelegenheitskäufe von Land sind sichtlich einmal billig, einmal teuer, je nach Lage der Dinge. Man muß keine komplizierten Untersuchungen anstellen; es genügt, was ich bereits einfache empirische Erfahrung nannte. Brachliegendes und verwüstetes Land erholte sich sehr schnell unter den Bedingungen des Trokkenanbaus in der Antike, und zudem waren keine großen Bewässerungsanlagen oder teure Geräte vonnöten. Oliven, Wein und Herden brauchten ein paar Jahre, damit man sie ersetzen konnte, aber das verlangte seitens der landbesitzenden oberen Klassen, mit denen wir uns hier beschäftigen, nur Geduld und weniger Kapital, dessen Rolle in modernen Darstellungen regelmäßig übertrieben wird.

Gelegenheitskäufe von Besitz sind sicherlich eine Form der Investition, aber nur im eingeschränkten Sinne, wie ich es definiert habe. Und sie wurden fast ausschließlich von privater Seite getätigt. Im Rahmen seiner großen Programme zur Veteranenansiedlung im Jahre 30 und 14 v. Chr. mußte Augustus feststellen, daß sein eigener überschüssiger Landbesitz und die von ihm beschlagnahmten beträchtlichen Ländereien für den Zweck nicht ausreichten. Er kaufte daher von Städten in Italien und den Provinzen Landstriche zu einem Preis von insgesamt ungefähr 860 Millionen Sesterzen auf eigene Rechnung (Res gestae 16, 1). Das war eine wichtige und in der Tat erstaunliche Neuerung. Er nimmt weiter für sich in Anspruch: »Von allen, die Militärkolonien in Italien oder in den Provinzen gründeten, habe ich dies als erster und einziger getan, soweit zu meiner Zeit bekannt.« Das

[66] So erklärt z.B. Heitland, *Agricola*, S. 274, die Stelle; richtig erklärt von Sherwin-White, *The Letters of Pliny*, S. 379f. Mark Aurel unternahm einen zweiten Versuch in dieser Richtung, verminderte jedoch den vorgeschriebenen Anteil des italischen Landes auf ein Viertel des Gesamtvermögens eines Senators: Historia Augusta, Marcus Aurelius 11, 8.

heißt, »er war der erste, der dafür aus Mitteln bezahlte, die er als privat betrachten konnte«[67]. Er gibt anschließend keine genauen Auskünfte darüber, wie er die Käufe tätigte, und wir dürfen mit Recht an der Freiwilligkeit vieler Verkäufe zweifeln.

Wie dem auch sei, es ist eine Tatsache, daß die Staaten der Antike, auch wenn sie alle Land besaßen und daraus normalerweise durch Verpachtung oder im Falle der römischen Kaiser durch direkte Ausbeutung mit Hilfe von Vertretern ein Einkommen bezogen, doch fast nie Land kauften. Auch Tempel oder Heiligtümer taten das nicht, von denen doch viele durch Stiftungen und Weihgeschenke beträchtliche Schätze zusammentrugen und horteten, ebenfalls nicht die unzähligen halb privaten Kultgemeinschaften und Vereine, die in der griechisch-römischen Welt im Übermaß vorhanden waren. Auch sie bekamen ihr Land geschenkt, manchmal in Form von Stiftungsvermögen, die aus Landbesitz bestanden (wie die *alimenta* des Trajan), ihr Bargeld aber trug durch Darlehensvergabe gegen Zinsen Früchte, nicht durch Investitionen in Land. Nur Vormünder scheinen zumindest in Rom eine Ausnahme gemacht zu haben, wo das Gesetz von ihnen verlangte, das Bargeld eines Mündels entweder in Land oder in zinstragenden Darlehen anzulegen[68]. Aber selbst diese vorsorgliche Bestimmung ist noch weit entfernt von dem traditionell in der Neuzeit üblichen Verfahren, das durchaus noch nicht überholt ist, die durchaus noch nicht erloschen ist, wonach wohltätige und andere öffentliche Stiftungen angehalten sind, ihr Vermögen in sicherem Grundbesitz anzulegen.

Natürlich konnte man Gelegenheitskäufe nicht verwirklichen ohne Wachsamkeit, echtes Erwerbsinteresse und vor allem politischen Einfluß und Status. Es gab sogar einige Männer, ich glaube nicht viele, die aktiv mit heruntergekommenem Grundbesitz spekulierten[69], in erster Linie mit Gebäuden in der Stadt.

[67] Siehe P.A. Brunt, *Manpower*, S. 297.

[68] Das Quellenmaterial ist gesammelt bei E.J. Jonkers, *Economische en sociale toestanden in het Romeinsche Rijk blijkende uit het Corpus Juris*, Wageningen 1933, Kap. 1.

[69] Das berühmteste griechische Beispiel findet man bei Xenophon, Oikonomikos 20, 22. Berühmt ist es, weil es so oft zitiert wird, und deswegen läßt man sich zu der falschen Vorstellung verleiten, dieser möglicherweise fiktive Fall eines einzelnen athenischen Adligen sei eine überall verbreitete griechische Erscheinung. C. Mossé, *La fin de la démocratie athénienne*, Paris 1962, erörtert ausführlich (S. 35–67), daß die Bodenspekulation in Athen im 4. Jahrhundert v. Chr. stark auf Kosten der Bauernschaft zunahm. Es ist bezeichnend, daß sie einräumen muß, das

Crassus ist das legendäre Beispiel (Plutarch, Crassus 2, 1–6). Ich habe nicht behaupten wollen, zu den meisten Zeiten der Antike hätte nicht eine beständige Umschichtung von Landbesitz stattgefunden. Ohne das hätte es nicht die Tendenz zu immer größerer Konzentrierung geben können, die ich vorhin betont habe; es hätte einerseits keine Trimalchios geben können, andererseits keine Inhaber von *ager publicus,* die den Tod von Tiberius und Gaius Gracchus herbeiführten, oder wie später Ahenobarbus oder Herodes Atticus. Ich habe versucht, das antike »Investitionskonzept« zu umreißen, seinen Charakter zu definieren und seine Grenzen in Theorie und Praxis. Antike Autoren – wir sollten uns niemals erlauben, das zu vergessen – beschrieben nicht Land als die beste Investition mit der Terminologie der Einkommensmaximierung; sicher, es trug Gewinn, soweit man genügend davon besaß, aber sie setzten es mindestens ebensosehr wegen seiner »Natürlichkeit« und Moral an erste Stelle, und sie hatten es noch nicht gelernt, Moral und Profit einfach gleichzusetzen. Man sollte sich erinnern, daß es selbst heute wichtige soziale Schichten gibt, die sich bewußt mit einer niedrigen Verzinsung der Investitionen in der Landwirtschaft abfinden, denn es bestünden »andere Vorteile als der direkte finanzielle Ertrag ... das Gefühl der persönlichen Sicherheit, das Jagdrecht, die soziale Stellung, möglicherweise ein Steuervorteil«[70].

»Bezüglich des Besitzes«, schrieb der Verfasser des 1. Buches des pseudo-aristotelischen *Oikonomikos* (1343 a 25–b), »ist die erste Sorge die, mit der Natur übereinzustimmen. Gemäß der Natur steht die Landwirtschaft an erster Stelle, an zweiter Stelle die Berufe, die aus Boden leben, wie Bergbau oder derartiges. Die Landwirtschaft ist am besten, weil sie gerecht ist. Denn sie geht nicht auf Kosten der Menschen, ob die es nun wollen, wie im Handel und bei Lohnarbeit, oder ob sie es nicht wollen, wie im Krieg. Sie ist auch deswegen der Natur gemäß, weil nämlich alle von der Mutter ihre Nahrung bekommen, so auch die Menschen von der Erde.« Diese geradezu peinlich naive Nachformulierung guter aristotelischer Lehrmeinung geht noch weiter, aber ich brauche nicht fortzufahren, sie zu zitieren. Es ist auch guter Cato und guter Cicero. Es ist kurz gesagt eine von vielen Formulierun-

sei rein hypothetisch, da der Text Xenophons ihr einziges greifbares Beispiel ist: »Man muß zugeben daß der Fall des Vaters des Ischomachus, auch wenn er möglicherweise fiktiv ist, nichts Außergewöhnliches war.« (S. 48).

[70] C. Clark und M. Hasevell, *The Economics of Subsistence Agriculture,* 4. Aufl., London 1970, S. 164.

gen, in denen die Ideologie vom Landbesitz artikuliert wird, die die oberen Klassen der Antike vertraten. Aristokratien sind dafür bekannt, daß sie sich in ihrem täglichen Verhalten an veraltete Ideologien festklammern und mit ihnen untergehen. Das war in der Antike nicht ihr Schicksal. Im Vergleich zu Max Webers »protestantischer Ethik« mag ihre Mentalität nicht produktiv gewesen sein; aber sie war keineswegs eine Mentalität, die nicht auf Erwerb gerichtet war. Sie konnten sich den Luxus einer moralischen Entscheidung leisten und dennoch reicher werden, nicht ärmer.

Die Rückständigkeit und Rohheit der Bevölkerung des westlichen Europas außerhalb Italiens, so erklärte der griechische Geograph Strabo, entspringe ihrer Lebensweise als Jäger, Hirten und Räuber. Habe man sie einmal zu einer friedfertigen, seßhaften Existenz als Bauern bekehrt (oder gezwungen), entwickelten sich städtische Siedlungen und sie würden zivilisierte Menschen[1]. Obwohl Strabo um den Beginn unserer Zeitrechnung schrieb, wiederholte er doch nur gute alte griechische (wie auch römische) Lehren. Griechen und Römer wurden nie müde, den hohen moralischen Wert der Landwirtschaft zu preisen und gleichzeitig darauf zu bestehen, daß Zivilisation die Stadt erfordere. Sie widersprachen sich dabei nicht: man wird bemerkt haben, daß Strabo Landwirtschaft, nicht Handel und Industrie als einen ersten Schritt zu Seßhaftigkeit und städtischer Siedlungsweise sah. Die Stadt umfaßte in Wahrheit in der klassischen Antike sowohl die *chora*, das agrarische Hinterland, wie ein städtisches Zentrum, wo die besseren Leute wohnten, von wo aus die Gemeinschaft verwaltet wurde und wo sich die Stätten des gemeinsamen Staatskults befanden. Beides gehörte der Vorstellung nach so sehr zueinander, daß selbst die absoluten hellenistischen Herrscher die »Freiheit« der *chora* anerkannten, die zu den neugegründeten Griechenstädten des Ostens gehörte; Land, das zu Städten gehörte, war ausgenommen von den Souveränitätsrechten, die der Herrscher sonst über alles Land im Königreich besaß.

Aber was ist eine Stadt? Moderne Geographen sind nicht in der Lage, zu einer »einheitlichen Definition« zu kommen[2]. Strabo natürlich machte sich darüber keine Gedanken, auch nicht als er sich gegen diejenigen Schriftsteller wandte (3, 4, 13), die die großen Dörfer *(komai)* der Iberischen Halbinsel »Städte« nann-

[1] Die deutlichste Aussage wird mit wenigen Worten 4, 1, 5 gemacht, doch das Thema wird öfters wieder aufgegriffen; siehe A. N. Sherwin-White, *Racial Prejudice in Imperial Rome*, Cambridge 1967, S. 1–13.

[2] R. F. Pahl in: R. J. Chorley und P. Haggett (Hrsg.), *Models in Geography*, London 1967, S. 237; vgl. H. J. Gans, *Urbanism and Suburbanism as Ways of Life. A Revaluation of Definitions*, in: A. M. Rose (Hrsg.), *Human Behavior and Social Processes*, London 1962, S. 625–48, besonders S. 643f. Siehe allgemein dazu W. Sombart, *Der moderne Kapitalismus*, Bd. 1, 1, 5. Aufl., München/Leipzig 1922, Kap. 9.

ten. Seine Leser brauchten keine Definition. Ein griechischer Schriftsteller aus noch späterer Zeit, Pausanias, verwarf höhnisch den Anspruch einer kleinen Stadt in Zentralgriechenland, sich *polis* zu nennen: »wo kein Regierungsgebäude, kein Theater, keine Agora ist, wo kein Wasser in einen Brunnen läuft, sondern wo sie am Rande einer Schlucht in niedrigen Häusern beinahe wie Berghütten wohnen« (10, 4, 1). *Seine* Leser hätten das richtig verstanden. Die ästhetisch-architektonische Definition war Ausdruck einer politischen und sozialen Definition: eine wirkliche »Stadt« war ein politisches und kulturelles Zentrum. Die Autonomie war zu jener Zeit im Vergleich zu der stolzen Unabhängigkeit der früheren griechischen *poleis* sicher sehr eingeschränkt, doch immer noch war eine solche »Stadt« ein Platz, wo wohlgeborene und gebildete Menschen ein zivilisiertes Leben – ein Leben in *urbanitas,* wie die Römer sagten – führen konnten und dabei zumindest die Verwaltung der Stadt selbst in Händen hatten, wenn es nicht mehr die Politik in ihrem ganzen Umfang war. Die Größe allein war kein Kriterium: viele wirkliche Städte waren der Bevölkerung und Fläche nach nicht größer als Dörfer. Und die Wirtschaft spielte nicht im geringsten eine Rolle, abgesehen davon, daß man die materiellen Güter benötigte, die für die Annehmlichkeiten eines zivilisierten Lebens irgendwie beschafft werden mußten[3].

Natürlich gab es formale, verwaltungsmäßige Definitionen einer *polis* oder *civitas* in der Antike, wie es sie auch in allen modernen Ländern gibt. Darum ging es Strabo nicht, und auch dem modernen Wirtschaftshistoriker wird es nicht darum gehen. Wir können Strabo ohne weiteres zustimmen, daß eine einfache Anhäufung von Menschen noch nicht eine Stadt ausmacht. Sonst wären das homerische Ithaka, eine frühmittelalterliche Domstadt und insofern auch ein Gefängnis oder ein großer Militärstützpunkt alle miteinander Städte: es gibt moderne Gefängnisse,

[3] N. J. G. Pounds, *The Urbanization of the Classical World,* Annals of the Amer. Assn. of Geographers 59, 1969, S. 135–57, hat versucht, eine »funktionelle« Unterscheidung zwischen antiken Städten und Dörfern zu treffen, und er betont richtig die fortdauernde »landwirtschaftliche Funktion« ersterer in den allermeisten Fällen. Er gibt sich jedoch mit ästhetisch-architektonischen Kennzeichen zufrieden und läßt die politische Dimension außer acht. Zudem ist sein Versuch, die Größe der Bevölkerung zuerst nach der Landfläche und im klassischen Griechenland nach dem an Athen gezahlten Tribut zu schätzen, methodisch nicht vertretbar. Zu den verwaltungsmäßigen und archäologischen Aspekten griechischer Städte ist das vollständigste und differenzierteste Werk R. Martin, *L'Urbanisme dans la Grèce ancienne,* 2. Aufl., Paris 1975; vgl. R. E. Wycherly, *How the Greeks Built Cities,* 2. Aufl., London 1962.

deren Insassen an Zahl die Gesamtbevölkerung vieler griechischer »Städte« übertreffen. Nun gehen wir einmal über Strabos Horizont (und den aller anderen antiken Schriftsteller) hinaus und stellen eine Frage ganz anderer Art. Welches wirtschaftliche Verhältnis besteht zwischen Stadt und Land? Die Antwort wird für Sparta und Athen nicht gleichlauten, wie sie in unseren Tagen nicht gleichlautend ist für Rom und Genua. Martin Luther wetterte in seiner Streitschrift *An den christlichen Adel deutscher Nation:* »Der Antichrist muß die Schätze der Erde heben, wie es prophezeit ist. ... hängen wir mit Recht die Diebe und köpfen die Räuber, warum sollen wir frei lassen den römischen Geiz, der der größte Dieb und Räuber ist, der auf Erden kommen ist oder kommen kann, ...« Als er das sagte, machte er in eigenem Interesse eine wichtige historische Beobachtung. Von der Zeit an, da Rom die Hauptstadt eines Reiches wurde, bis zum heutigen Tage ist es als Stadt ein Parasit gewesen, indem es von Geschenken, Pachten, Steuern und Tributen lebte. Das macht Rom nicht weniger zur Stadt, nur zu einer andersartigen Stadt als Genua.

Theoretisch kann das wirtschaftliche Verhältnis einer Stadt zu dem ihr zugehörigen Land – wir müssen von einer einzelnen, isoliert stehenden Stadt ausgehen – über ein ganzes Spektrum von Möglichkeiten reichen, von vollständig parasitärem Verhalten einerseits bis zu vollkommener Gleichberechtigung andererseits. Alle Bewohner einer Stadt, die nicht unmittelbar in der primären Produktion beschäftigt sind, beziehen ihre Nahrungsmittel und Rohstoffe von den Produzenten auf dem Lande. Alle Städte sind diesbezüglich Konsumzentren. Die Frage ist nun, ob die antiken Städte in erster Linie Konsumzentren sind, wie Max Weber glaubte[4]. Anders gefragt, wie zahlten die Städte für das, was sie vom Lande bezogen? Die parasitäre Stadt zahlte einfach dadurch, daß sie alle Pachten und Steuern oder einen Teil von dem, was sie ursprünglich aus dem Land zog, zurückfließen ließ; das Verhältnis vollkommener Gleichberechtigung würde sich darin zeigen, daß gleichwertig in städtischen Produkten und Dienstleistungen gezahlt würde. Man kann eine Reihe von Modellen konstruieren, bei denen die wichtigsten veränderlichen Faktoren folgende sind: die Bevölkerungsverteilung, die Größe

[4] M. Weber, *Agrarverhältnisse im Altertum,* in: *Gesammelte Aufsätze zur Sozial- und Wirtschaftsgeschichte,* Tübingen 1924, S. 1–288, hier S. 13 (vgl. S. 6); siehe mein *The Ancient City, from Fustel de Coulanges to Max Weber and Beyond,* Comparative Studies in Society and History 19, 1977.

der ländlichen Produktion, die Größe der städtischen Produktion und das Verhältnis des Austauschs der Produkte untereinander. Städtische Produkte und Dienstleistungen, die nur für städtischen Verbrauch bestimmt sind, sind ausgenommen: für einen Pachtbauern ist es wirtschaftlich ohne Bedeutung, ob sein Grundherr in der Stadt den Weizen, den er als Pacht bekommt, in seinem eigenen Haus zu Brot backen läßt oder von einem Bäcker, dem er ein Entgelt zahlt.

Das Modell muß komplizierter gestaltet werden, weil eine isolierte Einheit aus Stadt und Land nur in sehr primitiven Gesellschaften oder in der Vorstellung utopischer Schriftsteller existiert. Eine Stadt kann über die Möglichkeiten der Nahrungsmittelproduktion ihres eigenen Hinterlandes hinauswachsen. Wie dem auch sei, es gibt kaum eine Stadt, die autark in Holz, Metall, Salz, Gewürzen, geschweige denn Sklaven, Häuten, Halbedelsteinen und anderen Gütern ist, die zu notwendigen Annehmlichkeiten der zivilisierten Gesellschaft geworden sind. Selbst so unerschütterliche Verteidiger der moralischen Vorteile der Autarkie wie Platon und Aristoteles gestanden diese bedauerliche Lebenserfahrung ein[5]. Wiederum fragen wir: Wie hat eine Stadt gezahlt? Und wiederum ist die Antwort ein Spektrum von Möglichkeiten. Sie reichen von der Plünderung von Ismarus durch Odysseus – er selbst berichtete (Odyssee 9, 39–42): »Dort zerstörte ich die Stadt und vernichtete die Männer. Und als wir aus der Stadt die Weiber und viele Güter genommen hatten, verteilten wir sie unter uns, ...« – bis zu einem vollkommenen Ausgleich des Handels. Manche denken – ich selbst bin nicht dieser Meinung –, daß die Welt des Odysseus ein Phantasiegebilde sei, das man bei einer ernsthaften historischen Untersuchung nicht in Betracht ziehen dürfe. Aber Caesar in Gallien, der war ausreichend real und historisch, wie auch das Reich, das im 5. Jahrhundert v. Chr. 60 Prozent der athenischen Steuereinnahmen aufbrachte (Thukydides 2, 13, 3), oder die sizilische Getreideabgabe, von der die Einwohner der Stadt Rom eine Zeitlang einen großen Teil ihres Brots buken. Die einfachen Modelle, die für eine isoliert stehende Stadt geeignet waren, müssen daher durch weitere veränderliche Größen erweitert werden: Pachten, Steuern und Tribute, die außerhalb des eigentlichen Territoriums der Stadt erhoben wurden; städtische und ländliche Produktion für den Export; Transportmöglichkeiten. Auch kann man die Poli-

[5] Es genügt, Plato, Politeia 370 E–371 A zu zitieren und Aristoteles, Politik 1327 a 25–31.

tik nicht ignorieren, selbst in einer »rein ökonomischen« Analyse nicht. Die erfolgreiche weitere Ausbreitung Roms hatte die Befreiung italischen Landes von Besteuerung zur Folge. Es handelte sich also um einen Fall, wo eine veränderliche Größe, nämlich Tribut von außen, eine andere aufhob, nämlich die interne Steuerbelastung des Landes.

Es gab auch gewisse Konstanten: z.B. den Ochsen. Der Ochse war das wichtigste Zugtier in der Antike, Maulesel und Esel waren beinahe genauso wichtig, während das Pferd kaum benutzt wurde. Alle drei – Ochse, Maulesel und Esel – waren langsam und gefräßig. Die Zahlen für Transport in Diokletians Preisedikt zeigen, daß eine Wagenladung Weizen von 550 kg ihren Preis bei einer Strecke von annähernd 500 km verdoppeln würde, daß die Verschiffung von Getreide von einem Ende des Mittelmeers zum anderen weniger kosten würde (wenn man von den Risiken absieht) als der Transport über eine Strecke von 120 km auf Wagen über Land[6]. Ein Staat konnte es sich leisten, Ochsengespanne zu dem außerordentlichen Zweck des Transports von Marmorsäulen für einen Tempel zu mieten und dabei durchschnittlich dreißig Paar vor jede Säulentrommel zu spannen[7], und ein Staat konnte andere außerordentliche Anstrengungen unternehmen, besonders wenn es für die Armee notwendig war. Aber einzelne Privatleute konnten in der Regel nicht einfach sperrige Güter über weite Entfernungen zu Lande transportieren, und auch andere Gemeinden als gerade die reichsten und mächtigsten konnten das nicht. Die meisten Dinge des täglichen Bedarfs sind sperrig – Getreide, Töpferwaren, Metalle, Holz –, und Städte konnten demzufolge nicht ohne Schwierigkeiten über die Leistungsfähigkeit der Nahrungsmittelproduktion ihres eigenen, unmittelbaren Hinterlandes hinauswachsen, sofern sie nicht direkten Zugang zu den Wasserstraßen hatten.

Nicht einmal die Existenz der berühmten Römerstraßen, die aus militärischen und politischen, nicht aus wirtschaftlichen Gründen gebaut wurden, machte irgendeinen bemerkenswerten Unterschied, da die Fortbewegungsmittel die gleichen blieben. Es waren die vielen Flüsse Galliens, nicht die Straßen, die von

[6] Siehe A. H. M. Jones, *The Later Roman Empire 284–602*, 3 Bde, Oxford 1964, S. 841 f., und allgemein Kap. 21; R. D. Duncan-Jones, *The Economy of the Roman Empire. Quantitative Studies*, Cambridge 1973, Appendix 17. Vgl. über 400 Jahre früher Cato, *De agricultura* 22, 3, über die Kosten des Transports einer Olivenpresse mit Hilfe von Ochsen.

[7] Die Belege sind am vollständigsten gesammelt bei A. M. Burford, *Heavy Transport in Classical Antiquity*, Economic History Review 2. R. 13, 1960, S. 1–18.

römischen Schriftstellern beschrieben wurden und das Wachsen der Städte im Inneren des Landes ermöglichten[8]. Und aus Kleinasien schrieb Plinius auf seiner Mission für den Kaiser Trajan im frühen 2. Jahrhundert aus Nicomedia, einer Hafenstadt am Golf von Izmir am östlichen Ende des Marmarameers, und schlug vor, durch umfangreiche Kanalbauten den östlich in der Nähe gelegenen Sophon-See (mit einem natürlichen Abfluß in Richtung Norden zum Schwarzen Meer) mit dem Marmarameer zu verbinden. Über den recht großen See, so erklärte Plinius (Briefe 10, 41, 2), »werden Marmorblöcke, Früchte, Brenn- und Bauholz ziemlich billig und mühelos zu Schiff an die Landstraße und von dort unter großen Mühen und noch größeren Kosten per Achse ans Meer befördert«. Mit der Landstraße war nichts Geringeres gemeint als die römische Hauptstraße, die von Nicomedia nach Osten und schließlich bis nach Ankara und noch weiter führte; die kurze Strecke vom See nach Nicomedia und ans Meer betrug ungefähr 18 km[9]. Das mag zur Erklärung beitragen, wie die Hungersnot von 362–363 in Antiochia solche katastrophalen Ausmaße erreichen konnte, wo doch Getreide in einer Entfernung von 80 km auf einer so guten Römerstraße erhältlich war. Hamsterkäufe und Spekulation spielten zweifelsohne eine Rolle, doch die häufig auftauchende Erscheinung einer Hungersnot angesichts nahen Überflusses kann man nicht allein auf Raffgier zurückführen.

Man kann fast sagen, daß, abgesehen vom Staat, die Bauern in begrenztem Umfang am meisten von den Römerstraßen profitierten. Wenn auch der Straßenbau im romanisierten Südosten Britanniens z. B. das Wachstum der Dörfer anregte, so blieb doch die durchschnittliche Entfernung von einem kleinen lokalen Marktflecken bis zum Rande seines »Einzugsbereichs« innerhalb dessen, was man überall dort, wo die Transportmittel primitiv waren, normalerweise als maximale Entfernung zu einem Markt ansah, nämlich 6 bis 8 km[10]. Bauern (und nicht nur Bauern)

[8] Siehe L. Bonnard, *La navigation intérieure de la Gaule à l'époque gallo-romaine*, Paris 1913; vgl. A. Grenier, *Manuel d'archéologie gallo-romaine*, Bd. 2, 2, Paris 1934, Kap. 12–13; Y. Burnand, *Un aspect de la géographie des transports dans la Narbonnaise rhodanienne. Les nautes de l'Ardèche et de l'Ouvèze*, Revue archéologique de Narbonnaise 4, 1971, S. 149–58.

[9] Siehe F. G. Moore, *Three Canal Projects, Roman and Byzantine*, American Journal of Archaeology 54, 1950, S. 97–111; A. N. Sherwin-White, *The Letters of Pliny. A Historical and Social Commentary*, Oxford 1966, S. 621–25 (der fälschlich die Entfernung mit 18 Meilen angibt).

[10] Siehe I. Hodder und M. Hassall, *The Non-Random Spacing of Romano-British Walled Towns*, Man 6, 1971, S. 391–407, hier S. 404. Es handelt sich nach

lassen sich leiten von etwas, was Wirtschaftsgeographen das »Gesetz der minimalen Anstrengung« oder das »Prinzip der geringsten Anstrengung« genannt haben[11]. Bauern konnten auch, das muß wohl kaum gesagt werden, eine große Stadt in Zeiten der Hungersnot nicht retten oder Nicomedia mit dem notwendigen Holz und Marmor versorgen.

Jedermann in der Antike, der diese grundlegenden, lebenswichtigen Tatsachen vergaß, war schnell am Ende. Marc Anton vergaß sie, als er es zuließ, daß seinen 200000 Mann in Westgriechenland im Jahre 31 v. Chr. von Agrippa der Zugang zum Meer abgeschnitten wurde. Die unausweichlichen Folgen waren trotz seiner Bemühungen, auf jede nur mögliche Weise Nachschub herbeizuschaffen, Hunger, Krankheit und Fahnenflucht, so daß er bei der Schlacht bei Actium hoffnungslos unterlegen war. Römische Kaiser vergaßen diese Dinge nie. Mit der römischen Expansion im Westen und Nordwesten Europas trat die antike Welt über den Bereich des Mittelmeers hinaus. Aber es gab schiffbare Flüsse; an ihren Ufern lagen die wichtigsten Siedlungen, und sie waren ein bedeutender Faktor bei allen militärisch-logistischen Berechnungen, wie z. B. bei der Anlage der größten Getreidemühle jener Zeit in der Gegend von Arles[12]. Sobald es notwendig war, Truppen weit weg von Flüssen oder dem Meer zu stationieren, wurde die örtliche Bevölkerung gezwungen, sie zu ernähren, ohne daß man sich um das Verhältnis zwischen lokaler landwirtschaftlicher Produktion und den Erfordernissen der Truppen kümmerte. Römische Armeen konnten über die Straßen weite Entfernungen zurücklegen; auf denselben Straßen konnten sie weder aus weiter Entfernung ernährt noch bekleidet noch bewaffnet werden.

Kurz gesagt, Transport zu Wasser und besonders über das Meer eröffnete der antiken Stadt vollkommen neue Möglichkeiten. In erster Linie erlaubten Importe von Nahrungsmitteln und anderen Massengütern eine wesentliche Steigerung des Bevölke-

meiner Kenntnis um den einzigen Versuch, ein antikes Gebiet unter dem Aspekt der modernen Standortlehre zu untersuchen; dazu siehe B. J. L. Berry, *The Geography of Market Centers and Retail Distribution,* Englewood Cliffs/N. J. 1967; R. J. Chorley und P. Haggett (Hrsg.), *Models in Geography*, London 1967, Kap. 9.

[11] B. J. Garner in Chorley-Haggett, *Models*, S. 304.

[12] F. Benoit, *L'usine de meunerie hydraulique de Barbegal (Arles)*, Revue archéologique 6. R. 15, 1940, S. 18–80. Vgl. die Lobpreisungen des Libanios (Orationes 18, 83) auf den Kaiser Julian, weil er den Niederrhein als Verkehrsweg wieder benutzbar gemacht hat, so daß das Getreide aus Britannien auf diesem Wege die Truppen erreichte.

rungsumfangs, der nicht mehr länger durch den begrenzenden Faktor der lokalen landwirtschaftlichen Produktion niedrig gehalten wurde, und sie ermöglichten durch eine größere Auswahl an Waren und durch größere Mengen von Sklaven für Arbeit im Haushalt und in der Produktion eine Verbesserung der Lebensqualität. Sowohl Bevölkerungswachstum wie Annehmlichkeiten des Lebens wurden in diesem Falle dann weiter gefördert, indem unweigerlich neue, zusätzliche Bevölkerungsschichten und Gruppen angezogen wurden, Handwerker, Schauspieler, Künstler, Lehrer und Touristen. Möglicherweise gab es auch eine Rückwirkung auf die Verhältnisse auf dem Lande insofern, als der Import von Grundnahrungsmitteln eine wirksamere Ausbeutung größerer Landbesitzungen (wenn auch nicht von Bauernhöfen) durch Spezialisierung erlaubte, die in mehr oder weniger isolierten, autarken Gemeinschaften nicht wirklich möglich gewesen war. Es fragt sich, ob man die Anpflanzung von Rosen und Veilchen oder die Zucht von Pfauen auf Landgütern in der Nähe der Stadt Rom (Varro, De re rustica 3, 2) erlaubt hätte, wenn die Getreideversorgung der Stadt nicht durch die Provinzen gesichert gewesen wäre. Die Stadt der Antike war nicht geneigt, die Versorgung mit Nahrungsmitteln dem Zufall oder dem freien Spiel der Natur zu überlassen – zumindest nicht, solange die Stadt eine echte unabhängige Gemeinschaft blieb. Es wurde selbst im klassischen Athen trotz seiner Kontrolle der Ägäis und den daher möglichen umfangreichen Weizenimporten aus Südrußland (und von woanders her) zu einem Kapitalverbrechen erklärt, im Lande geerntetes Getreide zu exportieren.

Man sollte die Dinge nicht überstürzen. Das Wechselspiel des Verhältnisses von Stadt, Land und Meer ist kompliziert, das Tempo der Entwicklung langsam, was sich manchmal erschwerend auswirkt. Unmittelbarer Zugang zum Meer oder einem größeren Fluß war nur eine notwendige Voraussetzung für Wachstum, nicht eine ausreichende Garantie. Der große Hafen Athens, der Piräus, wurde im 5. Jahrhundert v. Chr. geschaffen, und den ursprünglichen Antrieb lieferte das Flottenbauprogramm des Themistokles, für dessen Vorhaben der Sandstrand von Phaleron nicht mehr ausreichte. Brundisium (das heutige Brindisi) wuchs nicht zu einem bedeutenderen Zentrum heran, obwohl es doch der beste Hafen südlich von Ancona an der Ostküste Italiens war, der nach Griechenland und dem Osten hin gelegenen Seite. Noch weiter im Norden an der Mündung des Po besaß Ravenna einen ausgezeichneten Hafen, der angeblich sichere Ankerplätze für 250 Schiffe bot (Dio Cassius 55, 33), aber es wurde doch nie ein Handelszentrum.

Die Stadt Rom ist der schlagendste Beweis. Rom liegt 25 oder 30 km tiberaufwärts von Ostia und dem Meer entfernt. Dennoch hatte Rom Italien erobert und Karthago geschlagen, bevor sich Ostia zu seinem Handelshafen zu entwickeln begann[13]. Roms anfängliches Interesse an Ostia im 4. Jahrhundert v. Chr. war militärisch-defensiv. Dann kam im 3. Jahrhundert die Notwendigkeit einer Flotte in den Kriegen mit Karthago. In diesem kritischen Moment hatte Rom nach der leicht übertriebenen Aussage eines antiken Gewährsmannes überhaupt »kein Kriegsschiff, ja auch nicht einmal ein einziges Boot«, besaß keinerlei Kenntnis von Schiffen oder Schiffbau, und es gab keine Bürger mit Erfahrung im Rudern, Segeln oder Kampf zur See[14]. Das war mehr als zwei Jahrhunderte nachdem der Karthager Hanno an der westafrikanischen Küste entlang mindestens bis Sierra Leone gesegelt war.

Der Sieg über Hannibal am Ende des 3. Jahrhunderts v. Chr. war nicht nur in der politischen Geschichte Roms ein Wendepunkt, sondern auch in seiner Geschichte als Stadt. Der herrschende Kreis von Oligarchen, die *nobilitas,* wie man sie bald nannte, verschaffte sich ausgedehnte Flächen an *ager publicus* und benötigte Sklaven als Arbeitskräfte; sie entwickelten außerdem sowohl in der politischen Auseinandersetzung wie in bemerkenswertem Aufwand einen teuren Geschmack und kostspielige Gewohnheiten. Das steigerte sich sprunghaft in geometrischer Progression. Gladiatorenspiele z. B. wurden ursprünglich als Leichenspiele eingeführt: im ersten überlieferten Fall im Jahre 264 v. Chr. gab es nur drei Gladiatorenpaare, aber für 216 hört man von 22 Paaren, für 174 v. Chr. von 74 Paaren bei einer Veranstaltung, die drei Tage dauerte[15]. Unterdessen trieben Sklaven und besitzlose Bauern die Bevölkerungszahl der Stadt rasch in die Höhe und mußten verpflegt, gekleidet und untergebracht (und die Freien unter ihnen bei Laune gehalten) werden. Man konnte sich nicht länger wie in vergangenen Jahrhunderten auf das unmittelbare Hinterland und auf kleine Küstenschiffe verlas-

[13] Siehe R. Meiggs, *Roman Ostia,* 2. Aufl., Oxford 1973, Kap. 3.

[14] Polybios 1, 20–21; siehe J. H. Thiel, *A History of Roman Sea-Power before the Second Punic War,* Amsterdam 1954.

[15] L. Friedländer, *Darstellungen aus der Sittengeschichte Roms,* 4 Bde, 10. Aufl. hrsg. v. G. Wissowa, Leipzig 1921–22 (Nachdr. Aalen 1964), Bd. 2, S. 50–76.

sen, die von dem Hafen Puteoli am Golf von Neapel und dann tiberaufwärts nach Rom kamen. So entstand schließlich die Hafenstadt Ostia als einzige Rivalin von Bedeutung für Alexandria und Karthago, um für vier Jahrhunderte in Blüte zu stehen, bis sie in einem Malariasumpf versank.

Es ist daher richtiger zu sagen, daß Rom sich dem Meer zuwandte, weil es eine große Stadt geworden war, als umgekehrt. Rom war schwerlich typisch, war die vollkommen parasitäre Stadt (obwohl es nur in der Größenordnung einmalig war). Niemand wird vorgeben wollen, daß Rom auch nur für einen kleinen Bruchteil seiner riesigen Importe in Produkten gezahlt hat. Aber was war mit den Städten, die keine Beute aus den Provinzen und keine Tribute erhielten, um damit ihre Rechnungen begleichen zu können? Eine bedeutsame Gruppe kann man schnell ausmachen, nämlich die Städte, die durch ihre Lage Handels- und Umschlagplätze waren und ein beträchtliches Einkommen sowohl aus Zöllen, Hafen- und Liegegebühren zogen wie auch aus den Dienstleistungen, die von durchreisenden Kaufleuten und Schiffsbesatzungen in Anspruch genommen wurden. Die antike Schiffahrt zog es gewöhnlich vor, über kurze Distanzen von Hafen zu Hafen zu reisen, wann immer das möglich war: die besonderen Bedingungen von Wind und Strömungen im Mittelmeer, das Fehlen des Kompasses, die beschränkte Wendigkeit, der knappe Lagerraum für Nahrungsmittel und Süßwasser spielten dabei eine Rolle. Daher die große Bedeutung von Rhodos, das in der hellenistischen Zeit das hervorragendste Beispiel eines Umschlaghafens war. Als Rom in der Mitte des 2. Jahrhunderts v. Chr. aus politischen Gründen beschloß, Rhodos gefügig zu machen, erreichte es das mit dem einfachen Mittel, die Insel Delos zu einem Freihafen zu erklären und die Hafenanlagen dort zu verbessern. Die Rhodier klagten bald darauf, daß das eine Verminderung ihres Staatseinkommens von einer Million Drachmen im Jahr auf nur 150000 Drachmen bewirkt habe[16]. Diese drastische Abnahme des Handelsverkehrs um 85 Prozent, von der rhodische Händler vermutlich nicht verschont geblieben sind, denn antike Staaten erhoben Hafengebühren von Bürgern und Ausländern gleichermaßen, wird auch all die Versorgungs-

[16] Polybios 31, 7, 10–12; siehe J. A. O. Larsen in: T. Frank, *An Economic Survey of Ancient Rome*, 6 Bde, Baltimore 1933–40, Bd. 4, S. 255 f., mit einer kurzen und klaren Stellungnahme; sowie E. S. Gruen, *Rome and Rhodos in the Second Century B. C. A Historiographical Inquiry*, Classical Quarterly 25, 1975, S. 58–81, zum Hintergrund.

unternehmen getroffen haben, so daß sich insgesamt ein sehr starker Einbruch für die private wie staatliche Wirtschaft von Rhodos ergab.

Es gab andere Handelsstädte: man kann da an Aegina denken, an Chios, einen Umschlagplatz für den Sklavenhandel[17], oder an Marseille, einen Lagerplatz für Waren, die zu den Barbaren im Landesinneren gebracht wurden oder von ihnen kamen[18]. Aber das waren Spezialfälle. Zu ihrer großen Mehrheit bestanden antike Städte im Kern ihrer Bürgerschaft aus Landwirten, gleichgültig ob aktiv tätig oder adlige Landbesitzer, aus Menschen also, deren wirtschaftliches Interesse hauptsächlich und oft ausschließlich dem Land galt. Nicht wenige wichtige Städte waren in gewissem Sinne vollständig agrarisch, d.h. das Land war die einzige Quelle ihres Reichtums, und sie zahlten für die von ihnen eingeführten Metalle, Sklaven und Luxusgüter mit den Überschüssen ihrer landwirtschaftlichen Produktion: Theben z.B. oder Akragas (das römische Agrigentum), die zweitwichtigste Stadt des antiken Sizilien, oder Kyrene, in geringerem Umfang Pompeji. Über sie braucht im vorliegenden Zusammenhang kaum noch mehr gesagt zu werden; ebensowenig über Städte, die für ein gleichbleibend größeres landwirtschaftliches Gebiet als »ihr eigenes« Dienstleistungen erbrachten, wie z.B. in Kampanien; oder über jene Städte, in denen in hellenistischer und römischer Zeit das vielköpfige Personal der Militär- und Reichsverwaltung den Verbrauchssektor aufblähte, wie das in Antiochia in Syrien der Fall war oder in Sirmium (dem modernen Mitrovica) an der Save, einer kleinen Kolonie, die eine kurze Zeit aufsehenerregenden Wachstums als eine der Hauptstädte des Reichs im 4. Jahrhundert erlebte.

Schließlich kommen wir zu der interessanten, schwierigen und vielleicht bedeutsamsten Gruppe, den Städten mit unzureichender landwirtschaftlicher Grundlage und einer echt »gemischten« Wirtschaft, in der Landwirtschaft, Herstellung und Handel ne-

[17] Aristoteles, Politik 1291b 24 sagt lediglich, daß Chios ein Beispiel für eine Handelsstadt war (neben Aegina). Daß aber der Sklavenhandel die Hauptsache war, das scheint mir aus der Feststellung des Thukydides (8, 40, 2) hervorzugehen, daß Chios nach Sparta die meisten Sklaven in Griechenland hatte, und aus der sonderbaren Überlieferung, die mindestens auf den Historiker Theopomp aus dem 4. Jhdt. v. Chr. zurückgeht, der auf der Insel beheimatet war, die Bewohner von Chios seien die ersten Griechen gewesen, die Sklaven gekauft hätten (Athenaios 6, 246C–266F).

[18] Siehe E. Lepore, *Strutture della colonizzazione focea in Occidente,* Parola del Passato 25, 1970, S. 19–54.

beneinander bestehen. Athen ist der zu untersuchende Fall, und zwar nicht nur, weil es die einzige derartige Stadt ist, über die wir fast ausreichend Bescheid wissen, sondern auch, weil seine Wirtschaftsgeschichte in deutlichster Form die Frage aufkommen läßt: Wie zahlte eine antike Stadt für ihre Bedarfsgüter, von denen einige intern produziert, die anderen von außen herangeschafft wurden? Nicht das parasitäre, imperialistische Athen mit den hohen Tributen soll betrachtet werden, sondern Athen im 4. Jahrhundert v. Chr., als es die Kosten nicht an unterworfene Staaten weitergeben konnte*.

Wir sind nicht einmal annähernd in der Lage, eine Bilanz für Import und Export aufzumachen; wir können in der Tat überhaupt gar keine Zahlen nennen; daher müssen wir wieder von Modellen und Hinweisen Gebrauch machen. In seinem Buch, das eine noch immer vielgelesene Antwort auf die Schule von Weber und Hasebroek ist, verkündet Gomme, daß »die Griechen sich sehr wohl der Tatsache bewußt waren, daß sich Import und Export auf lange Sicht in irgendeiner Weise ausgleichen mußten«[19]. Er gibt keine Quelle an, und die wenigen, die es gibt, fallen eindeutig unter Schumpeters Kategorie der »vorwissenschaftlichen Entdeckungen«, die nicht geeignet sind, einen Überbau zu tragen. Plutarchs banale Bemerkung (Solon, 22, 1), daß der athenische Gesetzgeber das Handwerk förderte, weil er wußte, daß Kaufleute nicht gerne in ein Land importieren – und Athen benötigte bereits Getreideimporte –, aus dem sie keine Gegenladung ausführen können, wird sogleich gefolgt von verschiedenen Bemerkungen zu Solons Gesetzgebung in bezug auf Frauen und uneheliche Kinder, die Etymologie der Wörter »Sykophant« und »Parasit« und vieles andere. Die berühmten Stellen bei Plinius dem Älteren (*Naturalis historia* 6, 101; 12, 84), wo er zweifelhafte Zahlen für den Abfluß römischen Goldes und Silbers nach Indien und in andere Länder des Ostens zur Bezahlung für Luxusgüter angibt, sind in moralischer Absicht geschrieben. Jeder Zweifel daran wird durch eine Rede des Dion Chrysostomos (79, 5–6) zerstreut, die sich mit demselben Thema beschäftigt und sich ausdrücklich gegen Verschwendung wendet. Es folgte keine ökonomische Analyse und kein wirtschaftli-

* Mit diesem einfacheren Modell schließe ich absichtlich die Wirkungen aus, die Reichstribute auf die »Zahlungsbilanz« hatten und Truppen, die mehr oder weniger permanent in abgelegenen Teilen eines Reichs stationiert waren.

[19] Siehe A. W. Gomme, *Traders and Manufacturers in Greece*, in: *Essays in Greek History and Literature*, Oxford 1937, S. 42–66, hier S. 45.

ches Programm, weder in den moralischen Schriften noch in der Praxis, sei sie privat oder staatlich[20].

Außerdem übersah Gomme offenbar die Tatsache, daß sogar in unserer komplizierten Wirtschaft viele Städte und Gemeinden »ausschließlich von ihrer Rolle als Marktzentrum leben«, als ein »Zusammenschluß von Verteilungseinrichtungen und Dienstleistungsbetrieben«[21]. Er behauptete steif und fest, daß man die »Bilanz« ermitteln könnte, indem man die Ausfuhren an Wein und Olivenöl, an Manufakturwaren und Silber mit den nicht sichtbaren Ausfuhren (den Gewinnen aus Schiffahrt und Reiseverkehr) zusammenzählte. Die Aufzählung ist einwandfrei, jedoch hilft sie nichts, sofern nicht einige Relationen zwischen den einzelnen Punkten aufgedeckt werden können. Man bedenke, daß wir die bevölkerungsreichste Stadt der griechisch-römischen Welt zu ihrer Zeit betrachten (für den augenblicklichen Zweck müssen Nichtbürger und Sklaven als Verbraucher miteingerechnet werden), die gezwungen war, regelmäßig vielleicht zwei Drittel ihres Weizens zu importieren, alles Eisen, Zinn, Kupfer und Schiffsbauholz, das sie benötigte, alle seine zahlreichen Sklaven (abgesehen von den im Hause aufgezogenen) sowie alles Elfenbein, die Halbedelsteine, den größten Teil an Häuten und Leder und zahlreiche verschiedene Gebrauchsgüter (Flachs für Leinen und Papyrus zum Schreiben eingeschlossen), die für einen jetzt schon traditionell hohen, zivilisierten Lebensstandard unentbehrlich waren. Athen konnte nur seinen Bedarf an Honig, Olivenöl, Tischwein, Silber, Baugestein (einschließlich Marmor), Töpferton und Brennstoff selbst decken; günstig war die Lage wahrscheinlich bei Wolle, Fisch und Fleisch, wo es den eigenen Bedarf nahezu decken konnte. Die Rechnung für Importe war offensichtlich beeindruckend.

Wie wollen wir nun die Exporte bewerten? Ich kann, um damit zu beginnen, den landwirtschaftlichen Produkten keine wie immer geartete Bedeutung beimessen, nicht einmal dem Olivenöl

[20] Daß die zwei Plinius-Texte zu verdrießlichen modernen Versuchen ökonomischer Analyse geführt haben, spielt hier keine Rolle; siehe C. Rodewald, *Money in the Age of Tiberius*, Manchester 1976, Kap. 3; E. H. Warmington, *The Commerce between the Roman Empire and India*, Cambridge 1928, S. 272–318. Die Darstellung bei J. I. Miller, *The Spice Trade of the Roman Empire*, Oxford 1969, Kap. 13, ist reine Phantasie.

[21] B. J. L. Berry, *The Geography of Market Centers and Retail Distribution*, Englewood Cliffs/N. J. 1967, S. 3. Man sollte auch beachten, daß in der früheren Neuzeit Handelsschiffe häufig aus England mit nur wenig oder gar keiner Ladung wieder abfuhren: R. Davis, *Merchant Shipping in the Economy of the Late Seventeenth Century*, Economic History Review 2. R. 9, 1956, S. 59–73.

und dem Wein. Indem er ganz allgemein über Oliven in der griechischen Welt schrieb, bemerkte ein Wirtschaftshistoriker, daß »in einem Gebiet, in dem die Produktion einer Ware so weit verbreitet war, es ganz natürlich ist, wenn wir es nur verstreut erwähnt finden und dann meistens im Zusammenhang mit außerordentlichen Umständen«[22]. Das ist aber nicht einfach eine literarische Konvention, sondern die Folge der Realitäten der griechischen Produktion und des Handels. Die Athener exportierten während ihrer ganzen Geschichte einige Oliven und Olivenöl: das beweist das Gesetz Hadrians vom Jahre 125 n. Chr., durch das ein Drittel der lokalen Produktion dem öffentlichen Verbrauch vorbehalten wird. Dieses Gesetz erinnert uns eindringlich daran, daß griechische (und römische) Städte auch große *Verbraucher* von Olivenöl waren[23]. Letztere Tatsache zugegeben und außerdem, daß der Olivenbaum überall vorhanden war, wo waren die ausländischen Märkte für den Export dieser Ware *aus den bedeutenden Stadtgemeinden* in einem Ausmaß, das groß genug war, um in der Zahlungsbilanz merklich zu Buche zu schlagen? Was den Weinexport anbetrifft, so gelten die gleichen Überlegungen mit der zusätzlichen Einschränkung im Falle Athens, daß sein Wein von minderer Qualität war. Der Außenhandel war wichtig bei berühmten Weinen aus bestimmten Gegenden; *vin ordinaire* wurde normalerweise zu Hause produziert[24].

[22] H. Michell, *The Economics of Ancient Greece*, 2. Aufl., Cambridge 1957, S. 285.

[23] IG II² 1100; ein emendierter Text mit Übersetzung findet sich bei J. H. Oliver, *The Ruling Power*, Transactions of the Amer. Philosophical Society N. F. 43, 1953, 4, S. 960–63.

[24] Im Text habe ich die Worte »aus den bedeutendsten Stadtgemeinden« kursiv gesetzt, um zu unterstreichen, daß im vorliegenden Zusammenhang ein solches Weinbaugebiet wie die römische Provinz Baetica in Südspanien bedeutungslos ist. Der häufig erörterte italienische Weinhandel der späten Römischen Republik und der Kaiserzeit ist hier ebenso weitgehend belanglos. Die meisten Weine Italiens wurden nach Rom geschickt, das einen phantastischen Verbrauch an Wein hatte, oder in andere Städte Italiens und zu den römischen Truppen im Norden, also z. B. nach Pannonien, bis dort selbst genügend Wein produziert wurde. Es handelte sich daher nicht um Export ins Ausland, der Importe im hier betrachteten Sinne aufwog. L. Casson, *The Grain Trade of the Hellenistic World*, Transactions of the Amer. Philological Assn. 85, 1954, S. 168–87, ist eine nützliche Sammlung von Angaben, doch ist der Verfasser derart auf die Handelsbilanz fixiert, daß er einfach den falschen Eindruck erweckt, Weinexporte könnten neben dem Export verschiedenster Produkte wie Honig, Walkerde und Käse in beträchtlichem Maße, wenn nicht ganz einen Getreidehandel aufwiegen, für den nach seinem eigenen Urteil zu gewissen Zeiten »eine organisierte Flotte eingesetzt wurde, die ... bis zu den Tagen der Dampfschiffahrt nicht ihresgleichen fand«.

Bei zwei anderen Dingen aus der Aufzählung Gommes liegen die Dinge ganz anders. Silber war die wichtigste Einkommensquelle Athens und wurde in beachtlicher Menge exportiert; dabei war es belanglos, ob das in Barren oder Silbermünzen geschah. Für Xenophon (Poroi, 3, 2) war Athen im Besitz des großen Vorteils, daß Importeure, »die keine Gegenladung übernehmen wollten«, einen ansehnlichen Gewinn machen konnten, indem sie einfach Silber mitnahmen. Daher baute sein Programm in der kleinen Schrift über die Staatseinkünfte auf die unerschöpflichen Minen in Laureion und die Anwesenheit zahlreicher Metöken auf. Letztere waren Urheber dessen, was wir unsichtbare Ausfuhren nennen und wofür Athen zwei miteinander zusammenhängende Vorteile besaß. Es wurde früh, vielleicht schon zur Zeit der Tyrannis am Ende des 6. Jahrhunderts v. Chr., ein Handelszentrum und Umschlagsplatz sowie wenig später ein Touristenzentrum. Die Anfänge liegen im Dunkeln, doch kann man das fortgesetzte Wachstum der Stadt in beider Hinsicht leicht verfolgen, ebenso wie die Art und Weise, in der sich die beiden Vorteile gegenseitig steigern und in der das Reich einen weiteren Antrieb liefert. Wir dürfen nicht zu hoch greifen und nur auf die Großen Dionysien und die Sophisten sehen. Der Piräus war ein internationaler Hafen mit allem, was dazugehört, und es gab auch gut zahlende Besucher wie den Sohn des Edelmannes von der Krim, jenen Kläger in der siebzehnten, unter dem Namen *Trapeziticus* bekannten Rede des Isokrates, für den das Lernen (*theoria*) ein dehnbarer Begriff war. Die Zuhälter bei Menander, Plautus und Terenz sind keine Erfindung der Komödie; es ist reiner Zufall, daß sich das Geschehen der pseudo-demosthenischen Rede gegen Neaira hauptsächlich in Korinth statt in Athen abspielt. Das ständige Kommen und Gehen Zehntausender von »Ausländern«, von Griechen und anderen, zu welchem Zweck auch immer, leistete einen größeren, wenn auch nicht meßbaren Beitrag zu der athenischen Zahlungsbilanz.

Ich habe die Ausfuhr von Manufakturwaren an das Ende gestellt. Das ist der Schlußstein des Modells von Gomme. Oder vielleicht sollte ich sagen, das fehlende Bindeglied: Belege für athenischen Export von Manufakturwaren, außer Keramik, sind tatsächlich nicht vorhanden, und die griechische Vorliebe für bemalte Keramik ließ im 4. Jahrhundert v. Chr., also genau dem Jahrhundert, das wir betrachten, plötzlich (und unerklärlicherweise) nach. Wieviel »muß es da gegeben haben« auf dem Gebiet der Herstellung für den Export, obwohl aus den verfügbaren

Quellen nichts davon erkennbar wird? Zu dieser Frage gibt es klare Vorstellungen bei antiken Schriftstellern, und ich will mit zwei aufschlußreichen Texten beginnen, die beide von Xenophon stammen.

Die überlegene Qualität der Speisen, die am persischen Hofe serviert werden, so erklärt er (Kyropaedie 8, 2, 5), sei bei der großen Zahl des Küchenpersonals nicht überraschend. »Denn ebenso wie die verschiedenen Handwerkskünste in den großen Städten am höchsten entwickelt sind, sind auf dieselbe Weise auch beim König die Speisen besonders gut zubereitet. In den kleinen Städten nämlich fertigen dieselben Leute ein Bett, eine Tür, einen Pflug, einen Tisch, und oft baut auch ebenderselbe Mann Häuser und ist zufrieden, wenn er so nur genügend Arbeit findet, um sich zu ernähren. Nun ist es aber unmöglich, daß ein Mensch, der vieles macht, alles gut macht. In den großen Städten aber genügt jedem auch ein Handwerk, um sich zu ernähren, da viele einer jeden Sache bedürfen. Oft genügt auch weniger als ein ganzes Handwerk: z.B. fertigt der eine Schuhe für Männer, der andere für Frauen. Es gibt auch Orte, wo einer allein davon lebt, Schuhe zu reparieren, ein anderer nur davon, sie zuzuschneiden, wieder ein anderer nur davon, daß er die Oberleder zusammennäht, und schließlich einer, der nichts von all dem tut, sondern diese Teile zusammenfügt. Es ist nun aber zwingend, daß der, der auf einem kleinen Gebiet arbeitet, seine Arbeit am besten kann.«

Dies ist der wichtigste antike Text zur Arbeitsteilung[25], doch mein augenblickliches Interesse richtet sich auf etwas anderes, nämlich darauf, daß der niedrige Stand und die mangelnde Anpassungsfähigkeit der Nachfrage sowie die Gefahr der Überproduktion betont werden. Nachfrage steht in einem einfachen arithmetischen Verhältnis zu Zahlen: je größer die Stadt, desto größer die Nachfrage. Und selbst in großen Städten, so erzählt uns Xenophon an anderer Stelle, würde die Nachfrage keinem Druck standhalten. Bei der Verteidigung seiner Vorschläge in den *Poroi*, die eine so hohe Steigerung des Silberbergbaus vorsahen, daß jeder Bürger eines Tages seinen Lebensunterhalt gänzlich vom Staat beziehen könnte, argumentiert er folgendermaßen

[25] Ich habe diesen Aspekt der Textpassage mit ihrer Betonung eher der Qualität als der Quantität der Produktion untersucht in *Technical Innovation and Economic Progress in the Ancient World*, Economic History Review 2. R. 18, 1965, S. 29–45, sowie in *Aristoteles und ökonomische Analyse*, Jahrbuch für Wirtschaftsgeschichte 1971/2, S. 87–105.

(4, 4–6): »So ist von allen Tätigkeiten, die ich kenne, der Silberbergbau die einzige, bei der niemand diejenigen, die in eigenem Interesse expandieren, beneidet. ... Wenn viele Kupferschmiede werden, wird ihre Arbeit billiger, und sie ziehen sich wieder zurück, und bei den Eisenhändlern ist das genauso. ... Aber je mehr Silbervorkommen entdeckt werden ..., desto mehr Leute beschäftigen sich damit.«

In beiden Passagen denkt Xenophon nur an Fabrikation für den lokalen Markt; sonst ergäben seine Bemerkungen keinen Sinn[26]. Ähnlich ist es, wenn Aristoteles in der *Politik* (1291 b 22–25) Beispiele von Städten nennt, in denen der *demos* außergewöhnliche Gelegenheit zu nichtlandwirtschaftlicher Beschäftigung findet. Er nennt speziell Fischerei (Byzantium und Tarentum), Handel (Aegina und Chios), Fährschiffahrt (Tenedos) und die Flotte (Athen), aber keine besondere Fabrikation. Strabo (8, 6, 20–23) erklärt in aller Breite, was die Grundlage für den Reichtum Korinths war, das von den Römern 146 v. Chr. gebrandschatzt wurde; er weiß nichts von irgendeiner Fabrikation für den Export. Unter den endlos verschiedenen Symbolen auf griechischen Münzen sind beliebte landwirtschaftliche Produkte nicht ungewöhnlich, während Fabrikationsprodukte als Symbole unbekannt sind. Wenn griechische und römische Moralschriftsteller zugeben, wie widerstrebend es auch immer sein mag, daß die im Außenhandel Tätigen anders als die örtlichen kleinen Ladenbesitzer von manchem Wert sind, so wird ihnen stets ihr öffentliches Verdienst als Importeure angerechnet, nicht als Exporteure: es ist nicht nötig, daß ich die betreffenden Zitate aus Aristoteles und Cicero wiederhole. Es gab außerordentliche Schutzmaßnahmen für die Landwirtschaft, wie z. B. ein Gesetz der Insel Thasos in der nördlichen Ägäis aus dem späten 5. Jahrhundert v. Chr., das den Import ausländischen Weines in die Küstengebiete auf dem thrakischen Festland, das Thasos kontrollierte, untersagte[27]. Ich weiß von keinem vergleichbaren Gesetz, das die Fabrikation schützte.

[26] Es ist erstaunlich, daß N. J. G. Pounds, *The Urbanization of the Classical World*, Annals of the Amer. Assn. of Geographers 59, 1969, S. 135–57, hier S. 144, den Absatz aus der *Kyropaedie* in dem Sinne falsch versteht, daß dort gesagt werde, größere Städte hätten »Funktionen, die offensichtlich in Zusammenhang stünden ... mit einem Bedarf, der weit über ihre eigenen territorialen Grenzen hinaus entstehe«. Das steht nicht im Text und erscheint in diesem Zusammenhang nicht verständlich. Das Zitat aus Aelius Aristides (An Rom 61), das Pounds dann anführt, hat mit dem Thema nichts zu tun.

[27] IG XII Suppl. 347.

Ich will die Aufzählung nicht weiterführen. Man wird einwenden, daß all dies Argumente *e silentio* sind. Ich antworte darauf, daß bei der Beschaffenheit der Quellen die Frage darauf hinausläuft, wie wir ihr Schweigen interpretieren. Ist es, nach Gomme, ein rein zufälliges Überleben literarischer und archäologischer Belege, oder ist es eine Angelegenheit antiken literarischen Geschmacks? Oder ist es, wie ich glaube, ein Schweigen, das man auf die denkbar einfachste Weise erklären kann, weil es nämlich tatsächlich nichts zu sagen gab? Sicher gab es einige Fabrikationsprodukte, die planmäßig für den Export bestimmt waren, wie die Schuhe und Sommermäntel, die an einem uns unbekannten Ort hergestellt wurden, um einmal im Jahr von einem Athener in so geringer Zahl nach Kyrene gebracht zu werden, daß Bischof Synesios besorgt war, er könnte die Gelegenheit zum Kauf verpassen. Da gab es die feinen Leinengewänder aus Tarsus, der Heimatstadt des Apostel Paulus, die im ganzen Römischen Reich berühmt waren. Sie sicherten den Webern dieser Stadt ein offenbar regelmäßiges Einkommen für ihren Lebensunterhalt, aber doch auf so geringem Niveau, daß nur wenige die Gebühr von 500 Drachmen aufbringen konnten, die zum Erwerb des örtlichen Bürgerrechts notwendig war (Dion Chrysostomos 34, 21–23). Da gab es Patavium (Padua), das in einem bekannten Schafzuchtgebiet lag und über einen Fluß Zugang zum Meer hatte. Eine Zeitlang exportierte es in der frühen Kaiserzeit Wollwaren in beachtlichem Ausmaß nach Rom, besonders elegante Teppiche und Decken (Strabo 5, 1, 7, 12)[28]. Da war Arretium (Arezzo), wo man für ganz kurze Zeit ansehnliche Vermögen durch das Monopol für die eben in Mode gekommene Terra sigillata gewinnen konnte, ein Monopol, das keine zwei Generationen überdauerte. Die wichtigsten Orte, die die Nachfolge Arezzos übernahmen, Lezoux und La Graufesenque in Gallien, exportierten tatsächlich ihre Ware eine lange Zeit hindurch in das gesamte westliche Reich, doch die Töpfer selbst waren kleine Leute, nicht im mindesten Wedgwoods.

David Hume hatte nicht wirklich unrecht, als er sich »an keine Stelle bei irgendeinem antiken Autor erinnern kann, wo der Aufstieg einer Stadt der Errichtung einer Manufaktur zugeschrieben wird«[29]. Leinweberei war nicht die Grundlage für den

[28] Die Belege für Schafzucht in diesem Gebiet sind gesammelt bei G. E. F. Chilver, *Cisalpine Gaul,* Oxford 1941, S. 163–67; aber siehe P. A. Brunt, *Italian Manpower 225 B. C.–A. D. 14,* Oxford 1971, S. 181f.

[29] Das vollständige Zitat in Kap. 1, Anm. 14.

Aufstieg von Tarsus, und die Herstellung von Schuhen und Mänteln nicht für den Aufstieg Athens; was Lezoux und La Graufesenque angeht, so sind sie nur in archäologischen Handbüchern blühende Städte, während Patavium schon lange vor der Zeit, als die alles verschlingende Stadt Rom einer seiner Märkte wurde, ein Zentrum der Wollherstellung in (und für) das norditalienische Schafzuchtgebiet war[30].

In Arezzo gab es während seiner relativ kurzen Blütezeit Töpfereien, die über fünfzig Sklaven beschäftigten. Die Schildfabrik des Kephalos im Athen des 5. Jahrhunderts hatte mehr als hundert Sklaven. Gomme hat recht zu betonen, daß Werkstätten über diese Größe nicht hinauswachsen konnten und auch nicht hinauswuchsen, bis die Industrielle Revolution das Gewicht des unternehmerischen Einsatzes von Arbeit auf Ausrüstung, auf Investitionsgüter verlagerte. Es ist mit ziemlich überschwenglichen Worten behauptet worden, daß solche Ausgrabungsbezirke wie das Töpferviertel von Korinth ihrer äußeren Erscheinung nach an »die Kunsthandwerkerviertel in mittelalterlichen Städten« erinnern[31]. Aber es scheint, man hat allgemein übersehen, daß die Ausgräber von Tarsus kein Kontor der Tuchmacher gefunden haben, daß allen antiken Städten die Zunfthäuser und Börsen fehlten, die neben den Kathedralen bis heute die architektonischen Glanzstücke der bedeutenden mittelalterlichen Städte in Italien, Frankreich, Flandern, der Hansestädte oder der Städte Englands sind. Man vergleiche die athenische Agora mit der Grande Place in Brüssel. Pausanias hat nichts übersehen, wenn er

[30] Es wäre Zeitverschwendung und unnütze Mühe, die Liste antiker Städte aufzuzählen, die von dem einen oder anderen modernen Geschichtsforscher in den Rang eines Industriezentrums erhoben worden sind, doch verdient es Capua vielleicht, als einzige genannt zu werden, denn es hat ganz besondere Beachtung gefunden. Als die wichtigste Stadt in Kampanien von frühester Zeit an stellte es ganz natürlich ein Hauptproduktionszentrum für die von den Landbesitzern der Gegend benötigten Geräte dar, wenn auch nicht das einzige (Cato, De agricultura 135). Es wurden dort auch schöne Bronzen für den Export vornehmlich in den Norden produziert, die in beträchtlicher, aber nicht ungewöhnlicher Zahl archäologisch nachweisbar sind. Sie setzen keine größer angelegte Tätigkeit voraus als die anderen Fälle, die ich am Schluß des Kapitels I genannt habe, in denen die moderne Interpretation über das Ziel hinausschießt. Doch es wird noch mehr behauptet. »Daß viel von den normalen römischen Bronzewaren in Capua produziert wurde, kann nicht ernsthaft in Frage gestellt werden«: M. W. Frederiksen, *Republican Capua. A Social and Economic Study*, Papers of the British School at Rome 27, 1959, S. 80–130, hier S. 109. Das ist nicht glaubhaft – Rom hatte seine eigene Bronzeindustrie –, und nichts in Frederiksens langer Darstellung bietet einen einleuchtenden Beweis, um diese Behauptung zu stützen.

[31] Martin, *L'Urbanisme*, S. 34.

diese Art von Gebäuden bei der Verhöhnung der kleinen Stadt in Phokis ausließ.

Die Tuchmacher in Flandern hatten keine Schwierigkeiten, den finanziellen Verpflichtungen nachzukommen, die mit dem Bürgerrecht verbunden waren; im Gegenteil, sie waren ein wesentlicher Bestandteil der herrschenden Oligarchien. Die politische Rolle der Zünfte unterschied die mittelalterliche von der antiken Stadt ebenso, wie die politische Rolle des Bauerntums die antike von der mittelalterlichen Stadt unterschied[32]. Nicht nur, daß es in der Antike keine Zunfthäuser gab, sondern es gab auch keine Zünfte, gleichgültig wie oft man auch die römischen *collegia* und ihre verschiedenartig benannten griechischen und hellenistischen Entsprechungen in diesem Sinne falsch übersetzt. Die *collegia* spielten eine wichtige Rolle in dem sozialen und religiösen Leben der unteren Klassen, seien es Freie oder Sklaven; gelegentlich erfüllten sie wohltätige Zwecke, wie z. B. bei der Finanzierung von Begräbnissen; sie wurden niemals zur Ordnungsmacht oder Interessenvertretung des betreffenden Berufs*, das war aber natürlich der Grund für die Existenz der echten Zünfte in Mittelalter und Neuzeit[33].

Der Gegensatz zwischen Antike und Mittelalter steht in engem Zusammenhang mit der unterschiedlichen Größe und Bedeutung, die die Produktion für den Export in den beiden Welten hatte. Die lokalen Bauern blieben eine Konstante: Männer mit den kleinen Besitzungen, die wir untersucht haben, selbst auch die freien Bauern und Bürger stellen den kleinsten und denkbar unbeweglichsten Markt für städtische Produkte dar. Das ist der Grund dafür, daß »in den meisten bäuerlichen Gesellschaften Märkte eher periodisch als permanent und ununterbrochen abgehalten werden.... Die Nachfrage pro Kopf nach Gütern, die auf dem Markt verkauft werden, ist gering, das Einzugsgebiet des Marktes ist durch die primitive Transporttechnik begrenzt, und die Nachfrage insgesamt reicht daher nicht aus, daß sich ständige Geschäftslokale lohnen.«[34] Was auf die Bauern hinsichtlich des

* Im spätrömischen Kaiserreich wurden einige *collegia* zwangsweise Agenten des Staates, aber das ist eine ganz andere Funktion.

[32] Weber, *Agrarverhältnisse im Altertum*, S. 257; vgl. seine *Wirtschaftsgeschichte*, hrsg. v. S. Hellmann und M. Palyi, München/Leipzig 1923, passim. (an Hand des detaillierten Inhaltsverzeichnisses).

[33] G. Mickwitz, *Die Kartellfunktion der Zünfte ...*, Societas Scientiarum Fennica, Commentationes Humanarum Litterarum 8/3, 1936, Kap. 5, ist grundlegend.

[34] B. L. J. Berry, *The Geography of Market Centers and Retail Distribution*, Englewood Cliffs/N. J.. 1967, S. 93. Über periodische Märkte in verschiedenen

Umfangs der Nachfrage zutrifft, trifft nicht weniger auf die städtische Bevölkerung zu (allerdings nicht in bezug auf die periodische Eigenschaft des Marktes). Die Produktion kann daher in dem Ausmaß und nur in dem Ausmaß ansteigen, in dem Exportmärkte da sind, also in der Antike Märkte, die für den Verkehr zu Wasser erreichbar sind. Die weitgehend verbreitete Autarkie der Haushalte in Bedarfsgütern genügte, um der umfassenden Produktion für den Export einen Riegel vorzuschieben.

Das ist es, was Max Weber meinte, als er die antike Stadt als ein Konsumzentrum, nicht als ein Zentrum der Produktion bezeichnete. Er übersah nicht die vielen Handwerker, die es zu Hunderten gab und die eine unendliche Zahl mannigfaltiger Dinge von ebenso mannigfaltiger Qualität herstellten, aber er ordnete sie innerhalb der Struktur der Stadt richtig ein. Das Niveau des Konsums wuchs im Laufe der Alten Geschichte bisweilen zu phantastischem Ausmaß an. Die Belege sind allzu gut bekannt, als daß man sie wiederholen müßte. Von Zeit zu Zeit machten die Regierenden den Versuch, Übertreibungen einzuschränken: Gesetze über Aufwand werden mit den Namen so weitgehend unterschiedlicher Personen verbunden wie Solon, Demetrios von Phaleron, Sulla, Julius Caesar und Augustus. Der jüngere Plinius wurde im frühen zweiten Jahrhundert von Trajan nach Bithynien geschickt, um Ausschweifung und Verschwendung bei der Verwendung öffentlicher Mittel zu unterbinden. Immer war das Ziel dasselbe, nämlich die soziale Elite an der Selbstvernichtung zu hindern, nachdem sie sich in den starken, durch die Erfordernisse ihres Status verursachten Zwängen verfangen hatte. Diese Absicht ist in keiner Weise zu vergleichen mit der Colberts z. B., als er die Zahl der kirchlichen Feiertage reduzierte, um die Produktivität der französischen Arbeiter und Bauern zu erhöhen.

Ich fasse zusammen: Im wesentlichen beruhte die Fähigkeit antiker Städte, für ihre Ernährung, Metalle, Sklaven und andere Bedarfsgüter zu zahlen, auf vier veränderlichen Größen: der Höhe der lokalen landwirtschaftlichen Produktion, d. h. des Ertrages in dem zu der Stadt gehörigen ländlichen Gebiet; dem eventuellen Vorhandensein besonderer Ressourcen, also vor allem Silber, aber auch anderer Metalle oder besonders begehrter Weine oder Ölfrüchte; den unsichtbaren Exporten durch Handel und Tourismus; und viertens dem Einkommen aus Landbe-

Gegenden des Römischen Reichs siehe R. MacMullen, *Market-days in the Roman Empire,* Phoenix 24, 1970, S. 333–41.

sitz und aus dem Reich, d.h. Pachten, Steuern, Tributen, Geschenken von Klientelstaaten oder Unterworfenen. Der Beitrag, den Manufakturwaren leisteten, war geringfügig; es ist nur eine falsche Vorstellung, die Historiker dazu verleitet, nach ihnen zu suchen, wo sie nicht bezeugt sind und wo es sie nicht gab.

Man wird bemerkt haben, daß ich außerdem die Größe der Stadt nicht als eine bedeutsame Veränderliche genannt habe. Auch in dieser Beziehung war die Tendenz in der Antike stark steigend und erreichte ihren Höhepunkt in den ersten beiden Jahrhunderten des römischen Kaiserreichs. Damals gab es nicht nur die wenigen großen Metropolen, angeführt von Rom selbst, sondern auch, besonders in der östlichen Reichshälfte, eine Reihe von Städten in der Größenordnung von 100000 Einwohnern. Die neue Dimension war überall sichtbar: selbst eine unbedeutendere Stadt wie Pompeji hatte zum Zeitpunkt ihrer Zerstörung im Jahre 79 n.Chr. ungefähr 20000 Einwohner, eine Zahl, die von nicht mehr als einem Dutzend griechischer Städte der klassischen Zeit überschritten wurde. Einesteils war dieses Wachstum der Städte die Folge eines allgemeinen Bevölkerungsanstiegs; andernteils spiegelt es das vergrößerte Ausmaß des Handels und den vermehrten Reichtum in Händen der oberen Klassen wider. Doch in der Hauptsache war es eine Folge der neuen politischen Verhältnisse, der Tatsache, daß der Stadtstaat durch ein großes bürokratisch geführtes Reich ersetzt wurde. Größere Städte (oder Militärzentren) bedeuteten danach erhöhte interne Nachfrage nach den Diensten des städtischen Handwerks, und in einigen Fällen, vor allem in Rom, gab es auch über das unmittelbare Hinterland hinaus in beträchtlicher Entfernung auf dem Lande einen Anstoß dafür, z.B. den Wein und Schweinefleisch für römische Verbraucher zu liefern. Was man jedoch nicht feststellen kann, ist irgendeine merkliche Einwirkung auf die städtische Herstellung für den Export.

Es ist nicht von großer Bedeutung, daß die Städte die Steuern und Tribute weitgehend verloren, die den früheren Stadtstaaten so sehr geholfen hatten. Obwohl diese Einnahmen jetzt eigentlich an die Reichskasse fielen, fand ein großer Teil seinen Weg in viele andere Städte als Rom in Gestalt von Löhnen, Nebenverdiensten und Schenkungen, die an eine wachsende Zahl von Reichsbeamten und ihre Stäbe ausgezahlt wurden, oder das Geld gelangte über die Truppen dorthin. Im übrigen wurden größere Einkommen in den Städten, besonders von dem Teil der Bevölkerung, unter dem sich die großen Verbraucher befanden, aus denselben Quellen wie vorher gewonnen, nämlich aus dem Land, aus dem Verwaltungsdienst und aus unsichtbaren Exporten. Aus Gründen, die vorher genannt wurden, waren es hohe Einkommen: es ist vielleicht kein Zufall, daß diese Periode zunehmender Verstädterung, eines absoluten und relativen zahlenmäßigen Anstiegs der wirtschaftlich parasitären Klassen, der aufwendigen Lebensgewohnheiten, zugleich die Periode war, während der der Unterschied zwischen *honestiores* und *humiliores* seine volle Bedeutung erlangte, was ein Zeichen für das Absinken des Status der armen Freien war, von Handwerkern wie von Bauern. Jeder Gedanke daran, durch Fabrikation die Einkünfte der Stadt zu steigern, war nicht an der Tagesordnung: es gab weder finanzielle Anreize noch Marktchancen für diejenigen, die das potentielle Kapital besaßen, aber es gab mächtige sozialpsychologische Widerstände dagegen. Im Gegensatz dazu garantierte die agrarische Welt des feudalen Europa den mittelalterlichen Städten die äußeren Märkte, die den antiken Städten fehlten. Die Könige, der Adel und die kirchlichen Würdenträger, die auf ihren Landsitzen oder in kleinen Siedlungen lebten, gestalteten das Verhältnis von Stadt und Land grundlegend verschieden von dem ihrer Vorfahren als Landbesitzer, die meist zu Städtern geworden waren[35].

Dieselbe Art von mangelnder Ermutigung bildet den Hintergrund für einen anderen Aspekt der antiken Wirtschaft, den ich einige Male erwähnt habe, nämlich die Beschaffenheit dessen, was man ungefähr mit ihrem Geschäftsgebaren umschreiben könnte. Es war eine Geschäftswelt, die niemals Kreditgeld in irgendeiner Form schuf oder übertragbare Wertpapiere. Geld war bare Münze, meist Silber, und ein beträchtlicher Teil davon war gehortet und in Geldtruhen vergraben, oder es lag häufig als zinslose Einlage bei Banken[36]. Zahlungen wurden in barer Münze gemacht und nur unter besonderen Bedingungen durch einen Übertrag innerhalb einer bestimmten Bank oder in den Geldschränken einer römischen Steuerpachtgesellschaft. Im griechischen Recht waren Käufe nicht gesetzlich bindend durchgeführt, bis nicht der Kaufpreis in voller Höhe bezahlt worden war; Käufe auf Kredit wurden in Form fingierter Darlehen getätigt (und können daher normalerweise in den Quellen nicht

[35] G. W. Fox, *History in Geographic Perspective*, New York 1971, hat einige anregende Bemerkungen hierzu, besonders in Kap. 3.

[36] Beispiele gibt R. Bogaert, *Banques et banquiers dans les cités grecques*, Leiden 1968, S. 336, 368ff.

gefunden werden). Der Geldverleih war unendlich häufig unter Griechen und Römern, wie wir gesehen haben, doch alle Verleiher mußten sich streng nach dem tatsächlich vorhandenen Betrag an Bargeld richten, der zur Verfügung stand; es gab mit anderen Worten keinerlei Verfahren zur *Kreditschöpfung* mittels übertragbarer Wertpapiere[37]. Das vollkommene Fehlen einer öffentlichen Verschuldung ist in diesem Zusammenhang ein bedeutsamer Hinweis. Kein Grieche oder Römer könnte eine moderne Definition des Geldvolumens als »der Summe der Bankverbindlichkeiten zuzüglich des baren Geldes im Publikumsbesitz der Nicht-Banken« verstanden haben[38].

Eine kürzlich angefertigte, gründliche Studie des griechischen Bank- und Kreditwesens konnte nicht mehr als zwei tatsächlich belegbare Fälle ans Licht bringen (von denen einer zweifelhaft ist), in denen Geld für geschäftliche Zwecke verliehen wurde, sei es für Landwirtschaft, Handel oder Herstellung. In den Quellen aus allen Epochen gab es nicht mehr als diese zwei Fälle, wenn man von den Seekrediten (oder Schiffskrediten) absieht, die eine Ausnahme bildeten und so erklärt werden müssen, daß die Funktion dieser Art von Darlehen eher die einer Versicherung war und es sich nicht um eine Form von Kredit handelte[39]. (Die in der Antike bestehenden Einrichtungen, die wir beschlossen haben »Banken« zu nennen, tauchen im Reedereigeschäft kaum auf[40].) Sicher gab es geschäftliche Vorgänge, die in unseren Quellen keinen Niederschlag gefunden haben, doch ist nicht zu bezweifeln, daß die übliche Kreditvergabe bei den Griechen nicht Produktionszwecken diente.

[37] Siehe mein *Land, Debt, and the Man of Property in Classical Athens*, Political Science Quarterly 68, 1953, S. 249–68; vgl. Bogaert, *Banques*, S. 352–55; J. Rougé, *Recherches sur l'organisation du commerce maritime en Méditeranée sous l'empire romain*, Paris 1966, Teil 3, Kap. 2 und 7.

[38] B. J. Fogel und S. L. Engerman (Hrsg.), *The Reinterpretation of American Economic History*, New York 1971, S. 441.

[39] Bogaert, *Banques*, S. 256f. Die beiden Beispiele sind Demosthenes 40,52 sowie Lysias, frg. 38,1; letzteres ist sicher zweifelhaft.

[40] Bogaert, *Banques*, S. 355; R. Bogaert, *Banquiers, courtiers et prêts maritimes à Athènes et à Alexandrie*, Chronique d'Egypte 40, 1965, S. 140–56, eine Darstellung, die von E. Erxleben, *Die Rolle der Bevölkerungsklassen im Außenhandel Athens im 4. Jahrhundert v. u. Z.*, in: *Hellenische Poleis*, hrsg. v. E. Ch. Welskopf, 4 Bde, Bd. 1, S. 460–20, hier S. 490–94, modifiziert worden ist. Siehe allgemein dazu G.E.M. de Ste. Croix, *Ancient Greek and Roman Maritime Loans*, in: *Essays in Honour of W. T. Baxter*, hrsg. v. H. Edey und B.S. Yamey, London 1974, S. 41–59. Es ist bezeichnend, daß es nur einen verstümmelten Papyrus gibt, der ein Seedarlehen zum Gegenstand hat, und sehr wenige römische Primärquellen: Rougé, *Commerce*, Teil 3, Kap. 2.

Die Struktur der römischen Bürgerschaft bot nicht die rechtliche Schranke zwischen Land und Kredit, die für den griechischen Stadtstaat charakteristisch war und die ich zuvor untersucht habe. Cicero wandte sich an die *faeneratores*, um Geld für den Ankauf eines Stadthauses zu beschaffen (An seine Freunde 5, 6, 2). Doch als Plinius erwog, ein großes Gut in Umbrien zu kaufen (Briefe 3, 19), war er weit entfernt von der Absicht, sich wegen einer Hypothek an einen berufsmäßigen Geldverleiher zu wenden, sondern er plante das Gegenteil, nämlich seine eigenen, gegen Zinsen ausgeliehenen Gelder zurückzufordern. Außerdem wollte er, wenn nötig, auf die Kasse seiner Schwiegermutter zurückgreifen, um jeden Fehlbetrag auszugleichen. Wessen Verhalten war typischer, das des Cicero oder das des Plinius? Bis eine Studie des römischen Kreditwesens geschrieben wird, vergleichbar der Arbeit über das griechische Bankwesen, die ich kürzlich erwähnte, sind wir auf Vermutungen angewiesen. Meine Hypothese ist, daß auch unter den Römern Kreditaufnahme in großem Stil, d. h. Kreditaufnahme unter den vermögenden Leuten, nicht für Produktionszwecke erfolgte, sondern für Verbrauchszwecke, worunter ich natürlich auch Darlehen für politische Ziele einrechne[41]. Kurzfristige Darlehen, mangelhafte Buchführung (einschließlich der üblichen Praxis, für private Zahlungen keine Quittung auszustellen), das Fehlen einer Vorstellung von Amortisation – ich brauche wohl nicht zu wiederholen, was ich über all diese Punkte schon gesagt habe – waren alles Nebenerscheinungen dieses fundamentalen Sachverhalts. Ebenso war das übrigens das Pfandleihgeschäft und das Geschäft mit Kleinkrediten zu Wucherzinsen, das auf Kosten der Armen blühte.

Demzufolge war nicht nur das Auf und Ab der Produktion stets Naturkatastrophen oder politischen Schwierigkeiten und nicht zyklischen Krisen zuzuschreiben, sondern es stellt sich auch heraus, daß die sogenannten »Kreditkrisen« dieselben Wurzeln hatten und nicht auf dem Spiel von Angebot und Nachfrage eines normalen »Geldmarktes« beruhten. Auf ersteres waren sie zurückzuführen und wurden sie auch zurückgeführt: Cicero waren die Folgen einer plötzlichen Münzknappheit für Zinssätze und Bodenpreise peinlich bewußt, und nahezu drei Jahrhunderte später zeigte der Geschichtsschreiber Dio Cassius umgekehrt

[41] Das ist der tiefere Sinn des von Rougé, ibid., untersuchten Materials. Ich meine »offenbar«, denn Rougés Methode richtet sich auf den entstehenden Eindruck, ist nicht quantitativ.

dieselbe Kenntnis, als er beschrieb, wie Augustus den erbeuteten ägyptischen Staatsschatz nach Rom brachte[42]. Man hat jedoch beobachtet, daß kein antiker Kommentator, ganz gleichgültig wie »aufmerksam gegenüber den speziellen Umständen, in denen er sich von Tag zu Tag fand oder die er als Historiker beschrieb, irgendwelche Überlegungen über das anstellt, was wir langfristige Veränderungen nennen, über die jahrhundertelangen Preisbewegungen«[43].

Ein elementarer, aber beispielhafter Fall einer Kreditkrise, die aus einer militärischen Katastrophe entstand, ist durch die Erhaltung eines langen komplizierten Dekrets der Stadt Ephesus aus dem Anfang des 3. Jahrhunderts v. Chr. bekannt. Dort wird eine zeitlich begrenzte Stundung für Zahlungen festgelegt, die infolge von Hypothekardarlehen auf Ackerland oder als Mitgift und für andere Verpflichtungen zu leisten sind[44]. Der Hintergrund für diese Notstandsgesetzgebung ist in Jahren fortgesetzter Kriegführung zwischen den Nachfolgern Alexanders des Großen zu sehen. Ephesus lag in einem der Hauptkampfgebiete und war verwüstet. Daher gab es dort eine Krise.

Oder der Bürgerkrieg, der Julius Caesar an die Macht brachte, entfachte unter den vermögenden Kreisen Roms die Furcht vor »demagogischen« Maßnahmen zur Annullierung der Schulden. Die Zinssätze wurden von den Volkstribunen herabgesetzt; Kreditgeber forderten die gegebenen Darlehen zurück; Schuldner waren nicht in der Lage zu zahlen; ihr Land wurde beschlagnahmt und überschwemmte den Markt, während Münzgeld buchstäblich versickerte. Caesars Bemühungen, mit der Situation fertig zu werden, schlossen einen nutzlosen Angriff gegen die

[42] Cicero, *Epistulae ad Atticum* 7, 18, 4; 9, 9, 4; 10, 11, 2; 10, 14, 1, alle aus der ersten Hälfte des Jahres 49 v. Chr. Die Krise unter Caesar wird in meinem unmittelbar folgenden Text erwähnt werden; Dio Cassius 51, 21, 5 (vgl. Sueton, *Augustus* 41, 1–2).

[43] C. Nicolet, *Les variations des prix et la »théorie quantitative de la monnaie« à Rome, de Cicéron à Pline l'Ancien,* Annales: Economies, Sociétés, Civilisations 26, 1971, S. 1203–27, hier S. 1225. Die in Anführungsstriche gesetzte Formulierung im Titel und vieles im ersten Teil der Erörterung zeigen die Neigung, ursprünglichen gesunden Menschenverstand zu sehr als »Theorie« zu sehen, wie Nicolet selbst in der Tat in dem von mir zitierten Satz einräumt; vgl. die Stellungnahmen M.H. Crawfords, die unmittelbar darauf in den Annales (S. 1228–33) unter dem Titel *Le problème des liquidités dans l'antiquité classique* folgen. Eine interessante Erörterung der Folgen von Münzknappheit, die man allzu leicht übersieht, ist die von J. M. Kelly, *Roman Litigation,* Oxford 1966, Kap. 3.

[44] Syll. 364. Der Text mit italienischer Übersetzung und einem kurzen Kommentar findet sich bei D. Asheri, *Leggi greche sul problema dei debiti,* Studi classici e orientali 18, 1969, S. 5–122, hier S. 42–47 und Appendix 2.

Münzknappheit ein, die ein ständiges Problem war, dazu bestimmte Änderungen bei den Verfahren zur Landbewertung und vielleicht bei den Gesetzen, die die Übertragung von Grundeigentum betrafen[45]. Eine weitere, ziemlich rätselhafte Krise brach unter Tiberius im Jahre 33 n. Chr. in der Stadt Rom aus. Diese Krise begann nach Aussage einer kurzen, doch nicht sehr deutlichen Beschreibung bei Tacitus (Annalen 6, 16–17) mit einem Protest des Volkes gegen weitverbreitet regelwidriges Verhalten der Geldverleiher. Letztere antworteten darauf ein anderes Mal mit der Rückforderung der von ihnen gegebenen Kredite, wodurch wiederum der Landbesitz vieler angesehener Männer bedroht war. Der Kaiser griff ein, indem er einen zinslosen Anleihefonds in Höhe von 100 Millionen Sesterzen für kreditwürdige Schuldner zur Verfügung stellte, und die Aufregung legte sich bald[46]. Die Sorge des Tiberius galt »denjenigen, deren *dignitas* und *fama* bedroht waren«[47]; das war auch die Sorge Ciceros in seiner leidenschaftlichen Anklage (De officiis 2, 78–84) gegen Maßnahmen zum Schuldenerlaß im allgemeinen und besonderen. Sie seien ein Angriff gegen den Besitz und die besitzenden Klassen, sagt er ganz deutlich, aber er weiß nichts von einer Bedrohung des Wirtschaftswachstums oder *der Wirtschaft*, außer daß er die elementare »vorwissenschaftliche« Beobachtung macht (wieder Schumpeters Formulierung), daß in Zeiten, in denen die Rückzahlung von Schulden nicht durch demagogische Eingriffe gefährdet ist, mehr Geld ausgeliehen wird.

Eine weitere negative Feststellung muß getroffen werden in dieser langen Geschichte der qualitativen Stabilität, der »Beständigkeit« des Geschäftsgebarens nach dem Ende des 4. Jahrhunderts v. Chr.[48]. Ich meine das Fehlen nicht nur der Zünfte, sondern sogar von langfristigen Partnerschaften. Unter der Herrschaft der römischen Kaiser gab es Kaufleute, die ihre ständigen Repräsentanten oder Vertreter in bestimmten großen Häfen hatten, wie es z. B. Repräsentanten solch lockerer »Zusammenschlüsse« wie der Schiffseigner *(navicularii)* von Arles gab, die

[45] Die ausführlichste Darstellung bei M. W. Frederiksen, *Caesar, Cicero and the Problem of Debt,* JRS 56, 1966, S. 128–41.

[46] Die einzige ernst zu nehmende Analyse dieser Krise mit einer ausführlichen Erörterung der vorangehenden Ansichten ist C. Rodewald, *Money in the Age of Tiberius,* Manchester 1976.

[47] M. H. Crawford, *Money and Exchange in the Roman World,* JRS 60, 1970, S. 40–48, hier S. 46.

[48] Siehe die Zusammenfassung auf den ersten Seiten des 7. Kapitels von J. A. Crook, *Law and Life at Rome,* London 1967.

ihren Vertreter in Beirut hatten[49]. Jedoch dieses verhältnismäßig einfache und beschränkt wirksame Vorgehen führte nicht zu langfristigen Partnerschaften im primitiven Geschäftsbereich, geschweige denn zu so großen, mächtigen und beständigen Organisationen, wie sie zuvor in der Zeit der Republik mit den Steuerpachtgesellschaften geschaffen worden waren. Einzige Ausnahme waren vielleicht die Kaufleute und Verschiffer, die für die Getreideversorgung des Reiches verantwortlich waren[50]. Hier haben wir den Beweis – ich benutze das Wort bewußt –, daß wir es nicht mit einem Mangel an Vorstellungsvermögen zu tun haben. Da man mit der Idee einer Zunft vertraut war, wird durch die Tatsache, daß man diese Organisationsform nicht auf andere Tätigkeitsbereiche übertrug, das Fehlen einer Notwendigkeit dafür gezeigt. Insbesondere war es nicht notwendig, die Kapitalkräfte zu vereinigen und die finanziellen Möglichkeiten eines einzelnen zu überschreiten, um marktgerecht zu produzieren, um Handel zu treiben, um Geld zu verleihen.

In kurzen Worten, der starke Antrieb, Reichtum zu erwerben, wurde nicht umgesetzt in einen Antrieb, Kapital zu schaffen; anders ausgedrückt kennt die vorherrschende Mentalität zwar den Erwerb, kann aber nicht als schöpferisch bezeichnet werden*. Selbst auf die Gefahr hin, daß ich mich wiederhole, bringt mich das zurück auf die Rolle der Metöken, Freigelassenen und Sklaven im Geschäftsleben der antiken Welt. Es tut nichts zur Sache hervorzuheben, daß Metöken genauso Griechen waren wie die griechischen Landbesitzer, die Handel und Gewerbe verachteten. Niemand behauptet, daß es rassische Vorurteile gegeben habe. Was behauptet wird, ist, daß es starke soziale und

* In ähnlicher Weise konzentrierten sich antike Utopien auf Verbrauch, nicht auf Produktion, wie es bei dem »Kommunismus« der Fall ist, der in den *Ekklesiazusen* des Aristophanes verspottet wird.

[49] Siehe J. Rougé, *Recherches sur l'organisation du commerce maritime en Méditerranée sous l'empire romain*, Paris 1966, S. 420f. (das Wort »Beständigkeit« stammt von ihm, S. 491). Charakteristisch ist, daß Rougé von der Existenz vieler »Agentennetze« spricht und diese Formulierung nur durch ein oder zwei Beispiele belegt. Der Ton bei Pseudo-Demosthenes 56, mit dem von den Agenten gesprochen wird, die von Kleomenes, dem Statthalter Alexanders in Ägypten, auf Rhodos stationiert werden, zeigt, daß es sich um ein neuartiges Vorgehen handelt, und das ist ein Grund dafür, warum ich »seit dem Ende des 4. Jahrhunderts v. Chr.« schreibe.

[50] Das wird meiner Ansicht nach durch das vergebliche Bemühen gezeigt, mit dem Rougé, ibid., S. 423–34, die gegenteilige Ansicht zu vertreten sucht. Er übersieht die Bedeutung der Tatsache, daß sein einziges einleuchtendes Beispiel Kaufleute sind, die in eine Regierungsmaßnahme verwickelt sind, die kaiserliche *annona*.

politische Vorurteile gab, die wichtige wirtschaftliche Folgen nach sich zogen. Viele der täglichen Käufe und Verkäufe von weiterverarbeiteten Nahrungsmitteln und Rohstoffen sowie von Manufakturwaren wurden in allen Städten der Antike – ich möchte sagen, zum allergrößten Teil – ohne Zwischenhändler getätigt, also durch direkten Verkauf vom einzelnen Handwerker zum einzelnen Verbraucher. Eigenartigerweise waren diese Handwerker und Verkäufer in der griechischen Welt meistenteils Bürger ihrer betreffenden Gemeinden, und selbst im Römischen Reich war das auch so, außer wenn das römische System der Freigelassenen überwog. Dazu waren sie meist arme Bürger, die keine politische Macht besaßen außer in so untypischen Gemeinschaften wie dem demokratischen Athen der klassischen Zeit, sie waren sozial minderwertig, aber dennoch Bürger und nicht Metöken, nicht Außenstehende. Die Unternehmer, die Männer, die den großangelegten Seehandel durchführten oder den Reichen als Geldverleiher dienten, also die Bourgeoisie Rostovtzeffs, waren meist frei von Verpflichtungen und Ablenkungen, die die Beteiligung an örtlicher Reichsverwaltung bedeutete; sie waren die Männer, von denen man erwartet haben könnte, daß sie neue Formen der Kapitalbildung entwickelten und schufen – aber sie taten es nicht. Denn in Wirklichkeit waren das nicht die Männer, die das größte Vermögen angesammelt hatten und über das größte Potential verfügten. Diesbezüglich müssen wir uns den landbesitzenden Führungsschichten zuwenden, und bei ihnen war der fehlende Anreiz entscheidend.

Durch nichts von dem, was ich gesagt habe, will ich leugnen, daß es an Fachleuten und Sachverstand auf all den Gebieten gefehlt hat, die Herstellung, Verfahrenstechnik, Nahrungsmittelverarbeitung und Schiffahrt in der Entwicklung vorantrieben. Es gab eine umfangreiche Literatur zu diesen Themen in der Antike, von der heute fast alles verloren ist, bis auf eine herausragende Ausnahme, das Buch *De architectura* des Vitruv, das wahrscheinlich in der Regierungszeit des Augustus geschrieben wurde und für etwa die folgenden 1500 Jahre das Standardwerk zu dem Thema blieb[51]. Als Vitruv beschloß, ein ganzes Lehrbuch zu schreiben, brachte er dazu vorbildliche Voraussetzungen mit; seine literarische und naturwissenschaftliche Bildung war beachtlich, er hatte selbst als Ingenieur und Architekt gearbeitet, und er war vertraut mit der keineswegs unbedeutenden

[51] Ich folge genau meiner Erörterung in *Technical Innovation and Economic Progress in the Ancient World*, Economic History Review 2. R. 18, 1965, S. 29–45.

hellenistischen Literatur. Sein Buch ist daher das hervorragendste Beispiel der Antike, das wir haben, für die Kenntnis und Denkweise eines Mannes, der ein Praktiker war, nicht nur ein Theoretiker, und der die besten Verfahren der Griechen und Römer zusammenstellte.

De architectura beschäftigt sich der Reihe nach mit folgenden Themen: Architektur im allgemeinen und die Voraussetzungen für den Beruf eines Architekten, Stadtplanung, Baumaterialien, Tempel, andere öffentliche Gebäude, Wohnhäuser, Böden und dekorative Stuckarbeiten, Wasserversorgung, Geometrie, Meßkunst, Astronomie und Astrologie und schließlich »Maschinen« und Belagerungsmaschinen. Vitruv ist ein vielseitiger Schriftsteller. Er hat z.B. viel über den ethischen Aspekt seines Berufs zu sagen. Im Vorwort zum 10. Buch steht die Bemerkung, daß die Architekten von ihrer Sorglosigkeit ohne weiteres geheilt werden könnten, wenn man überall ein Gesetz aus Ephesus übernähme, durch das der Architekt für alle Kosten, die seinen ursprünglichen Voranschlag um mehr als 25 Prozent übersteigen, persönlich haftbar gemacht wird. Verstreut in den Vorworten finden sich Erzählungen aus der Geschichte der Erfindungen: ohne Ausnahme sind die Umstände, und daher die Erklärungen, entweder als Zufall geschildert (wie bei der Entdeckung der Marmorsteinbrüche in Ephesus, als zwei kämpfende Widder ein Stück eines Bergabhangs herausbrachen) oder sie sind banal (wie bei der Entdeckung des Prinzips vom spezifischen Gewicht durch Archimedes infolge eines königlichen Ersuchens um einen Weg, einen betrügerischen Silberschmied zu entlarven).

Wie etwa Aristoteles im 4. Jahrhundert v. Chr. sah Vitruv weder einen Wert noch einen Nutzen in dem anhaltenden Fortschritt der Technik durch beharrliche systematische Untersuchungen. Da nun einmal die unbedingt notwendigen »Maschinen« – die Leiter, der Flaschenzug, der Kran, das Fuhrwerk, der Blasebalg und die Wurfmaschine – bekannt waren, betonte Vitruv, wie Xenophon, die qualitativen Vorteile von fachmännischer Kenntnis und Technik, nicht aber ihre quantitativen Möglichkeiten für die Produktion. Dabei war er doch ein Ingenieur und Baumeister, während Xenophon nur die ausgezeichnete Qualität der Speisen am persischen Hof erklären wollte. Es ist daher konsequent, daß ein kurzer, schlichter Paragraph (10, 5, 2) für die wichtige neue Erfindung der Wassermühle genügt und daß in dem ganzen Buch *De architectura* nur ein Abschnitt zu finden ist, der sich mit dem Vorteil eines sparsameren Einsatzes von Mitteln oder mit größerer Produktivität beschäftigt. Vitruv empfiehlt (5, 10, 1), daß in öffentlichen Bädern der Heißwasserraum für Männer neben dem für Frauen angeordnet werden solle, so daß sie beide aus einer einzigen Wärmequelle gespeist werden könnten. Man wird zugeben, daß das kein sehr beeindruckendes Beispiel ist.

Die Griechen und Römer waren Erben einer ansehnlichen Zahl von Techniken und empirischen Kenntnissen, die sie geschickt ausbeuteten, sofern sie ihren besonderen Zwecken dienten. Dazu erfanden sie das Geschirr für Zugtiere und die Schraube, die Rotationsmühle und die Wassermühle, die Glasbläserei, den Beton, den Bronzehohlguß, das lateinische Segel und einiges mehr. Es gab Verfeinerungen und Verbesserungen in vielen Bereichen. Doch es gab nicht viele echte Neuerungen nach dem 4. oder 3. Jahrhundert v. Chr., und es waren tatsächliche Sperren vorhanden. Letztere werden aus irgendwelchen obskuren Gründen von vielen Historikern hinwegdiskutiert, doch es gibt zwei, die dem absolut widerstehen und die beide wesentliche und einträgliche Tätigkeiten betrafen. Im ersten Fall handelte es sich um den Bergbau, besonders in den westlichen und nördlichen Provinzen, wo der Grundwasserspiegel oft große Schwierigkeiten verursachte; niemand fand einen besseren Weg zur Trockenlegung, als mit der Hand zu schöpfen, das durch ein Pedal angetriebene Wasserrad und die Schraube des Archimedes: eine technisch so einfache Vorrichtung wie die von einem Tier angetriebene Kettenpumpe ist nicht belegt[52]. Der zweite Fall ist von noch allgemeinerer Art. Kraft war in der Antike Muskelkraft von Mensch und Tier; die Menschen der Antike segelten mit Hilfe des Windes und bauten komplizierte Wetterfahnen, aber niemals eine Windmühle.

Es gibt eine Geschichte, die von einer Reihe römischer Schriftsteller wiederholt erzählt wird, daß ein Mann – bezeichnenderweise wird sein Name nicht genannt – unzerbrechliches Glas erfand und es Tiberius in der Hoffnung auf eine hohe Belohnung vorführte. Der Kaiser fragte den Erfinder, ob irgend jemand sein Geheimnis teile, und ihm wurde versichert, daß es niemand anderen gebe; woraufhin der Erfinder prompt enthauptet wurde, da sonst Gold, so sagte Tiberius, auf den Wert von Schmutz absinken würde. Ich will mich nicht zum Wahrheitsgehalt dieser Geschichte äußern, und es ist ja auch nur eine Geschichte. Aber ist es nicht interessant, daß sich weder Plinius der

[52] Siehe O. Davis, *Roman Mines in Europe*, Oxford 1935, S. 24.

Ältere noch Petron noch der Geschichtsschreiber Dio Cassius darüber Gedanken machten, daß der Erfinder sich an den Kaiser um eine Belohnung wandte, anstatt sich an einen Geldgeber zu wenden, um mit dessen Hilfe seine Erfindung der Produktion zuzuführen[53]? Meine Antwort auf diese rhetorische Frage ist eher »Nein« (es ist nicht sehr interessant) als »Ja«. Wir müssen uns immer wieder vergegenwärtigen, daß die europäische Entwicklung seit dem Spätmittelalter in Technik und Wirtschaft sowie in den Wertvorstellungen, die beide begleiteten, in der Geschichte der Menschheit einmalig war, bis der kürzlich begonnene Aufstieg des Exports einsetzte. Solange ein annehmbarer Lebensstil aufrechterhalten werden konnte, wie immer man ihn auch definierte, spielten andere Werte eine Rolle.

Das Verhalten der Regierungen liefert den endgültigen Beweis. Antike Staaten waren fähig und in der Lage, gewaltige Mittel für Annehmlichkeiten und militärische Zwecke aufzubringen, und der Trend setzte sich in einer Art von Größenwahn nach oben hin fort, im privaten Bereich von dem Goldenen Haus des Nero bis zu Diokletians Palast in Dalmatien mit einer Grundfläche von 40000 qm, im öffentlichen Bereich von der Verwandlung Roms in eine Stadt von Marmor durch Augustus bis zu Diokletians 120000 qm großen öffentlichen Bädern. Selbst recht bescheidene Städte konnten sich einen *Pont du Gard* leisten, der eine nicht sehr bedeutende Provinzstadt im südlichen Gallien mit Quellwasser versorgte, oder ein riesiges Amphitheater wie Puteoli. Aber was tat man außerdem? In dem Jahrhundert nach der Eroberung Ägyptens durch Alexander bauten die Ptolemäer das Land sorgfältig wieder auf. Sie legten große Landflächen trokken, sie verbesserten und erweiterten die Bewässerungsanlagen, sie führten neue Getreidearten ein, sie führten Ägypten verspätet von der Bronzezeit in die Eisenzeit hinüber, sie nahmen Änderungen in der Verwaltung und der Leitung der Betriebe vor – all das geschah im Interesse der königlichen Einkünfte und führte zu nichts anderem, als daß man Ägypten die Vorteile einer bestehenden griechischen Technologie und griechischer Verfahren zukommen ließ. Gleichzeitig gründeten und finanzierten die Ptolemäer das Museum in Alexandria, das für zwei Jahrhunderte das Hauptzentrum des Westens für wissenschaftliche Forschung und Erfindungen war. Große Dinge an militärischer Technologie und an genialen mechanischen Spielereien wurden im Mu-

[53] Die Textstellen sind Plinius, *Naturalis historia* 36, 195; Petron, *Satyricon* 51; Dio Cassius 57, 21, 7.

seum hervorgebracht. Aber niemand dachte daran, die Energie und den Erfindungsgeist eines Ktesibios auf landwirtschaftliche und industrielle Technologie zu lenken, nicht einmal die Ptolemäer selbst, die doch direkt und stattlich davon profitiert hätten. Der Gegensatz zur Royal Society in England ist nicht zu übersehen.

Ebensowenig der Gegensatz zwischen den römischen Kaisern der späteren Zeit und Ludwig XIV., dessen Truppen innerhalb eines Landes, das eine einzige römische Provinz gewesen war, größer waren als die, die irgendein Kaiser der Antike aufbieten konnte, worauf Gibbon hinweist. Von der Mitte des 3. Jahrhunderts an konnte es der Aufmerksamkeit derer, die für das Reich verantwortlich waren, nicht länger entgangen sein, daß die Truppen, die den fortgesetzten und sich verstärkenden Einfällen der Germanen und Perser standhalten mußten, zahlenmäßig nicht ausreichten. Man konnte nichts tun: weder das verfügbare Menschenmaterial noch die Nahrungsmittelproduktion noch das Transportwesen waren in der Lage, eine größere Last zu tragen als die, die ihnen von Diokletian auferlegt worden war, als er, zumindest auf dem Papier, die Heeresstärke verdoppelt hatte. Steuern und erzwungene Dienstleistungen wurden erhöht, wobei die Bürde zum großen Teil denen auferlegt wurde, die am wenigsten in der Lage waren, sie zu tragen. Menschen und Material wurden an die Hauptgefahrenpunkte verlagert, was gelegentlich die Grenzprovinzen auf Kosten der anderen begünstigte. Aber man konnte nichts tun, um die Produktivität des Reiches insgesamt zu steigern oder die Last neu zu verteilen. Dafür wäre eine vollständige strukturelle Wandlung vonnöten gewesen.

In den letzten Jahren des 5. Jahrhundert v. Chr. begann ein wohlhabender Angeklagter, dem ein ernstes Vergehen gegen den athenischen Staat vorgeworfen wurde, der aber sonst unbekannt ist, seine Ansprache an das Gericht mit folgenden aufschlußreichen, jedoch rechtlich belanglosen Worten (Lysias 21, 1–5):

»Unter dem Archon Theopompos (411/10 v. Chr.) zum *choregos* bei den Tragödienaufführungen bestimmt, gab ich dreißig Minen (= 3000 Drachmen) aus und drei Monate später 1200 Drachmen, als ich mit einem Männerchor bei den Thargelien den Sieg davontrug.« Im folgenden Jahr »gab ich 800 Drachmen für die Pyrrhischen Tänzer bei den Großen Panathenäen. Ich siegte außerdem als Führer eines Männerchors bei den Dionysien und wandte, die Weihung des Dreifußes eingerechnet, 5000 Drachmen auf«. Im nächsten Jahr »300 Drachmen für einen zyklischen Chor bei den Kleinen Panathenäen. In der Zwischenzeit war ich sieben Jahre lang Trierarch und gab für 6 Talente (= 36000 Drachmen) aus. ... Als ich an Land zurückkehrte, wurde ich sogleich Gymnasiarch bei dem Fest des Prometheus, wo ich siegte und 12 Minen (= 1200 Drachmen) ausgab. Und später wurde ich *choregos* für einen Knabenchor, der mich mehr als 15 Minen (= 1500 Drachmen) kostete«. Im nächsten Jahr »siegte ich als Führer des Komödienchors für den Dichter Kephisodoros und brauchte dazu, die Weihung der Gewänder eingerechnet, 16 Minen (= 1600 Drachmen); dann war ich *choregos* der bartlosen Pyrrhischen Tänzer bei den Kleinen Panathenäen, was 7 Minen (= 700 Drachmen) kostete. Ich habe auch mit einem dreirudrigen Schiff bei einem Wettkampf bei Sunion gesiegt mit einem Aufwand von 15 Minen (= 1500 Drachmen)«, dazu kamen verschiedene weniger bedeutende religiöse Feste, für die Kosten von mehr als 3000 Drachmen entstanden.

Der griechische Terminus technicus für diese kostspieligen öffentlichen Ausgaben war *leitourgia,* ein altes Wort, aus dem durch eine einfache Entwicklung schließlich unser Wort »Liturgie« hervorging (Betätigung für das Volk → Dienst am Staat → Dienst für die Gottheit)[1]. Die griechische Liturgie hatte ihre Wurzeln in der Zeit, zu der die Gemeinschaft noch unvollkom-

[1] N. Lewis, *Leitourgia and Related Terms,* Greek, Roman and Byzantine Studies 3, 1960, S. 175–84; 6, 1965, S. 226–30.

men war, als die Adelshäuser wesentliche Dienste für die Öffentlichkeit versahen, wie z.B. den Bau eines Tempels, indem sie Arbeitskräfte und Materialien aufbrachten, die ihnen privat zu Gebote standen. Im klassischen Stadtstaat war die Liturgie gleichzeitig zur Verpflichtung und zur Ehre geworden. Sie war ein Mittel, mit dessen Hilfe der Staat, der keine Bürokratie besaß, bestimmte Dinge ausführen ließ, nicht indem er sie aus dem Staatsschatz bezahlte, sondern indem er reicheren einzelnen Bürgern die direkte Verantwortung für die Kosten und die eigentliche Durchführung übertrug.

Der ehrenhafte Charakter wurde auf zweierlei Weise unterstrichen. Erstens war das Hauptgebiet liturgischer Betätigung stets der Kult: in den Tagen des Demosthenes galt es mindestens 97 Liturgien für die Feste in Athen zu übertragen, deren Zahl auf mehr als 118 in einem (vierjährigen) Panathenäischen Zyklus anstieg[2]. In Athen und einigen anderen Städten (wenn auch die Belege außerhalb Athens dünn gesät sind) war die Trierarchie, das persönliche Kommando eines Kriegsschiffs für ein Jahr, die andere wichtige Liturgie. Doch gab es damals noch keine Liturgien für Mauerbau oder Straßenreinigung. Zweitens gab es ein Element der freien Gestaltung und Konkurrenz, etwas, was die Griechen einen *agon* nannten: Wer eine Liturgie übernahm, wurde nicht mit einer bestimmten Summe besteuert, sondern ihm wurde eine bestimmte Aufgabe übertragen, die er mehr oder weniger erfolgreich und unter Aufwendung von größeren oder geringeren eigenen Mitteln ausführen konnte. Unser Mann rühmte sich dessen, daß sein Beitrag in acht Jahren das gesetzliche Maß um mehr als das Dreifache überstiegen habe. Niemand konnte diese Behauptung überprüfen, aber wir können angesichts der Siege am laufenden Band zuversichtlich sein, daß es so war. Selbst wenn man notwendige Abstriche wegen Übertreibung gemacht hat, waren die Ausgaben enorm: die Summe, die für acht Jahre, Kriegsjahre zudem, genannt wurde, betrug ungefähr neuneinhalb Talente; das ist mehr als das Zwanzigfache des erforderlichen Mindestbesitzes, damit man als Hoplit dienen konnte.

Niemand prahlt heute mit der Höhe seiner Einkommenssteuer, um zu überzeugen, und ganz sicher nicht damit, daß er dreimal so viel zahlt, wie das Finanzamt verlangt. Aber vor athenischen Gerichten und manchmal auch vor der Volksversammlung war es ein übliches Verfahren, sich seiner eigenen

[2] J.K. Davies, *Demosthenes on Liturgies. A Note*, JHS 87, 1967, S. 33–40.

Liturgien zu rühmen und den jeweiligen Gegner zu beschuldigen, daß er sich um seine drücke. Das sei ein *topos*, ein rhetorischer Gemeinplatz, wird uns oft gesagt. Ohne Zweifel ist es das, doch geübte Redner gebrauchten keine *topoi*, die nicht ein starkes Echo bei der Zuhörerschaft fanden. Der ehrenhafte Charakter der Liturgien war von großer Bedeutung und war eine Widerspiegelung der verzweigten Vorstellung der Griechen von »Gemeinde«. Es wird oft übersehen, daß Aristoteles den Menschen nicht nur als ein *zoon politikon*, ein *polis*-Wesen, definiert hat, sondern auch als *zoon oikonomikon*, ein Haushalts-Wesen, und als *zoon koinonikon*, ein Wesen, das von Natur aus dazu bestimmt ist, in einer *koinonia* zu leben. Letzteres Wort ist nicht einfach zu übersetzen, außer in eng begrenzten Zusammenhängen; wir können an dieser Stelle »Gemeinde« sagen, vorausgesetzt, daß wir das Wort in einer erweiterten Bedeutung gegenüber dem heutigen allgemeinen Sprachgebrauch verstehen, etwa in dem Sinne der frühen christlichen Gemeinden.

Die offensichtliche Schwierigkeit dabei, den Stadtstaat als eine Gemeinde mit ihrer Betonung der gleichen Lasten und Vorteile für alle zu sehen, war die unumstößliche Tatsache, daß seine Mitglieder nicht gleich waren. Die besorgniserregendste Ungleichheit herrschte nicht zwischen Stadt und Land und nicht zwischen den Klassen, sondern einfach zwischen arm und reich. Wie kam man in einer wahren Gemeinde darüber hinweg? Die demokratische Antwort war teils die Einrichtung der Liturgie, wonach die Reichen eine große finanzielle Last trugen und durch entsprechende Ehrungen entschädigt wurden. »Meine Mittel ausgeben für eure Freude«, so umschrieb ein Redner des 4. Jahrhunderts zusammenfassend den Grundgedanken der Liturgie (Aeschines 1, 11). Diejenigen, die die Demokratie mißbilligten, setzten den Akzent anders: »Das gemeine Volk«, so der anonyme Schreiber eines Pamphlets aus dem 5. Jahrhundert, »fordert Geld dafür, wenn es auf den Schiffen singt, läuft, tanzt und segelt, damit sie selbst es besitzen und die Reichen ärmer werden« (Pseudo-Xenophon, Staat der Athener 1, 13).

Der doppelte Aspekt, der dem Liturgiesystem innewohnte – die Ehre, ein Wohltäter des Staates zu sein einerseits, andererseits die finanziellen Ausgaben –, fand in der späten römischen Kaiserzeit ein Ende. Zu jener Zeit wurden Liturgien (lateinisch *munera*) nur noch ausgeführt, weil Leute gezwungen wurden, sie zu übernehmen. Das bedeutete in der Praxis, daß die Mitgliedschaft in bestimmten Gremien, die eine Schlüsselstellung besaßen, also den städtischen Senaten und geeigneten *collegia*, jetzt obligatorisch war, ja mehr noch, sie war obligatorisch für aufeinanderfolgende Generationen, d.h. erblich[3]. Das ist ein wohlbekannter Vorgang, doch wir müssen der Versuchung widerstehen, ihn lediglich als eine andere brutale Neuerung des militärischen Absolutismus der späten Kaiserzeit zu sehen[4]. Dies war im Gegenteil das unvermeidliche Ende einer langen Entwicklung, die man, wenn auch nicht in einer Linie, so doch in ihren Stationen verfolgen kann (was bisher nicht geschehen ist)*.

Sobald die Nachfolger Alexanders ihre autokratischen, bürokratischen Monarchien errichtet hatten, gediehen die Liturgien, ihr Wirkungsbereich wurde erweitert, und sie wurden mehr und mehr zur Last. Die römischen Kaiser schließlich übernahmen das hellenistische Verfahren, machten es allgemein verbindlich und systematisierten es allmählich. Die oberen Schichten des Gesamtreiches, d.h. römische Bürger von senatorischem Rang oder im Ritterstand, waren ausgenommen (und zum Teil auch Veteranen). Die Besitzlosen leisteten ihren Beitrag in Form von unbezahlter Arbeit. Somit war die landbesitzende Aristokratie der Provinzen, die sogenannte Klasse der Kurialen, mit der Hauptlast alleingelassen, sofern sie nicht in der Lage war, sie an die *coloni* weiterzugeben. Eine Gruppe wichtiger Liturgien wurde in der Tat dann als »patrimonial« bezeichnet: sie war nicht an Personen gebunden, sondern als dauernde Verpflichtung an bestimmte Landgüter und wurde bei einem Wechsel des Eigentümers mit übertragen. Unter diesen kann ich nicht umhin, für die späte Kaiserzeit besonders die Mitgliedschaft im *corpus naviculariorum* zu nennen, der Körperschaft der Schiffseigner, die für den Transport des Getreides der Regierung verantwortlich waren[5].

Von den örtlichen Magistraten überall im Römischen Reich, die, anders als die privilegierten Inhaber von Posten in der Reichsverwaltung, unbezahlt waren, wurde erwartet, daß sie

* Hier und im folgenden nehme ich keine Rücksicht auf die »freien« und »ungebundenen« Städte im Römischen Reich. Trotz ihrer eigenen hochtrabenden und lauthals vorgetragenen Ansprüche, die in modernen Büchern wiederholt werden, waren sie eine nebensächliche Erscheinung in der Struktur des Reiches.

[3] Siehe A.H.M. Jones, *The Caste System in the Later Roman Empire*, Eirene 8, 1970, S. 79–96; S. Dill, *Roman Society in the Last Century of the Western Empire*, 2. Aufl., London 1921, S. 248–70.

[4] Z.B. J. Vogt, *Der Niedergang Roms*, Zürich 1965, S. 58–63.

[5] Siehe A.H.M. Jones, *The Later Roman Empire* 284–602, 3 Bde, Oxford 1964, S. 827ff.

summae honorariae gaben, Spenden für Spiele, öffentliche Gebäude, Bäder und andere Einrichtungen. Im 1. Jahrhundert n. Chr. wurden diese *summae,* die in der späten Republik eingeführt worden waren, zu einer ständigen Verpflichtung. Das übliche Minimum war von Stadt zu Stadt verschieden; verschieden war die Großzügigkeit der Amtsträger vom einen zum anderen; der einstige ehrenvolle Charakter blieb ziemlich ausgeprägt erhalten, wie die starke Konkurrenz um Ämter zeigt[6]. Aber für die meisten Leute lag die Ehre in dem Amt als solchem und in dem Dienst, den sie ihrer örtlichen Gemeinde erwiesen, während die steigende Last der Liturgien eine andere Sache war. Insbesondere galt das für die große und immer kostspieligere Gruppe der Liturgien, die mit der Unterhaltung der Reichsstraßen verbunden waren[7], mit der Reichspost und dem Transportsystem, mit der Getreideversorgung und der Unterbringung des Heeres. Daher zeigte sich erstmals in der Regierungszeit des Kaisers Hadrian, noch lange vor dem Ende des traditionell sogenannten Goldenen Zeitalters, Zwangsausübung[8].

Die Geschichte der Liturgien ist demnach ein Beispiel für die nicht neue Erkenntnis, daß »Staat« ein zu weitgefaßter Begriff ist. Eine jede Untersuchung des Verhältnisses zwischen Staat und Wirtschaft wird nicht nur zwischen der unabhängigen Gemeinde, dem Stadtstaat und der autokratischen Monarchie unterscheiden müssen, sondern in letzterer Kategorie auch zwischen den hellenistischen Monarchien und den römischen. Im wesentlichen waren die hellenistischen Monarchien, gleichgültig ob ptolemäisch, seleukidisch oder attalidisch, in sich geschlossene territoriale Einheiten, die von innen heraus regiert wurden, während die römischen Kaiser bis mindestens in das 2. Jahrhundert unserer Zeitrechnung fortfuhren, einen scharfen Unterschied zu machen zwischen einer Minderheit von römischen Bürgern und der Mehrheit der Untertanen, die keine römischen Bürger waren, zwischen Italien und den Provinzen. In beiden Arten der Monar-

6 Die detaillierteste Untersuchung (für die afrikanischen Provinzen und Italien) findet man bei R. D. Duncan-Jones, *The Economy of the Roman Empire. Quantitative Studies,* Cambridge 1973, Kap. 3–4.

7 Siehe T. Pekáry, *Untersuchungen zu den römischen Reichsstraßen,* Bonn 1968, Kap. 3, mit wichtigen Berichtigungen und Erweiterungen hauptsächlich in bezug auf die republikanische Zeit von T. P. Wiseman, *Roman Republican Roadbuilding,* Papers of the British School at Rome 38, 1970, S. 122–52, hier S. 140–52.

8 Siehe P. Garnsey, *Aspects of the Decline of the Urban Aristocracy in the Empire,* in: *Aufstieg und Niedergang der römischen Welt,* hrsg. v. H. Temporini, Bd. 2, 1, Berlin/New York 1974, S. 229–52.

chie gab es intern Unterschiede, die auf Stand und Status beruhten, ebenso zwischen einem griechischen Bürger von Alexandria und einem ägyptischen Bauern in Kerkeosiris wie zwischen *honestiores* und *humiliores,* und auch die hellenistischen Herrscher hatten von Zeit zu Zeit auswärtige Besitzungen. Nichtsdestoweniger behält der genannte Hauptunterschied seine Gültigkeit, und wenn sich auch nicht automatisch ergibt, daß demzufolge Unterschiede in ihrer Einflußnahme auf die Wirtschaft auftraten, so muß man die Möglichkeit doch immer im Auge behalten.

Bei genauerer Analyse jedoch gab es eine gemeinsame Eigenschaft, die die strukturellen Unterschiede überlagerte. Die Autorität des Staates war total, die der Stadtstaaten wie die der Autokratien, und erstreckte sich auf jeden, der innerhalb der Landesgrenzen wohnte (in der Tat auf jeden, der innerhalb des Geltungsbereichs der Gesetze wohnte). Die Griechen und Römer der klassischen Zeit besaßen ein beachtliches Maß an Redefreiheit, an Freiheit in der politischen Auseinandersetzung, in ihrer geschäftlichen Tätigkeit, selbst in der Religion. Doch fehlten ihnen unveräußerliche Grundrechte, deren Existenz sie geradezu erschreckt hätte. Der Macht des Staates waren theoretisch keine Grenzen gesetzt, es gab keine Tätigkeit, keine Sphäre des menschlichen Lebens, wo der Staat nicht intervenieren konnte, vorausgesetzt die Entscheidung wurde aus Gründen getroffen, die eine legitime Autorität für triftig genug hielt. Freiheit hieß Herrschaft des Rechts und die Teilnahme am Entscheidungsprozeß. Innerhalb dieser Definition hatte der Staat unbegrenzten Raum einzugreifen, so wie unter den griechischen Tyrannen, den hellenistischen Monarchen oder den römischen Kaisern. Nur die Methoden waren verschieden. Wenn daher z. B. ein griechischer Staat keine Höchstsätze für Zinsen festsetzte, so muß man das mit einer konkreten Tatsache erklären und nicht mit dem Hinweis auf gewisse Rechte oder auf private Bereiche, die außerhalb der Reichweite staatlichen Eingreifens lagen.

Wie ich wohl kaum hinzufügen muß, kann man auch nicht irgendeinen Fall des Nichteingreifens in die wirtschaftlichen Vorgänge mit einer Theorie des *laissez faire* erklären. Weder dieser Grundsatz noch irgendein anderer kann bestehen ohne die vorherige Vorstellung von »der Wirtschaft«, deren Fehlen ich an dieser fortgeschrittenen Stelle meiner Ausführungen sicher nicht noch einmal betonen muß. Es gab natürlich genügend empirisch gewonnene Erkenntnisse ohne verallgemeinernde Vorstellungen und Theorien, um in der einen oder anderen Situation *ad hoc*

Entscheidungen zu fällen. Und es kam vor, daß Schritte, die aus anderen Gründen unternommen wurden, wirtschaftliche Konsequenzen hatten, von denen einige vorhergesehen, andere unvorgesehen eintraten. Wirtschaftspolitik und unbeabsichtigte wirtschaftliche Konsequenzen sind schwer auseinanderzuhalten, besonders in einer Gesellschaft, wo »die wirtschaftlichen Elemente sich mit den politischen, religiösen usw. Elementen unentwirrbar vereinigen«[9]; dennoch müssen wir den Versuch unternehmen.

Ich will das veranschaulichen. Als Rom Rhodos bestrafte, indem es einen Freihafen in Delos errichtete, wird den römischen Senatoren vermutlich nicht entgangen sein, daß wirtschaftliche Vorteile für die Kaufleute, die ihre Geschäfte über Delos abwikkelten, die Folge sein würden. Fiel das bei der Entscheidung ins Gewicht, die im Grunde eine politische Entscheidung war, oder war es eine Konsequenz von nebensächlicher Bedeutung, wenn auch nicht unwillkommen? Kann man mit einem Wirtschaftshistoriker sagen, daß dies ein hervorragendes Beispiel für die »wirtschaftliche Durchdringung« ist, die jeder römischen Eroberung folgte, »daß der Güterumschlag von Rhodos ständig abnahm und in die Hände römischer Konkurrenten überging«[10]? Die Tatsache, daß sich Polybius mit einer rein politischen Erklärung zufriedengab, mag nicht viel bedeuten, aber es ist sicher aufschlußreich, daß die meisten der Nutznießer in Delos nicht Römer waren, sondern Leute aus anderen italischen Gemeinden, einschließlich der früheren griechischen Kolonien Süditaliens, deren Handelsinteressen bei römischen Entscheidungen in der Mitte des 2. Jahrhunderts v. Chr. kein Kriterium waren[11].

[9] Zitiert aus Lukàcs; siehe Kap. 2, Anm 34.

[10] S. Lauffer, *Das Wirtschaftsleben im Römischen Reich*, in: *Jenseits von Resignation und Illusion*, hrsg. v. H. J. Heydorn und K. Ringshausen, Frankfurt 1971, S. 135–53, hier S. 137.

[11] Das ist schon vor langer Zeit bewiesen worden von J. J. Hatzfeld, *Les trafiquants italiens dans l'Orient hellénistique*, Paris 1919. A. J. N. Wilson, *Emigration from Italy in the Republican Age of Rome*, Manchester/New York 1966, widmet zwei Kapitel (7–8) dem vergeblichen Versuch, Hatzfelds Ergebnisse zu widerlegen. Seine weitgehend hypothetische Argumentation beruht auf einer falschen Vorstellung von römischer Wirtschaft und Wertvorstellungen, die er von Rostovtzeff übernimmt: »Römische Bürger waren, was das Kapital anbetrifft, diejenigen, die eine bessere Ausgangsposition für den Fernhandel hatten« (S. 88). Sein weiterer Versuch, einzelne Personen bestimmten »Nationalitäten« zuzuordnen allein auf Grund ihrer Namen, die das einzige sind, worauf man sich stützen kann, ist weitgehend verlorene Mühe und beruht auf einer weiteren falschen Annahme: »Es ist höchst unwahrscheinlich, daß der Wegbereiter oder die Gruppe von Wegbereitern, auf die jede Familie (die im Osten Handel treibt) zurückgehen muß, kein

Oder worin sollten wir die hauptsächliche Bedeutung der unter den Griechen allgemein verbreiteten Beschränkung des Landbesitzes auf Bürger sehen, oder der beiden Versuche im 2. Jahrhundert, neuernannte römische Senatoren aus der Provinz dazu zu zwingen, Land in Italien zu kaufen? Diese Gesetze und Maßnahmen hatten wirtschaftliche Auswirkungen, doch was war die ursprüngliche Absicht? In einer Gesellschaft, die so komplex ist wie die griechische oder römische, fällt es schwer, sich irgendeinen Schritt des Staates vorzustellen, der keine wirtschaftliche Komponente besaß, der weder öffentliche noch private Ausgaben mit sich brachte noch Einfluß hatte auf den einen oder anderen Aspekt des Wirtschaftslebens. In diesem Sinne sind alle staatlichen Handlungen zugleich wirtschaftliche Handlungen, das ist eine selbstverständliche Feststellung. Um richtig einzuschätzen, wie stark der antike Staat die Wirtschaft beeinflußte (und umgekehrt die Wirtschaft den Staat), ist es notwendig, nicht nur zwischen Absicht und Folge zu unterscheiden, sondern auch den Akzent richtig zu setzen (ich vermeide das Wort »Ursache«), die Interessen so genau wie möglich zu bestimmen. So säuberte Pompejus im Jahre 67 v. Chr. das östliche Mittelmeer von der starken Bedrohung durch die Seeräuber, die ihre Stützpunkte in Kilikien im südlichen Kleinasien hatten. Ein unkomplizierter Vorgang, so möchte es scheinen. Dennoch darf man fragen, wie das Pompejus in wenigen Monaten gelingen konnte, wo doch kein Römer in den vorangegangenen hundert Jahren etwas hatte ausrichten können. Die Antwort ist, daß es einen wohlbekannten Interessenkonflikt gab. Die Piraten waren die Hauptlieferanten von Sklaven für die Güter in Italien und Sizilien gewesen, ein römisches Interesse, das an erster Stelle stand, bis zwei neue Faktoren auftauchten: römische Beamte und römische Einkünfte waren neuerdings Angriffen ausgesetzt, und die Piraterie in der Adria begann die Getreideversorgung der Stadt Rom zu gefährden. Dann und erst dann handelte Rom wirklich[12].

Krieg und Herrschaft sind der beste Prüfstein für unser Problem. Ihnen zugrunde lag der offen ausgesprochene Wunsch nach Ausbeutung, charakteristisch für jede Gesellschaft, in der Sklaverei und andere Formen abhängiger Arbeit weit verbreitet

freier Mann war« (S. 107). Doch selbst er gibt zu (S. 102), daß bei dem Vorgehen der römischen Regierung, Delos zu einem Freihafen zu erklären, den Italiern (»Römern«) keine besonderen Privilegien gewährt wurden.

[12] Strabo 14, 5, 2 kam einem freimütigen Bekenntnis der Position so nahe, wie er es wagte; vgl. Cicero, *De imperio Pompeii* 32–33, 54; Plutarch, *Pompeius* 25, 1.

sind, eine Offenheit, die nach keiner Rechtfertigung, keiner Ideologie von Eroberung und Herrschaft verlangte. In einem Abschnitt in der *Politik* (1333 b 38–34 a 1), der weniger häufig in Geschichten der Ethik zitiert wird als mancher andere, nannte Aristoteles unter den Gründen, warum ein Staatsmann die Kunst der Kriegführung kennen müsse, auch den folgenden: »um als Herr zu regieren über jene, die mit Recht in der Sklaverei sind.« Wenige Leute, wenn überhaupt irgend jemand, wären damit nicht einverstanden gewesen. Wir sollten nicht vergessen, daß man von keinem Athener oder Römer weiß, der die Abschaffung der Herrschaft über das Reich vorgeschlagen hätte. Es gab Meinungsverschiedenheiten über taktische und zeitliche Fragen, aber nicht über die Herrschaft als solche.

Dennoch bietet die Geschichte der antiken Kriegführung in dieser Beziehung eine Vielzahl unterschiedlicher Beispiele. In der archaischen Zeit gab es örtlich begrenzte Kriege genug, die nichts anderes waren als Beutezüge; gelegentlich war das auch in späteren Zeiten so, z.B. als Philipp II., der Vater Alexanders, im Jahre 339 v. Chr. eine erfolgreiche Invasion Skythiens inszenierte zu dem einfachen Zweck, seine Kasse aufzufüllen[13]. Als Caesar sich nach Gallien aufmachte, war es nicht sein einziges Ziel, für sich Ruhm und für sein Vaterland unerschlossenes Territorium zu gewinnen. Andererseits hatte nicht eine einzige Eroberung durch die römischen Kaiser die Bereicherung des Kaiserhauses zum Motiv; ohne Ausnahme waren sie alle Ergebnis politisch-strategischer Berechnungen. Obwohl die Truppen Beute machten, wo sie nur konnten, und die Kaiser dem Reich einige neue Provinzen hinzufügten, war der wirtschaftliche Aspekt nebensächlich und unbedeutend bis auf die Tatsache allerdings, daß der Krieg normalerweise wegen der Kosten für die Staatskasse und der Verluste an Menschenmaterial negativ zu Buche schlug. Schon zu einem so frühen Zeitpunkt wie 54 v. Chr. schrieb Cicero an seinen Freund Atticus (4, 16, 7), daß Caesars zweite Expedition nach Britannien in Rom Besorgnis erregte; unter anderem war inzwischen klargeworden, daß es auf der Insel kein Silber gab und »keine Hoffnung auf Beute außer Gefangenen, unter denen du, so glaube ich, kaum irgendwelche erwarten kannst, die wissenschaftlich oder musikalisch gebildet sind«. Bei den folgenden Generationen fand keine Sinneswandlung statt

[13] Justin 9, 1–2, wiederholt bei Orosius 3, 13, 1–4, vermutlich basierend auf dem zeitgenössischen Historiker Theopomp; siehe A. Momigliano, *Della spedizione scitica di Filippo ...*, Athenaeum N.F. 11, 1933, S. 336–59.

– Eroberung führte weiterhin zu Ausbeutung –, aber es fand eine Veränderung in den Verhältnissen der Eroberer statt sowie in der Fähigkeit der Römer, über die bereits erreichten weiten Grenzen hinaus Eroberungen zu machen und dann die Stellung zu halten.

»Ausbeutung« und »Imperialismus« sind allerdings als Kategorien zur Analyse zu weite Begriffe. Wie »Staat« verlangen sie nach einer genaueren Bestimmung. Welche Formen nahmen sie im Römischen Reich an, dem größten und kompliziertesten in der Antike, und welche nahmen sie nicht an? Für den römischen Staat waren die Provinzen durch ihr Steueraufkommen die Haupteinnahmequellen. Eine kleine Zahl von Römern erwarb in der Zeit der Republik große Vermögen als Verwalter der Provinzen, als Steuereinnehmer und Geldverleiher in den Provinzen, unter den Kaisern im kaiserlichen Verwaltungsdienst. Da waren reiche Römer, die ausgedehnte Domänen in den Provinzen erwarben, auf denen sie normalerweise nicht wohnten; da waren auch ärmere Römer, besonders Veteranen, die in den Provinzen wieder angesiedelt wurden, und die Ärmsten von allen, die *plebs* der Stadt Rom, empfingen das Almosen von *panem et circenses.* Doch weder nahmen die Römer den Boden der Provinzen für sich allein in Anspruch, noch verweigerten sie der örtlichen Bevölkerung die Möglichkeit, wohlhabende Grundbesitzer zu werden oder als solche weiterzuleben. Im Gegenteil, die Tendenz ging zu einer Provinzialisierung der Reichsaristokratie, da mehr und mehr wohlhabende Provinziale ebenfalls von der Pax Romana profitierten, indem sie das römische Bürgerrecht und in einigen wenigen Fällen sogar senatorischen Rang gewannen.

Was in diesem Bild fehlt, ist kommerzielle oder kapitalistische Ausbeutung. Die antike Wirtschaft hatte ihre eigene Form billiger Arbeitskräfte und beutete daher die Provinzen nicht in dieser Weise aus. Man besaß auch kein überschüssiges Kapital, für das man gewinnträchtigere Investitionsmöglichkeiten suchte, was wir mit unserer Vorstellung von Kolonialismus verbinden. Die Ausweitung der Handelstätigkeit in den ersten zwei Jahrhunderten der Kaiserzeit war keine allein römische Erscheinung. Diese Entwicklung wurde von vielen Völkern innerhalb des Reichs geteilt und gehörte nicht zu seiner Ausbeutung; es bestand keine Konkurrenz zwischen Römern und Nicht-Römern um Märkte[14]. Daher gab es auch keine Handelskriege oder durch

[14] T. Frank, *An Economic History of Rome*, 2. Aufl., London 1927, S. 114–18, sah das ganz klar, obwohl er charakteristischerweise fortfuhr, die Römer zu kritisieren, daß sie »blind seien für den wirtschaftlichen Standpunkt« (S. 125).

Handelsinteressen ausgelöste Kriege in der römischen Geschichte oder zu irgendeiner Zeit in der Antike. In unseren Geschichtsbüchern natürlich gibt es sie: der Krieg um die Lelantische Ebene auf Euböa im 7. Jahrhundert v. Chr., der Peloponnesische Krieg, Roms Krieg mit Karthago, selbst Trajans mißglückter und kostspieliger Angriff auf Parthien, sie alle sind von dem einen oder anderen Historiker auf wirtschaftliche Gegensätze zurückgeführt worden. Bei genauerer Betrachtung jedoch wird klar, daß diese Historiker sich durch das Beispiel der englisch-holländischen Kriege haben verführen lassen; sie haben es versäumt, die kritische Frage zu beantworten, die einem von ihnen vor einigen Jahren gestellt wurde: »Ich frage mich, ob der Verfasser die Konkurrenz um Märkte oder um die Versorgung mit Gebrauchsgütern meint. Wie dem auch sei, was bedeutet das im Zusammenhang mit griechischer Technik und Psychologie im Jahre 430 v. Chr.? Bevor diese Präliminarfragen nicht einmal gestellt werden, ist die hochtrabende ›Erklärung‹ eine nichtssagende Feststellung.«[15] Wenn sie aber gestellt werden, zeigen die Quellen, daß die »hochtrabende Erklärung« nicht belegbar und falsch ist.

In einer kürzlich erschienenen umfangreichen Monographie über Seehandel im Römischen Reich lesen wir folgendes: »Da sie wirtschaftlicher Tätigkeit wohlgesonnen gegenüberstanden, führten die Kaiser, seien sie Ungeheuer wie Nero oder besonnen wie Trajan, alle Arten von Förderungsmaßnahmen durch: Schaffung oder Ausbau von Häfen, Vertiefung und neuerliche Inbetriebnahme des Kanals, der den Pelusiakischen Arm des Nils mit dem Roten Meer verbindet. ... Errichtung von Leuchttürmen am Eingang zu Häfen oder an gefährlichen Stellen. ... Wir haben andererseits gesehen, wie ebendiese Kaiser infolge der Notwendigkeiten der Versorgung Roms dazu veranlaßt wurden, eine bestimmte Reihe von Maßnahmen zugunsten derer einzuleiten, die sich ganz oder zum Teil dieser Aufgabe widmeten. Anders gesagt, ... das Kaiserreich beschäftigte sich mit wirtschaftlichen Fragen: heißt das aber, daß es seine Hand nach dem Handel ausstreckte, daß die nahezu vollkommene Freiheit zu Beginn des Kaiserreichs jetzt einem Beginn des Dirigismus Platz machte?

[15] E. J. Bikerman in seiner Rezension zur 1. Aufl. (die in dieser Beziehung nie korrigiert worden ist) von H. Bengtson, *Griechische Geschichte*, im American Journal of Philology 74, 1953, S. 96. Vgl. Ed. Will, *Le monde grec et l'Orient* Bd. 1, Paris 1972, S. 201–11.

Vorteile zu gewähren, bedeutet keinen Dirigismus, und der Handel bewahrte seine Freiheit.«[16]

Wenn man über das wiederholt auftauchende Unvermögen hinwegsehen will, das Problem der Ernährung der Bevölkerung Roms und das wirtschaftliche Verhalten allgemein auseinanderzuhalten, sowie über die geradezu rührend veraltete Vorstellung von der »Freiheit des Handels« – es ist wieder die Unfähigkeit, die ich vorher betonte, zwischen Nichteingreifen und einer Theorie des *laissez faire* zu unterscheiden –, so mag man dann fragen, was genau eigentlich M. Rougé über Wirtschaftspolitik sagt. Er hätte eine zweite Kategorie staatlicher Aktivitäten hinzufügen können, nämlich die ausgedehnte polizeiliche Tätigkeit, die der Durchsetzung strafrechtlicher Bestimmungen in bezug auf Käufe im allgemeinen und Marktvorschriften im besonderen galt. Er hätte sich des weiteren an seine eigene Erwähnung der Hafenzölle erinnern können, die gewöhnlich, wenn auch nicht immer zweieinhalb Prozent *ad valorem* betrugen und wahrscheinlich in jedem größeren Hafen des Mittelmeers erhoben wurden, sowie an die ebenfalls von ihm erwähnten munizipalen Steuern, von denen nur die kaiserlichen *annona* (die Getreideversorgung), die Heereslieferungen und außerordentlich begünstigte Einzelpersonen freigestellt waren[17].

Als erster Punkt ist anzumerken, daß, abgesehen vom Umfang, nichts aus dieser Aufzählung großer Taten zugunsten des Handels neu ist oder eine besondere Erfindung der Kaiser. Unter dem Kaiserreich gab es private Wohltäter und städtische Verwaltungen, die sich ebenso um Hafenanlagen und alles übrige kümmerten. In früheren Zeiten unternahm jeder Stadtstaat alles in dieser Richtung Mögliche – man brauchte keine Kaiser, um den Piräus zu bauen –, und ebenso kontrollierte er die Märkte und erhob dann Zölle und Steuern auf alles und jedes, auf Importe und Exporte, wobei die gleichen wenigen Freistellungen ehrenhalber gewährt wurden. Die Gesellschaft der Antike war schließlich hochentwickelt und bedurfte aller Annehmlichkeiten. Daß sie ihre Häfen ausbauten, um sowohl den Anforderungen ihrer Schiffahrt zu genügen als auch ihre materiellen Bedürfnisse zu befriedigen, ist keine Ursache zu überschwenglicher Begeisterung. Wir sollten eher fragen, was sie außerdem taten (oder nicht

[16] J. Rougé, *Recherches sur l'organisation du commerce maritime en Méditerranée sous l'empire romain*, Paris 1966, S. 465 f.

[17] Ibid., S. 443–49. Die ausführlichste Darstellung ist S. J. De Laet, *Portorium*, veröffentl. v. d. Univ. Gent, Brügge 1949.

taten), und insbesondere, was römische Kaiser mit ihrer noch nie dagewesenen größeren Macht und mehr Mitteln angesichts ihrer Gewalt über mehr als sieben Millionen Quadratkilometer unternahmen oder nicht unternahmen, das sich wesentlich von dem unterschied, was das kleine Athen oder Korinth im 5. Jahrhundert v. Chr. geleistet hatte.

»Befriedigung materieller Bedürfnisse« ist das Hauptanliegen, und das ist nicht gleichbedeutend mit den Anforderungen der Wirtschaft, des Handels als solchem oder der Klasse der Kaufleute. Gelegentlich (wenn auch nicht immer) profitierten letztere, und falls das geschah, so war es eine zusätzliche Folge. Wenn andere Interessen die Befriedigung der materiellen Bedürfnisse überlagerten und nicht selten auch störten, so waren es politisch-militärische, worunter ich auch die Interessen der Staatskasse rechne. Das auffälligste Beispiel ist aus spätrömischer Zeit die Ausschließung des »privaten Unternehmers und des Händlers« von »einem beachtlichen Teil der Wirtschaft«[18]. Wiederum dürfen wir nicht an eine plötzliche Neuerung Diokletians denken. Als Sizilien im 3. Jahrhundert v. Chr. römische Provinz wurde und Naturalabgaben zahlte, unternahm man damit den ersten wichtigen Schritt auf dem langen, mühsamen Weg, die Getreideversorgung der Stadt Rom und der Truppen und allmählich auch viele andere Bedürfnisse des Reichs, die in erster Linie, aber nicht ausschließlich, militärische Bedürfnisse waren, dem Spiel des freien Marktes zu entziehen[19]. Die Kaiser schufen sich auf diese Weise ihren militärisch-industriellen Verbund, in welchem das Kräfteverhältnis genau dem bei uns üblichen entgegengesetzt war, denn der Profit, sofern man dieses Wort darauf anwenden kann, ging an den Staat und seine Vertreter[20]. Die Folge solcher Maßnahmen war nicht nur eine schwere Belastung der unteren Klassen, sondern auch eine Minderung der wirtschaftlichen Lei-

[18] A.H.M. Jones in Proceedings of the Third International Conference of Economic History, Munich 1965. Bd. 3: *The Ancient Empire and the Economy*, Paris/Den Haag 1969, S. 97.

[19] Zu den *annona* siehe H. Pavis d'Escurac, *La préfecture de l'annone: service administratif impérial d'Auguste à Constantin*, BEFR 226, 1976; D. van Berchem, *L'annone militaire dans l'empire romain au IIIe siècle*, Memoires de la Société nationale des antiquaires de France, 8. R. 10, 1937, S. 117–202.

[20] Zu der fortschreitenden Herausnahme des Militärs aus dem privaten Wirtschaftsbereich siehe R. MacMullen, *Soldier and Civilian in the Later Roman Empire*, Cambridge/Mass. 1963, Kap. 2; Erik Gren, *Kleinasien und der Ostbalkan in der wirtschaftlichen Entwicklung der römischen Kaiserzeit*, Uppsala Universitets Årsskrift 9, 1941, Kap. 4. Auch sollte die Verwendung von Soldaten beim Bau von Straßen, Brücken und Kanälen nicht übersehen werden.

stungsfähigkeit der Klasse von Wohlhabenden, die direkt unterhalb der politischen und sozialen Elite standen, sowie ein künstlich erzeugtes regionales Ungleichgewicht in Kosten und Nutzen. Diese Auswirkungen waren wiederum eine zusätzliche Folge, nicht eine Politik oder Absicht. Die Elite aber reagierte schließlich damit, daß sie sich auf ihre Landgüter und auf den Zustand größtmöglicher Autarkie zurückzog, entzog auf diese Weise den industriellen Erzeugern in der Stadt ihre Kundschaft und richtete zusätzlich zu dem von der Regierung angerichteten Schaden noch weiteren an[21].

Der Unterschied zwischen der Befriedigung materieller Bedürfnisse und Wirtschaftspolitik zeigte sich auf andere Weise während der langen Zeit, da die Mittelmeerwelt in viele Staaten unterteilt war. Strenggenommen war der Zugang zum ordentlichen Rechtsweg ein Vorrecht der Angehörigen jeder einzelnen Gemeinde. Obwohl *de facto* Außenstehenden rechtmäßige Verhältnisse normalerweise nicht versagt wurden, waren doch einige eher formelle Regelungen *de iure* wünschenswert und manchmal auch vonnöten, sobald einmal Handel und Verkehr über die Grenzen der Gemeinde hinaus allgemein üblich und wichtig wurden. Es war notwendig, denjenigen, die auswärts kauften und verkauften, zu *garantieren*, daß ihre privaten Verträge erfüllt würden, daß ihre Person und ihr Besitz vom Gesetz geschützt würden, daß ihre Gemeinschaft im Falle unbezahlt gebliebener Schulden oder noch nicht geregelter Auseinandersetzungen keinen Repressalien ausgesetzt würde. Die Römer der frühen Zeit erreichten dieses Ziel auf zweierlei Weise: durch gegenseitige Übereinkünfte mit ihren Nachbarn, zuerst mit den Latinern, dann mit den anderen italischen Stämmen, und indem sie dem Beispiel der Etrusker folgten und eine Reihe von Handelsverträgen mit Karthago schlossen, in denen in kurzen Formulierungen die Bedingungen festgelegt und Interessensphären für den Handel abgegrenzt wurden[22]. Es gibt jedoch keinen Grund anzunehmen, daß der sich ausbreitende römische Staat diese Methoden außerhalb Italiens anwandte und weiterentwickelte, und in der Tat auch keinen Grund, warum er das hätte tun sollen. Von da an setzten die Eroberer die Regeln einseitig fest und erzwangen ihre Einhaltung.

[21] Siehe J. Salvioli, *Der Kapitalismus im Altertum*, Stuttgart 1912, S. 248–54.

[22] Zu den römisch-karthagischen Verträgen siehe F. W. Walbank, *A Historical Commentary on Polybius*, Bd. 1, 1957, S. 337–56, sowie mein *Aspects of Antiquity*, London 1972, Kap. 9.

Was die griechischen Stadtstaaten betrifft, so wuchsen sie in eine Umgebung hinein, die sich völkisch, politisch und von den »internationalen« Verhältnissen her von der römischen unterschied, und sie entwickelten andere Praktiken. Im 5. Jahrhundert v. Chr. begannen sie anfängliche Übereinkünfte zwischen zwei Staaten zu treffen, *symbola* genannt, die für rechtmäßige Verfahren bei Auseinandersetzungen (jeder Art) zwischen zwei einzelnen Personen sorgten[23]. Nicht nur die Händler waren Nutznießer dieser Übereinkünfte. In der, zugegeben spärlichen dokumentarischen Überlieferung wird absolut nichts angedeutet, was wir als wirtschaftliche Klauseln oder auch nur Hinweise interpretieren könnten. Das soll nicht heißen, daß nie wirtschaftliche Übereinkünfte getroffen wurden. Aristoteles (Rhetorik 1360a 12–13) zählte die Versorgung mit Nahrungsmitteln *(trophē)* – seine Wortwahl ist beachtenswert – zu den Dingen, in denen ein politischer Führer bewandert sein müsse, damit er Verträge zwischen Städten aushandeln könne[24]. Doch ist es schwierig, in den Quellen konkrete Beispiele dafür zu finden. Im 4. Jahrhundert v. Chr. gewährten die Herrscher des halb griechischen, halb skythischen Königreichs auf der Krim, das als das Bosporanische Reich bekannt ist, Athen, was wir den Status eines Landes mit Meistbegünstigungsklausel nennen würden. Die Krim war damals Zentrum für die Verteilung von südrussischem Getreide, das für Griechenland bestimmt war, und Schiffe mit dem Bestimmungsort Athen, das der größte Kunde war, erhielten Vorrang bei der Beladung und eine Ermäßigung auf die Hafenzölle. Die dankbare Stadt entschädigte die königliche Familie mit der Ehrenbürgerschaft. Aber es ist bei weitem nicht sicher, daß diese äußerst wichtige und verhältnismäßig dauerhafte Übereinkunft je durch einen formellen Vertrag besiegelt wurde[25].

»Schiffe mit dem Bestimmungsort Athen«, nicht »athenische Schiffe« – es ging um *trophē*, nicht um die Interessen athenischer Kaufleute, Exporteure oder Schiffseigner. In der Mitte des 4. Jahrhunderts v. Chr. unternahm Athen einen neuen Schritt,

[23] Das Folgende basiert weitgehend auf P. Gauthier, *Symbola. Les étrangers et la justice dans les cités grecques*, Annales de l'Est 42, 1972. Siehe auch E. Erxleben, *Die Rolle der Bevölkerungsklassen im Außenhandel Athens im 4. Jahrhundert v. u. Z.*, in: *Hellenische Poleis*, hrsg. v. E. Ch. Welskopf, 4 Bde, Berlin/New York 1974, Bd. 1, S. 460–20, hier S. 460ff, 494–501.

[24] In der *Politik* (1280a38) nennt Aristoteles sie »Abmachungen über die Importe«. Zu diesen Textstellen siehe Gauthier, *Symbola*, S. 90–93.

[25] Die Hauptbelege sind die 20. Rede des Demosthenes (Gegen Leptines) und eine Inschrift, Syll. 202 (Tod, GHI II 167).

um die Aktivitäten ausländischer Handelsleute zu erleichtern und damit zu ermutigen. Ein neues Gerichtsverfahren wurde eingeführt, wortwörtlich »Handelsverfahren« genannt, *dikē emporikē*, das der schnellen Regelung von Streitigkeiten diente, die während der für die Schiffahrt günstigen Jahreszeit durch in Athen getätigte Handelsgeschäfte (und nur diese) entstanden. Die zuständigen Magistrate wurden angewiesen, die Fälle innerhalb eines Monats vor ein ordentliches Gericht zu bringen und Bürger und Nichtbürger gleichberechtigt zuzulassen, ob es nun *symbolai* mit den Heimatstädten der betroffenen Fremden gab oder nicht[26]. Athen garantierte auf diese Weise jedem Außenstehenden, der Gebrauchsgüter nach Athen brachte, vollen Rechtsschutz und schnelle Rechtsprechung. Drei Punkte sind zu beachten. Erstens, daß das öffentliche Interesse an nichtathenischen Kaufleuten so gewaltig war, daß Athen seinerseits keine entsprechende Garantie für seine eigenen Kaufleute im Ausland forderte. Zweitens, daß es keine Anzeichen für die Übernahme dieser speziell und ausdrücklich den Handel betreffenden Verfahren durch irgendeinen griechischen Staat gibt, sei es in klassischer oder hellenistischer Zeit; die anderen griechischen Staaten fuhren arglos fort, sich auf einseitigen guten Glauben und ihre elementaren gegenseitigen Übereinkünfte gegen Repressalien zu verlassen, bis die Eroberung durch die Römer ihre politische Unabhängigkeit beendete, die derartiges notwendig machte[27]. Und als dritter Punkt ist zu beachten, daß die Förderung der Metöken an klar definierten Grenzen haltmachte.

Xenophons *Poroi,* auf die ich schon wiederholt eingegangen bin, wurden genau in der Zeit und Atmosphäre geschrieben, als die athenischen Handelsverfahren eingeführt wurden. Es ist kein Zufall, daß seine Vorschläge zur Erhöhung der Staatseinkünfte in jener Schrift auf zwei Gruppen der Bevölkerung aufbauten, nämlich auf den Sklaven in den Silberminen und den Metöken, die hauptsächlich in der Hafenstadt Piräus lebten. Sein Programm beginnt mit sechs Vorschlägen, wie die Zahl der Metöken in Athen zu erhöhen ist: 1. sie von der drückenden Verpflichtung zum Dienst in der Infanterie zu befreien; 2. sie zu der Ritterschaft zuzulassen, was zu jener Zeit ein ehrenvoller Dienst war;

[26] Siehe Gauthier, *Symbola,* S. 149–55, 198–201; L. Gernet, *Sur les actions commerciales en droit athénien,* REG 51, 1938, S. 1–44, wieder abgedruckt in seinem *Droit et société dans la Grèce ancienne,* Neudr. Paris 1964, S. 173–200.

[27] Die Belege, die Gauthier, *Symbola,* anführt, scheinen mir diesen Schluß zwingend zu machen, wenn er selbst ihn auch nur so ganz nebenbei zieht (S. 204, Anm. 20).

3. »ehrenwerten« Metöken zu erlauben, Baugrundstücke in der Stadt zu kaufen, damit sie sich dort Häuser bauen konnten; 4. Marktaufsehern Belohnungen für gerechte und schnelle Beilegung von Streitigkeiten auszusetzen; 5. verdienten ausländischen Kaufleuten reservierte Plätze im Theater zur Verfügung zu stellen und ihnen in anderer Form Gastfreundschaft zu erweisen; 6. mehr Gasthäuser und Herbergen im Piräus zu bauen und die Zahl der Marktplätze zu erhöhen. Zögernd fügt er als 7. hinzu, daß der Staat seine eigene Handelsflotte bauen solle, und das ist dann alles.

Es interessiert mich nicht, ob diese Vorschläge durchführbar waren oder nicht, und ich behaupte auch nicht, daß Xenophons Vorschläge Beginn und letzter Schluß antiker Weisheit sind, aber es ist doch bemerkenswert, daß all dies unter der Überschrift »Staatseinkünfte« steht – Metöken sind eine der besten Einnahmequellen, sagt er ausdrücklich – und daß Xenophons Ideen, in mancher Beziehung gewagt, doch niemals wirklich den konventionellen Rahmen sprengten[28]. Es war gewagt, einen so weitgehenden Bruch mit der Tradition der Bindung von Landbesitz an Bürgerrecht vorzuschlagen, daß man Metöken erlauben sollte, Hausbesitz zu haben (nur für ihre eigenen Zwecke), doch es ist bezeichnend, daß er wiederum nicht weiter ging als bis dahin. Noch rührte er an der Kopfsteuer, dem *metoikion,* in Höhe von einer Drachme pro Monat für Männer, einer halben Drachme für Frauen, die auf jeden Nichtbürger erhoben wurde, der über eine sehr kurze Zeit hinaus, vielleicht nicht mehr als einen Monat, in der Stadt wohnte[29]. Ein derartiger Vorschlag hätte nicht nur dem ursprünglichen Zweck seiner Anregung geschadet, mehr Metöken in die Stadt zu bringen, um nämlich die Staatseinkünfte zu vermehren, sondern er hätte auch einen unannehmbaren politischen Unterton gehabt: Jede Form direkter Besteuerung von Bürgern wurde als tyrannisch verurteilt (ausgenommen bei Notlagen im Kriegsfall), und das *metoikion,* eine Kopfsteuer und die direkte Steuer par excellence, war demzufolge das erniedrigende Zeichen des Außenstehenden.

Es war unter griechischen Städten allgemein üblich, in zuneh-

[28] Man beachte jedoch den Kommentar von Y. Garlan, *Les esclaves grecs en temps de guerre,* in: Actes du Colloque d'histoire sociale, Univ. de Besançon 1970, Paris 1972, S. 29–62, hier S. 49, über den offenbar in der griechischen Literatur einmaligen Vorschlag in den Poroi (6, 41–42), die staatseigenen Sklaven in die Infanterie einzugliedern.

[29] Zur Definition von Metöke und zum *metoikion* ersetzt Gauthier, *Symbola,* Kap. 3, alle vorherigen Darstellungen.

mendem Maße in hellenistischer Zeit, fremde »Wohltäter« mit reservierten Plätzen im Theater zu ehren (genau so, wie es Xenophon vorschlug), mit Gleichstellung in der Besteuerung, *isoteleia*, d.h. der Befreiung vom *metoikion*, und manchmal durch Befreiung von den Hafengebühren. Die zahlreichen kurzen Inschriftentexte, über die wir verfügen, sagen uns selten etwas über die Gründe, derentwegen man als »Wohltäter« gepriesen wird. Es ist aber sicher, daß es sich in der großen Mehrzahl der Fälle um politische oder philantropische Verdienste handelte, nicht Verdienste um Handel und Industrie und ganz sicher nicht um den Export. Nicht selten allerdings war die Steuerbefreiung im einzelnen beschränkt auf Güter, die für den persönlichen Gebrauch gekauft und ausgeführt wurden[30].

Jedenfalls spricht es für sich, daß es eine persönliche Steuerbefreiung ehrenhalber überhaupt gab. Dies zeigt uns, daß das, was wir den Einfluß des Steuersystems auf die Wirtschaft nennen würden, nicht innerhalb der Vorstellungsmöglichkeiten der Griechen lag. Niemals gibt es einen Hinweis darauf, daß die Befreiung von Hafenzöllen als ein (angemessener oder unangemessener) Beitrag zu der Konkurrenzfähigkeit des Empfängers in Handel oder Herstellung verstanden wurde; sie hatte dieselbe Bedeutung wie reservierte Plätze im Theater. Steuern wurden nicht als Mittel zu Steuerung der Wirtschaft gebraucht; sie wurden nicht einmal überprüft, wenn sie offensichtliche Hindernisse für die Wirtschaftsentwicklung waren (wiederum, wie immer, das ausgenommen, was innerhalb der Grenzen des Allgemeinverständlichen lag). Man überlege sich nur die Folgen weltweiter Hafenzölle, die in gleicher Höhe auf alle Importe und Exporte erhoben würden. Es gab nicht die geringste Vorstellung davon, wie man die inländische Produktion schützen, lebensnotwendige Importe herbeiführen und eine Zahlungsbilanz pflegen könnte; es gab nicht einmal die normalerweise anderswo gewährte Steuerbefreiung für die Getreideversorgung[31], auf die man doch in gesetzlichen und manchmal militärischen Initiativen sonst so viel Mühe verwandte.

Es gibt auch keinen Beleg dafür, daß Berechnungen zu einer Entscheidung zwischen alternativen Einkommensquellen führten, einer Entscheidung darüber, was besser oder schlechter für die Wirtschaft sei. Xenophons Erörterung über den unbegrenzten Bedarf an Silber ist eine seltene und grundlegende Ausnahme.

[30] Ich kenne keine systematische Studie zu diesen Quellen.

[31] Ps.-Demosthenes 59, 27 ist zumindest für Athen ausschlaggebend.

Entscheidungen wurden auf Grund von Tradition, Konvention und sozialpsychologisch motivierten Überlegungen gefällt, und zwar in bemerkenswerter Weise auch, als man die Ablehnung einer Vermögenssteuer mit der Auferlegung von Liturgien verband. Manchmal versagte das System – entweder waren die Einkünfte bei weitem zu gering, oder eine mächtige Gruppe fühlte sich, ob zu Recht oder nicht, ausgepreßt bis über das (für sie) erträgliche Maximum hinaus. Dann gab es *stasis*, Bürgerkrieg, mit den daraus sich ergebenden Konfiskationen und manchmal neuer Gesetzgebung – und der Kreislauf begann wieder von vorne: politischer Umsturz führte in keiner Weise zu einer Revision der Besteuerung und der öffentlichen Ausgaben, es sei denn im ganz engen Rahmen der Machtverhältnisse und der Sozialstruktur.

Und was, um zu einer vorher gestellten Frage zurückzukehren, taten die römischen Kaiser dazu, das neu war? Die Antwort ist: eigentlich nichts. Sowohl die kaiserlichen Hafenzölle wie die örtlichen munizipalen Zölle waren lediglich Mittel zur Einziehung der Steuern und wurden in traditioneller Weise auf alles erhoben, was in der einen oder anderen Richtung passierte. Ausgenommen waren nur Getreide für die Stadt Rom und Gebrauchsgüter für das Militär. Das ganze Steuersystem war rückständig und wurde im Laufe der Jahre immer rückständiger*. Römische Kaiser waren in ihrer Denkweise ebensoweit von Thomas Mun und den Königen seiner Tage entfernt wie die kleinen griechischen Stadtstaaten. Durch Importe den Mangel an Nahrungsmitteln auszugleichen, den Bedarf des Militärs und die Wünsche senatorischer Abnehmer zu befriedigen – das war nicht das, was Mun mit »Reichtum durch Außenhandel« meinte. Hätte jemand König Karl I. die Erfindung unzerbrechlichen Glases gebracht, die ich in dem vorhergehenden Kapitel erwähnte, so hätte dieser Mann vermutlich um ein Patent gebeten. Der römische Erfinder erbat nur eine Belohnung, denn keine jener im Merkantilismus üblichen Mittel, durch die die königliche Schatulle profitierte, während gleichzeitig der Unternehmergeist angeregt wurde – Patente, Privilegien, Monopole, Subventionen –, fanden in der Antike Anwendung.

Es war nicht so, daß die Kaiser eine Abneigung gegen die materielle Begünstigung einzelner oder gegen Monopole an sich empfanden. Alle Staaten der Antike behielten sich zumindest

* Man könnte meinen, daß die Liturgien das Gleichgewicht wiederherstellten, wenn nicht die Aristokratie davon befreit worden wäre.

Hoheitsrechte über ihre Bodenschätze vor. In den griechischen Stadtstaaten waren Monopole, die darüber hinausgingen, seltene Notstandsmaßnahmen. Die hellenistischen Könige jedoch folgten schnell dem Beispiel des Vorderen Orients, eine ganze Reihe wirtschaftlicher Aktivitäten zu monopolisieren – wiederum eher durch Verordnungen als durch unmittelbare Bewirtschaftung –, und die römischen Kaiser taten es ihnen nach[32]. Doch ihr Motiv war ganz und gar das Interesse des Fiskus. Man erhob keinen Anspruch darauf, daß das kaiserliche Monopol die Produktion oder Produktivität steigerte, und das Interesse in dieser Richtung war bei derartigen Angelegenheiten nicht größer als das am technischen Fortschritt.

Ein Monopol, das sich alle antiken Staaten vorbehielten, gleich ob Stadt oder Reich, war das Recht zur Münzprägung. Man verband jedoch dieses Hoheitsrecht nicht mit der Verpflichtung, die ausreichende Versorgung mit Münzen aufrechtzuerhalten, es sei denn, der Staat brauchte sie selbst, üblicherweise für Zahlungen an die Truppen[33]. Geld war Münzgeld und nichts anderes, und es bestand chronischer Mangel an Münzen sowohl insgesamt als auch in der Verfügbarkeit bevorzugter Arten oder Werte. Doch nicht einmal in Zeiten sogenannter Kreditkrisen unternahm der Staat, wie wir gesehen haben, irgendwelche ernsthaften Anstrengungen, den Mangel zu beheben; das äußerste waren gelegentliche, zum Scheitern verurteilte Bemühungen, die Geldhorter dazu zu bringen, ihre Schätze wieder herauszurükken. Wiederum zeigten hellenistische wie römische Herrscher keine Neigung, in ihrer Planung über den Horizont der Stadtstaaten hinauszugehen. Im Gegenteil, in der frühen römischen Kaiserzeit kam der Moment, da die Kaiser nicht der Versuchung widerstehen konnten, sich ihre Machtstellung und ihre alleinige Prägehoheit zunutze zu machen und sich zu bereichern, indem sie eine Münzverschlechterung vornahmen – ein Verhalten, das kaum ein Beitrag zu einem gesunden Münzwesen war.

[32] Die Belege sind gesammelt bei F. M. Heichelheim, RE 16, 1933, S. 147–99, s. v. *Monopole*.

[33] Zur Versorgung mit Münzen siehe C. G. Starr, *Athenian Coinage 480–449 B.C.*, Oxford 1970, besonders S. 64–70; R. Bogaert, *Banques et banquiers dans les cités grecques*, Leiden 1968, S. 328–29; M. W. Frederiksen, *Caesar, Cicero and the Problem of Debt*, JRS 56, 1966, S. 128–41, hier S. 132f.; M. Crawford, *Money and Exchange in the Roman World*, JRS 60, 1970, S. 40–48, hier S. 46f., und wieder kurz *La problème des liquidités dans l'antiquité classique*, Annales: Economies, Sociétés, Civilisations 26, 1971, S. 1228–33, hier S. 1231f.; C. Rodewald, *Money in the Age of Tiberius*, Manchester 1976.

Ein Problem, mit dem die Kaiser nicht länger konfrontiert waren, was das Nebeneinander sehr vieler verschiedener unabhängiger Münzsysteme (die Bronzemünzen von rein lokaler Bedeutung ausgenommen), wie sie mit verschiedenem Münzfuß und in ungleicher Qualität von den zahllosen unabhängigen staatlichen Autoritäten der griechischen Welt geprägt worden waren. Die Begeisterung der Griechen für Münzen, und für schöne Münzen dazu, ist wohlbekannt und wird gelegentlich mißverstanden. Für lange Zeit teilten viele ihrer fortschrittlichsten Nachbarn, Phöniker, Ägypter, Etrusker, Römer, diese Begeisterung nicht, denn sie war im wesentlichen eine politische Erscheinung, »eine Sache lokalen Stolzes, des Patriotismus oder der Selbstdarstellung ohne weitreichende Bedeutung« (die Welt des Vorderen Orients kam selbst bei ihrem ausgedehnten Handel für Jahrtausende bestens mit einer Metallwährung aus, die nach Gewicht ausgetauscht wurde, ohne daß das Metall zu Münzen geprägt wurde)[34]. Daher legte man, mit der wichtigen Ausnahme Athens, so großen Wert auf kunstvoll geprägte Münzen, was wirtschaftlich gesehen sinnlos war (kein Geldwechsler gab einen besseren Kurs für ein syrakusanisches Vier-Drachmen-Stück, nur weil es von Euainetos signiert war). Deshalb wurde auch unter den Griechen offizielle Münzverschlechterung allgemein vermieden, und daher die Härte der Strafen für Münzfälscherei, die als Hochverrat angesehen wurde, nicht als geringeres Wirtschaftsvergehen*.

Eine große Zahl verschiedener Münzen ist hinderlich, und nur die überall vorhandenen Geldwechsler profitieren davon, obwohl man das nicht überschätzen sollte, wie jeder wissen wird, der mit dem Handel in der Zeit der Renaissance vertraut ist. Inwieweit eine solche Vielzahl ein Hindernis war, war je nach dem Metall unterschiedlich. Bei Bronze gab es keine Schwierigkeiten, da dieses Metall geringen Werten zum lokalen Gebrauch vorbehalten war. Silber und Gold hatte ziemlich feste und traditionelle Wechselkurse, die sich nur langsam änderten, und die Geldwechsler waren in der Lage, Gewicht und Reinheit zu prüfen**. Nur die Gold-Silber-Legierungen, d.h. Weißgold oder Elektron, konnte man nicht überprüfen: ob nun aus einer natür-

* Die Römer hielten an dieser strengen Beurteilung der Falschmünzerei fest, sobald sie einmal Münzen zu prägen begannen.

** Vor Alexander wurde Gold in erster Linie von den Persern zu Münzen geprägt, doch zirkulierten diese auch unter den Griechen. Später wurde es auch von Makedonien und den hellenistischen Königen zur Münzprägung verwandt.

[34] J.M. Keynes, *A Treatise on Money*, 2 Bde, London 1930, Bd. 1, S. 12.

lichen Legierung geprägt oder künstlich gemischt, die verbreiteten Elektronstatere von Kyrzikos in Kleinasien konnten in ihrem Metallwert nicht genau festgelegt werden, bevor Archimedes das spezifische Gewicht entdeckte, und sie waren daher zu einem konventionellen Wert im Umlauf[35].

Angesichts der politischen Bedeutung der Münzprägung überrascht es nicht, daß die griechischen Staaten keinen wirklichen Versuch unternahmen, das Hindernis aus dem Wege zu räumen. Übereinkünfte zwischen Staaten über Wechselkurse z.B. waren so selten, daß man sagen kann, es gab sie praktisch nicht[36]. Was in dem vorliegenden Zusammenhang bezeichnend ist, ist das fortgesetzte Versagen, Münzen mit einem so ausreichend hohen Nennwert zu schaffen, daß sie für die Zahlung großer Beträge geeignet waren. In seinem Prozeß gegen seine Vormünder hielt Demosthenes an einer Stelle (27, 58) dem Gericht mit rhetorischem Geschick vor: »Einige von euch« sahen Theogenes »auf der Agora das Geld auszählen.« Er bezog sich dabei auf eine Zahlung von 3000 Drachmen. Diesen Betrag in Vier-Drachmen-Stücken, der verbreitetsten und nach dem Wert größten normalen griechischen Silbermünze, vor Zeugen auszuzählen wäre ein recht langwieriges Unterfangen gewesen, besonders wenn der Empfänger Gewicht und Reinheit vieler Stücke angezweifelt hätte. Das ist, wie ich behaupten möchte, der Grund, warum persische Golddareiken und die Elektronstatere aus Kyrzikos, die je mehr als zwanzig Silberdrachmen wert waren, im 5. und 4. Jahrhundert v.Chr. so beliebt waren[37].

Dem einzelnen war es also überlassen, dabei so gut er konnte ohne Hilfe des Staates vorwärtszukommen, indem er sich auf die Geldwechsler verließ und in begrenztem Umfang bestimmten Münzen wie den athenischen Eulen oder den Stateren von Kyzikos den Vorzug gab[38]. Ein Dekret des 4. Jahrhunderts v.Chr. aus

[35] Siehe die komplizierten Berechnungen bei R. Bogaert, *Le cours du statère de Cyzique au Ve et IVe siècles avant J.-C.*, L'antiquité classique 32, 1963, S. 85–119, mit einer Diskussion ibid. 34, 1965, S. 199–213, und seitens S.K. Eddy, Museum Notes 16, 1970, S. 13–22.

[36] Es genügt zu sehen, wie lächerlich wenig Beispiele es sind, die T. Reinach, *L'anarchie monétaire et ses remèdes chez les anciens Grecs,* Memoires de L'Acad. des Inscriptions et Belles Lettres 38, 1911, S. 351–64, sammeln konnte. Die gemeinsamen Münzprägungen regionaler Bünde sind keine Ausnahme; wie Reinach sagt (S. 353), verbreiterte diese ziemlich unwichtige, rein politische Erscheinung die territoriale Basis der »Anarchie« nur noch etwas mehr.

[37] Siehe die Tafeln in Bogaert, *Cour du statères,* S. 103 und 114.

[38] Xenophons Prahlen (*Poroi* 3, 2) über die Beliebtheit athenischer Münzen erfährt eine überraschende Bestätigung aus Ägypten. Zu Beginn des 3. Jahrhun-

der Stadt Olbia am Nordufer des Schwarzen Meers faßt die Verhältnisse recht gut zusammen[39]. Es legt vier Grundregeln fest: 1. nur die Silbermünzen Olbias dürfen für Transaktionen innerhalb der Stadt verwendet werden; 2. der Wechselkurs zwischen Elektron und den örtlichen Silbermünzen soll staatlich festgesetzt werden; 3. andere Münzen dürfen so in Zahlung gegeben werden, »wie man gegenseitig übereinkommt«; und 4. soll man das Recht haben, Münzen aller Art unbegrenzt ein- und auszuführen. Abgesehen von dem verständlichen Eingriff in dem schwierigen Fall des Elektrons hieß also die Devise vollkommene Nichteinmischung des Staates in Geldangelegenheiten außer dem politisch motivierten Bestehen auf Verwendung der eigenen, örtlichen Münzen. Die Bürger von Olbia waren Fremden gegenüber nicht im Vorteil: alle Parteien waren durch dieselben Vorschriften gebunden; ein Bürger von Olbia, der ins Ausland fuhr, um Weizen zu verkaufen, und fremde Währung zurückbrachte, mußte dem Geldwechsler denselben Abschlag bezahlen, bevor er sein Geld in Olbia ausgeben konnte, wie ein Fremder, der mit seiner heimatlichen Währung oder irgendwelchen anderen Münzen nach Olbia kam.

Ebenfalls politisch motiviert war ein athenischer Beschluß des 5. Jahrhunderts v. Chr., der verbindlich festlegte, daß allein athenische Münzen für alle Zwecke im athenischen Reich Verwendung finden durften[40]. Das genaue Datum des Beschlusses ist

derts benötigten die Ägypter, die keine eigene Münzprägung besaßen, regelmäßig Münzgeld, um damit die griechischen Söldner zu entlohnen, und sie deckten ihren Bedarf, indem sie athenische Münzen prägten: J. W. Curtius, *Coinage of Pharaonic Egypt,* Journal of Egyptian Archaeology 43, 1957, S. 71–76. Aber es gibt eine Menge Einzelheiten in diesem Zusammenhang, die wir nicht verstehen und die zu untersuchen wären. Eine kürzlich gefundene athenische Inschrift, die von R. S. Stroud, *An Athenian Law on Silver Coinage,* Hesperia 43, 1974, S. 157–88, veröffentlicht wurde, verkündet in aller Ausführlichkeit den Beschluß des athenischen Staates, diejenigen Händler zu bestrafen, die sich weigerten, »Eulen« als Bezahlung für auf dem Markt in Athen angebotene Waren anzunehmen. Der Text gibt keinen Aufschluß darüber, warum diese erstaunliche Regelung notwendig war, und ich sehe mich nicht in der Lage, auch nur eine Vermutung zu äußern.

[39] Syll. 218; siehe J. Hasebroek in: Philologische Wochenschrift 46, 1926, S. 368–72.

[40] Siehe Starr, *Athenian Coinage,* Kap. 4; M. I. Finley in: *Proceedings of the 2nd International Conference of Economic History,* Aix-en-Provence 1962, Bd. 1: *Trade and Politics in the Ancient World,* Paris/Den Haag 1965, S. 22–25. Die ausführlichste Erörterung der Quellen und der Auseinandersetzung in der modernen Forschung ist E. Erxleben, *Das Münzgesetz des delisch-attischen Seebundes,* Archiv für Papyrusforschung 19, 1969, S. 91–139; ibid. 20, 1970, S. 66–132; ibid. 21, 1971, S. 145–62, doch finde ich seine Argumente für eine späte Datierung

umstritten; eines Tages kann man die Frage möglicherweise auf Grund epigraphischer Kriterien entscheiden (vielleicht mit Hilfe numismatischer Untersuchungen), jedoch sicher nicht, wie man es versucht hat, indem man umständliche politische Erwägungen in die Diskussion einführt, wie etwa das Argument, daß ein solcher Beschluß eher zu Kleon passe als zu Perikles. Das politische Element ist nicht zu übersehen: das beispiellose Ausmaß von Zahlungen Athens für militärische und Verwaltungszwecke wurde zu einer Zeit, da fremde Tribute die Haupteinkommensquelle des Staates waren, durch ein einheitliches Münzsystem sehr erleichtert. Zudem war Athen jetzt in der Lage und gewillt zu zeigen, wer der Herr im Reich war, indem es den ihm unterworfenen Staaten das traditionelle Symbol ihrer Unabhängigkeit, ihre eigenen Münzen, versagte. Die Athener zielten möglicherweise auch auf die Gewinne durch das Prägen der Münzen ab, doch wir werden das nicht erfahren, bis nicht der fehlende Rest des Textes gefunden worden ist, der die Prägegebühr für das Ummünzen enthält.

Es wird auch die Ansicht vertreten, daß es ein wirtschaftliches Motiv gab, nämlich den Wunsch, athenischen Kaufleuten gegenüber anderen einen Vorteil zu verschaffen. Mir erscheint das nicht logisch. Jedermann hatte gleichermaßen Nachteile durch die große Zahl der Prägestätten erfahren; wären die Athener in der Lage gewesen, ihren Beschluß für eine Reihe von Jahren durchzusetzen, so hätte jedermann im Reich einen geringen, aber doch den gleichen Vorteil davongetragen, die Athener nicht mehr als alle übrigen, sofern es sich nicht um Fragen des Stolzes und Patriotismus handelte. Nur die Geldwechsler wären die Leidtragenden gewesen, doch niemand hat bisher behauptet, daß ein so wichtiger Beschluß nur gefaßt wurde, um ihnen zu schaden. Jedenfalls war der Beschluß ein Mißerfolg, sogar schon bevor das Reich durch die athenische Niederlage im Peloponnesischen Krieg aufgelöst wurde. Derartige Ziele wurden nicht erreicht und konnten nicht erreicht werden, bis die hellenistischen und römischen Herrscher die politische Unabhängigkeit der Städte abschafften und dadurch der Vielzahl von Münzsystemen ihre Grundlage entzogen.

Ähnlich schonungslos, doch erfolgreicher waren die Athener in der Anwendung ihrer Herrschaftsgewalt, solange diese dauer-

in die zweite Hälfte der 420er Jahre nicht überzeugend und noch sehr viel weniger seine Schlußfolgerung, daß das Dekret Bestandteil »der verhängnisvollen Politik des Kleon ... ohne alles vernünftige Maß« war.

te, bei der Sicherung ihrer Versorgung mit Nahrungsmitteln und Bauholz[41]. Die antike Welt mit ihrem niedrigen Stand der Technik, den begrenzten Methoden der Verteilung und der beschränkten Fähigkeit, Nahrungsmittel zu konservieren, lebte zumindest in den Städten in der ständigen Bedrohung durch Hungersnöte. In den Tagen des Aristoteles, lange nachdem das Reich verloren war (und zweifellos auch schon früher, obwohl man nicht weiß, um wieviel früher), war die athenische *kyria ekklesia,* die wichtigste Versammlung, die in jeder *prytanie* zusammentrat, verpflichtet, über »Getreide und die Verteidigung des Landes« zu beraten, was eine höchst aufschlußreiche Zusammenstellung ist (Staat der Athener 43, 4). Zu der Zeit gab es auch bereits 35 *sitophylakes,* die Kornwächter (die ursprüngliche Zahl hatte zehn betragen). Das war ein ungewöhnlich großes Gremium, dessen Aufgaben, wie bei Aristoteles definiert (ibid. 51, 3), folgende waren: »Diese sorgen dafür, daß das ungemahlene Getreide auf dem Markt zu einem gerechten Preis verkauft wird, und außerdem dafür, daß die Müller das Mehl dem Preis der Gerste entsprechend verkaufen und die Bäcker das Brot dem Preis des Weizens gemäß sowie mit dem Gewicht, das sie festsetzen.« Der gerechte Preis war eine Vorstellung des Mittelalters, nicht der Antike, doch aus diesem Eingriff des Staates, der in seiner Dauerhaftigkeit ganz außergewöhnlich ist, kann man hinreichend ermessen, wie ernst das Problem der Ernährung war. Und wenn diese und all die übrigen gesetzlichen Maßnahmen, die ich bei anderer Gelegenheit erwähnt habe, ihre Wirkung verfehlten, so ernannte der Staat als letztes Mittel Beamte, die man *sitonai,* Getreideeinkäufer, nannte, und die Vorräte zusammensuchten, wo immer sie sie finden konnten, öffentliche Beitragslisten für die notwendigen Beträge aufstellten, sowie Preisermäßigungen und Rationierungsmaßnahmen einführten[42].

Die Einsetzung der *sitonai* war ursprünglich eine zeitlich begrenzte Maßnahme, doch vom 4. Jahrhundert v. Chr. an bestand eine wachsende Tendenz, sie zu ständigen Beamten zu machen. Vielleicht gaben die weitverbreiteten Mangelerscheinungen der Jahre 330–326 v. Chr. dazu Anlaß[43]. Vermutlich zur selben Zeit

[41] Siehe L. Gernet, *L'approvisionnement d'Athènes en blé au Ve et au IVe siècles,* in: *Mélanges d'histoire ancienne,* Bibliotheque de la Faculté des Lettres, Univ. de Paris 25, 1909, Kap. 4.

[42] Siehe H. Bolkestein, *Wohltätigkeit und Armenpflege im vorchristlichen Altertum,* Utrecht 1939, S. 251–57 und 364–78.

[43] Ps.-Demosthenes 34, 37–39 gibt eine Vorstellung von der Situation in Athen zu jener Zeit.

geschah es, daß Kyrene 1200000 attische Medimnen Getreide, die einer Jahresration von ungefähr 150000 Menschen entsprachen, an 41 verstreute Gemeinden des griechischen Festlands und der Inseln verteilte: 100000 Medimnen an Athen, je 50000 an Korinth, Argos und Larisa in Thessalien, 30000 an Rhodos, 72600 an die Mutter Alexanders, Olympia, 50000 an dessen Schwester Kleopatra usw. Der Text der Inschrift, die über diese Tat berichtete, besagt, daß die Stadt Kyrene das Korn schenkte *(edoke)*[44]. Einige Gelehrte sind skeptisch, aber es gibt verbürgte Fälle von Getreidespenden, z.B. von dem ägyptischen Pharao an die Athener im Jahre 445 v.Chr. In einem solchen Fall war der Verkauf zu ermäßigtem Preis ausgeschlossen. Das Geschenk wurde umsonst verteilt, jedoch nur an Bürger, die alle ein Anrecht besaßen, in Weiterführung des alten Prinzips, daß die Güter der Gemeinschaft ihren Mitgliedern gehörten und unter bestimmten Umständen unter sie aufgeteilt werden sollten[45].

Die »bestimmten Umstände« traten ein, wenn sich günstige Gelegenheiten ergaben oder Eroberung und Herrschaft Beute und Tribute einbrachten. Als in Rom im Jahre 58 v.Chr. die lange Geschichte der kostenlosen Verteilung von Getreide (und später anderer Nahrungsmittel) innerhalb der Stadt begann, waren die dort wohnenden Bürger ohne Rücksicht auf ihr Einkommen berechtigt, aber sonst niemand. Dieses Prinzip wurde aufrechterhalten, bis die Severer im frühen 3. Jahrhundert unserer Zeitrechnung die Lebensmittelzuteilung in ein Almosen für die Armen ohne Rücksicht auf ihren politischen Status umwandelten und damit das tatsächliche Ende des Bürgerrechts als einem formellen Status innerhalb des Reichs besiegelten[46]. Als Konstantinopel im 4. Jahrhundert die Hauptstadt des Ostens wurde, traten die Armen dieser Stadt zu denen Roms als Empfänger hinzu. An diesem Punkt fand das Interesse der Kaiser ein Ende[47].

[44] SEG IX 2.

[45] Damals erfolgte eine genaue Überprüfung der Bürgerlisten auf Grund von Vorwürfen, daß viele der nicht berechtigten Bewohner Athens einen Anteil an dem Geschenk des Pharao in Anspruch nahmen (Plutarch, Perikles 37). Über andere Getreidespenden an Athen siehe Bolkestein, *Wohltätigkeit und Armenpflege,* S. 260ff; zu dem Grundsatz der Verteilung von Gemeinschaftsgut ibid. S. 269–73, sowie K. Latte, *Kollektivbesitz und Staatsschatz in Griechenland,* Nachrichten d. Akad. Wiss. Göttingen, Phil.-hist. Kl. 1946/47, S. 64–75, wiederabgedruckt in ders., *Kleine Schriften,* München 1968, S. 294–312.

[46] Siehe D. van Berchem, *Les distributions de blé et d'argent à la plèbe romaine sous l'Empire,* Genf 1939.

[47] Sorge um den Getreideanbau im Interesse des römischen Verbrauchers liegt offenbar zugrunde bei dem Edikt Domitians vom Jahre 92 n. Chr., das die weitere

Wenn es auch Spuren von Lebensmittelzuteilungen in anderen Städten des Reichs gibt, z.B. in Alexandria oder Antiochia, so waren diese doch unregelmäßig und, was noch wichtiger ist, öfter das Geschenk einzelner Wohltäter, als daß sie auf Veranlassung des Kaisers oder der örtlichen Gemeindeverwaltung erfolgten[48].

Es war unvermeidlich, daß die überlieferte römische Literatur wiederholt böse Geschichten von reichen Leuten erzählte, die ihren Anteil an dem kostenlosen Getreide empfingen, und über andere, die ihre Sklaven freiließen, um so die Ernährungskosten auf den Staat abzuwälzen. Einige dieser Geschichten sind fraglos wahr, aber es kann kein Zweifel daran bestehen, daß kostenloses Getreide in erster Linie als Wohlfahrtsmaßnahme zugunsten der Armen gedacht war. Was tat man sonst für sie? Da war das sporadische Einkommen aus öffentlichen Bauarbeiten, die unregelmäßigen oder mittelbaren Gewinne aus Krieg und Herrschaft, der Vorteil, den das Fehlen einer Bodensteuer für die Bauern bedeutete (wo immer das der Fall war), das gelegentliche Almosen an die Krüppel. Hauptsächlich jedoch beschäftigte man sich mit den Armen, wenn die Umstände die Beschäftigung mit ihnen unerläßlich machten, und zwar möglichst so, daß man sie auf Kosten eines anderen loswurde.

Die Geschichte dessen, was wir mit einem ungenauen Begriff die »Kolonisation« in der Antike nennen, war lang und kompliziert. Die jahrhundertelange Ausdehnung der griechischen Welt, die vor 750 v.Chr. einsetzte und zu der Gründung griechischer Gemeinden in der ganzen Breite vom Ostufer des Schwarzen Meers bis nach Marseille in Frankreich führte, war ein Ausschwärmen überzähliger Bürger in fremde Länder, das manch-

Anlage von Weinbergen in Italien verbot und die Vernichtung der Hälfte der Weinstöcke in den Provinzen anordnete. Das wird ausdrücklich in den zeitgenössischen (oder beinahe zeitgenössischen) Quellen gesagt, bei Statius, *Silvae* 4, 3, 11–12 und bei Sueton, *Domitian* 7, 2, wobei ersterer eine Bemerkung zum Verbrauch hinzufügt. Moderne Historiker, die dieses Edikt beharrlich als eine Maßnahme darstellen, durch die die italische Weinproduktion gegen die Konkurrenz aus den Provinzen geschützt werden sollte, verfahren unlogisch und ignorieren die ausdrücklichen Versicherungen der antiken Schriftsteller. Zudem übersehen sie, daß es sich überhaupt um eine vereinzelte Maßnahme handelte und, schlimmer noch, daß sie von Domitian selbst widerrufen wurde (Sueton, Domitian 7, 2; 14, 5). Der Versuch Rostovtzeffs, *Wirtschaft und Gesellschaft im römischen Kaiserreich*, 2 Bde, Leipzig 1929, Bd. 1, S. 166, das Gegenteil zu beweisen, ist zu verwerfen: er erwähnt die beiden Äußerungen Suetons über den Widerruf des Edikts nicht.

[48] Siehe J.H.W.G. Liebeschuetz, *Antioch ... in the Later Roman Empire*, Oxford 1972, S. 126–32.

mal durch Eroberung und nicht immer mit Einwilligung derer, die fortgeschickt wurden, bewerkstelligt wurde[49]. Mit dem 5. Jahrhundert v. Chr. hörten solche Möglichkeiten auf, doch wurden weitere Gelegenheiten schnell ergriffen, sobald sie sich ergaben. Da gibt es das Beispiel der Militärkolonien (Kleruchien), die Athen auf den Territorien errichtete, die den rebellierenden Mitgliedern seines Reichs weggenommen worden waren; das Beispiel der möglicherweise 60000 Auswanderer, die von Timoleon im 4. Jahrhundert v. Chr. mit Unterstützung ihrer Heimatstädte nach Sizilien gebracht wurden, nachdem er die halbe Insel erobert hatte; das Beispiel der großen, aber nicht zu berechnenden Zahl von Griechen, die unter den Nachfolgern Alexanders in den Osten auswanderten. Die römische Gepflogenheit, in eroberten Territorien »Kolonien« zu errichten, erfordert keine detaillierte Untersuchung: auch das war ein Abspalten der Armen auf Kosten anderer. Doch Kolonisation ist ein Ausweichen vor den Bedürfnissen der Armen, keine Lösung des Problems, und es kam die Zeit, da kein weiteres Siedlungsland mehr vorhanden war.

Während eines großen Teils der Geschichte der römischen Kolonisation waren die Veteranen das vorherrschende Element. Das hängt mit der weitverzweigten Geschichte des römischen Militärs und besonders mit der Langwierigkeit der Entwicklung zum Berufsheer zusammen. Der Militärdienst in den Stadtstaaten war traditionell eine Verpflichtung des wohlhabenderen Teils der Bürgerschaft, derer, die die erforderliche schwere Bewaffnung bezahlen konnten; und obwohl der Staat versuchte, ihnen genug für ihren Lebensunterhalt zu zahlen, solange sie aktiv im Felde standen, konnte er das doch nicht immer leisten[50]. Sie waren nicht etwa ihrer Pflichten enthoben, wenn sie nicht bezahlt wurden, und sie erwarteten nachher keine materielle Belohnung für ihre Leistungen, nur Ruhm. Athen und einige andere Städte unterstützten Kriegswaisen mit einem geringen Betrag, bis sie die Volljährigkeit erreichten, doch das kann man kaum unter der Überschrift Wohlfahrt für die Armen einreihen ange-

[49] Herodot 4, 153, im Zusammenhang gelesen mit einer Inschrift SEG IX 3 zur frühen griechischen Kolonisierung Kyrenes, läßt keinen Zweifel an dem Zwangsmäßigen; noch läßt das Cicero, *Pro Aulo Caecina* 98, für Roms sogenannte »Latinische Kolonien«.

[50] Für die griechischen Quellen siehe W. K. Pritchett, *Ancient Greek Military Practices,* Teil 1, Univ. of California Publications, Classical Studies Bd. 7, 1971, Kap. 1–2.

sichts der Tatsache, daß ihre Väter notwendigerweise Männer mit einigem Vermögen gewesen sein mußten[51].

Der Dienst in der athenischen Flotte jedoch wurde voll bezahlt. Außer in Zeiten finanzieller Anspannung bot die Flotte Tausenden von Athenern (und auch Nicht-Athenern) als Ruderern Beschäftigung, sowie Hunderten von Schiffbauern und Leuten, die für die Instandsetzung sorgten. Obwohl wir nicht genau sagen können, wie viele tausend es waren, handelte es sich doch um einen bedeutenden Prozentsatz der gesamten Bürgerschaft und besonders der Ärmeren unter ihnen oder der unter Umständen Ärmeren, wie den Söhnen von Kleinbauern.

An einer bekannten Stelle (Staat der Athener 24, 3) schrieb Aristoteles, daß dank seines Reiches »Athen der großen Menge ein bequemes Auskommen bescherte ... Denn es war so, daß von den Tributen, den Steuern und sonstigen Beiträgen der Bundesgenossen mehr als 20000 Männer ernährt wurden. Denn es gab 6000 Mitglieder der Gerichte, 1600 Bogenschützen, dazu 1200 Ritter, den Rat der Fünfhundert und 500 Wächter auf der Werft, sowie außerdem 50 Wächter auf der Burg, ungefähr 700 Männer in der Verwaltung in Athen und ungefähr 700 außerhalb. Dazu kamen als Reserve im Kriegsfall 2500 Schwerbewaffnete, zwanzig Wachtschiffe, sowie andere Schiffe, die die Tribute einsammelten ... und 2000 durch Los bestimmte Männer, schließlich die Pensionäre des Prytaneion, die Waisen und die Gefängniswärter.« Die Aufzählung stimmt hinten und vorne nicht; nicht alle angeführten Kategorien umfaßten athenische Bürger oder auch nur Freie; die Flotte wird erstaunlicherweise nicht erwähnt; Hopliten fanden sich öfter ohne Bezahlung, als daß sie bezahlt wurden; nicht alle 6000 eingetragenen Mitglieder der Gerichte saßen jeden Tag zu Gericht. Nichtsdestoweniger hielt Aristoteles damit den Schlüssel zu dem einzigartigen athenischen System in Händen, dem Prinzip nämlich, daß die Bürger für den Dienst am Staat, also dafür, daß sie ihre Pflichten als Bürger erfüllten, bezahlt wurden. Außer in der Flotte gab es dabei kein regelmäßiges Einkommen: die meisten öffentlichen Ämter wurden für ein

[51] Die Belege aus Athen sind zusammenfassend betrachtet bei R.S. Stroud, *Theozotides and the Athenian Orphans*, Hesperia 40, 1971, S. 280–301, hier S. 288–90. Die von Stroud veröffentlichte neue Inschrift ist der Text eines Beschlusses, vermutlich aus dem Jahre 402, der die Versorgung von Söhnen der Männer, die bei den Kämpfen um den Sturz der Dreißig Tyrannen getötet worden waren, in derselben Weise vorsah, wie für Kriegswaisen gesorgt wurde. Der Beschluß beschränkt sogar diese Vergünstigung ausdrücklich auf die legitimen Söhne athenischer Bürger.

Jahr vergeben und konnten nicht wiederholt verwaltet werden, und ob man als Richter Dienst tun würde, war nicht vorauszusagen. Doch von allen politischen Überlegungen abgesehen, bedeutete dieses zusätzliche Einkommen, wie die gelegentliche Beteiligung an öffentlichen Bauarbeiten, eine finanzielle Stärkung, besonders wenn der gelegentliche oder zeitweise Lohn z.B. älterer Leute dem Familieneinkommen zugeschlagen wurde. Das ist die Realität, die hinter den *Wespen* des Aristophanes steht.

Nun ist es eine bemerkenswerte Tatsache, daß Bezahlung für die ganze Skala öffentlicher Ämter für keine andere griechische (oder römische) Stadt außer Athen belegt ist, und auch keine andere Stadt unterhielt eine Flotte vergleichbarer Größe über so lange Jahrzehnte. Es ist gleichfalls bemerkenswert, daß Athen fast zwei Jahrhunderte lang von inneren Auseinandersetzungen verschont blieb, wenn man von zwei Vorfällen im Peloponnesischen Krieg absieht; verschont sogar von dem üblichen Vorboten des Bürgerkriegs, der Forderung nach Schuldentilgung und Neuverteilung des Landes. Ich hege keinen Zweifel, daß erstens die breite Verteilung öffentlicher Mittel der Grund dafür war, und zweitens, daß sein Reich hinter diesem finanziellen System stand. Nach dem Verlust des Reiches am Ende des 5. Jahrhunderts v. Chr. gelang es den Athenern, trotz großer Schwierigkeiten und finanzieller Belastungen, das System aufrechtzuerhalten. Es wäre eine andere Geschichte, diese hartnäckige Widerstandskraft der athenischen Demokratie zu verfolgen[52]. Hier ist von Bedeutung, daß keine andere Stadt das Beispiel Athens nachahmte, da die Einnahmen eines Reiches fehlten. Später bekam Rom Tribute in unvergleichlich größerem Ausmaß, aber Rom war niemals eine Demokratie, und die römische Art, die Gewinne des Reichs zu verteilen, nahm einen anderen Weg.

Eben die Art und Weise, wie athenische Politiker des 4. Jahrhunderts v. Chr., also z.B. Eubulos, Demosthenes und Lykurg, kämpfen mußten, um den Finanzbedarf eines politischen Systems zu befriedigen, mit dem ich mich jetzt nicht länger zu beschäftigen brauche[53], zeigt die engen Grenzen auf, innerhalb derer sich ein antiker Staat finanziell gezwungenermaßen bewe-

[52] A.H.M. Jones, *Athenian Democracy*, Oxford 1957, S. 5–10, vermischt die Frage nach der Einführung des kostspieligen demokratischen Apparats im 5. Jahrhundert mit der nach seinem Fortbestand im 4. Jahrhundert.

[53] Siehe dazu kurz C. Mossé, *La fin de la démocratie athénienne*, Paris 1962, S. 303–13.

gen mußte. Es ist ein Gemeinplatz zu betonen, daß antike Staaten kein Budget im modernen Sinne hatten. Doch besaßen griechische und römische Politiker eine recht genaue, empirisch gewonnene Vorstellung von der Höhe der jährlichen Einkünfte und Ausgaben und konnten das eine gegen das andere absetzen. In diesem Sinne erstellten sie einen Haushaltsplan; es ist wiederum notwendig, sich daran zu erinnern, daß dies keine wenig entwikkelten Gesellschaften waren und daß Staaten in keiner Weise ohne eine gewisse Finanzplanung funktionieren konnten. Die Grenzen sind es, die untersucht werden müssen.

Zuerst einmal war der Staat ebenso wie jeder einzelne Privatmann auf das tatsächlich verfügbare Bargeld angewiesen (gelegentlich auf kurzfristige, oft erzwungene Anleihen). Im 2. Jahrhundert v. Chr. verwahrte das wohlhabende Heiligtum des Apollon auf Delos sowohl seine eigenen Rücklagen wie die des Stadtstaates Delos in seinem von der Gottheit beschützten Tresor, wie das das Heiligtum der Athena in Athen getan hatte*. Die beiden Vermögen wurden der »Heilige Schatz« bzw. der »Staatsschatz« genannt und bestanden je aus einer Anzahl von Behältern, »auf denen die Herkunft des Inhalts vermerkt war *oder der Zweck*, für den er bestimmt war«[54]. Delos besaß tatsächlich erhebliche Ersparnisse – eine Reihe von Behältern, die mehr als 48 000 Drachmen enthielten, blieb mindestens von 188 bis 169 v. Chr. unangetastet – und ist überhaupt wegen seiner geringen Größe und seines besonderen Charakters als internationales Heiligtum kein gutes Beispiel für antike Staaten allgemein. Doch durch das Prinzip des Bargelds in der Kasse wurden den römischen Kaisern ebenso enge Beschränkungen auferlegt, auch wenn die Kassen vielleicht über viele Zentren des Reichs verteilt waren: als es für einen neuen Kaiser Brauch wurde, bei seinem Herrschaftsantritt Geldgeschenke an seine Soldaten zu verteilen, wurde die Höhe des Geschenks weitgehend von den in den Truhen vorhandenen Beträgen bestimmt. Die meisten griechischen Stadtstaaten dagegen hatten schon früh ein Gleichgewicht zwischen Einnahmen und Ausgaben herbeigeführt, hatten wenige oder gar keine Rücklagen angesammelt und mußten daher jede außerordentliche Aufgabe wie einen Krieg, die Bekämpfung ei-

* Ich beziehe mich hier nur auf gemünztes Geld, nicht auf die unvergleichlich höheren Werte an ungemünztem Edelmetall, das in diesem Tempel wie in vielen anderen gelagert und so aus dem Verkehr gezogen wurde.

[54] Larsen in T. Frank, *An Economic Survey of Ancient Rome*, 6 Bde, Baltimore 1933–40, Bd. 4, S. 341.

ner Hungersnot und selbst die Erbauung eines neuen Tempels finanzieren, indem sie von Fall zu Fall Maßnahmen zur Aufbringung der Mittel ergriffen.

Für viele Jahrhunderte, ja solange der sich selbst verwaltende Stadtstaat existierte, blieben diese provisorischen Maßnahmen tatsächlich provisorisch. Athen war nicht versucht oder widerstand zumindest jeder Versuchung, die unregelmäßige Kapitalsteuer auf Vermögen in Kriegszeiten, die *eisphora,* in eine ständige Grundsteuer umzuwandeln. Auch die Römer erhoben eine solche Steuer nicht, und dabei half ihnen, daß sie mit der Zeit in der Lage waren, alle Kriege von außen her zu finanzieren. »Es war nicht versucht« hat keine moralische Bedeutung: in Wahrheit hatte man keine Wahl. Direkte Steuern, ob auf Einkommen oder Land erhoben, waren politisch unmöglich; Märkte, die sich nicht anpaßten, und überkommene Methoden in Technik und landwirtschaftlicher Organisation verhinderten jedes bedeutsame Anwachsen der Produktivität und dessen, was wir das Bruttosozialprodukt nennen würden, sowie demzufolge jeden beständigen Anstieg des Ertrages aus indirekten Steuern. Wenn, aus welchen Gründen auch immer, die Nachfrage nach Nahrungsmitteln, die Anforderungen an den Staatsschatz und an die Beiträge der Reichen, die im Rahmen solcher Einrichtungen wie des Liturgiesystems geleistet wurden, die tatsächlich vorhandenen öffentlichen Mittel zu weit überstiegen, hatte die antike Welt nur zwei mögliche Lösungen anzubieten: die eine war, die Bevölkerung zu reduzieren, indem man sie fortschickte; die andere war, in Form von Beute und Tributen zusätzliche Mittel von außen heranzuschaffen. Beide Möglichkeiten waren, wie ich schon sagte, Verlegenheitsmaßnahmen, keine Lösungen. Die griechische Kolonisation führte keine Änderung in der Struktur der ursprünglichen griechischen Siedlungen im ägäischen Raum herbei und daher auch keine endgültige Lösung ihrer Probleme einschließlich der Probleme der öffentlichen Finanzen.

Die Änderung kam mit der Eroberung durch die Römer und der Schaffung des riesigen Römischen Reichs, doch das war zuerst einmal eine grundsätzliche politische Veränderung. Auf dem Gebiet der Steuern kann der Wechsel auf zweierlei Art charakterisiert werden: Die Grundsteuer wurde zur Hauptquelle des staatlichen Einkommens im ganzen Reich (obwohl man die überall erhobenen Hafenzölle nicht unterschätzen sollte); und außerdem ging der größere Teil der Steuerlast von dem wohlhabenderen Teil der Bevölkerung auf die Ärmeren über, was von deren Absinken in ihrem Status begleitet wurde*. Nichts von all dem wurde über Nacht vollbracht, und wir können den Vorgang auch nicht von Jahrzehnt zu Jahrzehnt verfolgen, doch im 3. Jahrhundert n. Chr. war es offensichtlich geschehen. Inzwischen fanden die Möglichkeiten weiterer Lösungen von außen her, weiterer Eroberungen, denen weitere Kolonisationen folgen konnten, allmählich ein Ende: die erreichbaren Möglichkeiten waren einfach erschöpft, wie Trajans katastrophale Expedition nach Parthien bewies, sofern es eines Beweises bedurfte. In dem halben Jahrhundert nach Trajan gab es einen Anschein von Festigkeit und Ausgewogenheit, das »Goldene Zeitalter« Gibbons. Hätte das Römische Reich, wie die Panegyriker behaupteten, die zivilisierte Welt umspannt, gäbe es theoretisch keinen Grund, weshalb nicht Europa, das westliche Asien und Nordafrika noch heute von römischen Kaisern regiert werden und Amerika den Indianern gehören sollte.

Jedoch vor dem Ende des 2. Jahrhunderts setzte äußerer Druck ein, dem man auf Dauer nicht widerstehen konnte. Das Heer konnte nicht über ein unzureichendes Maximum hinaus vergrößert werden, da das Land keinen weiteren Aderlaß an Menschen verkraften konnte; die Lage auf dem Lande hatte sich verschlechtert, weil Steuern und Liturgien zu hoch waren; die Belastung war hauptsächlich deswegen zu groß, weil die Anforderungen des Militärs ständig stiegen. Ein Teufelskreis von Übeln war in vollem Gange. Auf Grund ihrer sozialen und politischen Struktur, ihrer tiefverwurzelten und institutionalisierten Wertvorstellungen und der Organisation und Ausbeutung ihrer Produktivkräfte, die das Ganze stützten, eilte die antike Welt ihrem Ende entgegen. Das ist, wenn man so will, eine wirtschaftliche Erklärung des Endes der Antike.

* Die Steuerbefreiung Italiens ändert nichts an der Sache.

Ausgewählte Literatur

R. Bogaert, *Banques et banquiers dans les cités grecques*, Leiden 1968

P. A. Brunt, *Italian Manpower 225 B.C. – A.D. 14*, Oxford 1971

J. A. Crook, *Law and Life at Rome*, London 1967

R. D. Duncan-Jones, *The Economy of the Roman Empire. Quantitative Studies*, Cambridge 1973

E. Erxleben, *Die Rolle der Bevölkerungsklassen im Außenhandel Athens im 4. Jahrhundert v. u. Z.*, in: *Hellenische Poleis*, hrsg. v. E. Ch. Welskopf, 4 Bde, Berlin 1974, Bd. 1, 460–520

M. I. Finley, *Studies in Land and Credit in Ancient Athens*, New Brunswick 1952

M. I. Finley, *Between Slavery and Freedom*, Comparative Studies in Society and History 6, 1964, 233–49

M. I. Finley, *Technical Innovation and Economic Progress in the Ancient World*, Economic History Review 2. Reihe 18, 1965, 29–45

M. I. Finley (Hrsg.), *Studies in Ancient Society*, London 1974

M. I. Finley (Hrsg.), *Studies in Roman Property*, Cambridge 1976

T. Frank (Hrsg.), *An Economic Survey of Ancient Rome*, 6 Bde, Baltimore 1933–40

M. W. Frederiksen, *Caesar, Cicero and the Problem of Debt*, JRS 56, 1966, 128–41

W. E. Heitland, *Agricola. A Study of Agriculture and Rustic Life in the Greco-Roman World from the Point of View of Labour*, Cambridge 1921

A. H. M. Jones, *The Later Roman Empire 284–602*, 3 Bde, Oxford 1964

H. G. Kippenberg (Hrsg.), *Seminar: Die Entstehung der antiken Klassengesellschaft*, Frankfurt 1977 (enthält u.a. Aufsätze von M. I. Finley, I. Hahn)

J. H. W. G. Liebeschuetz, *Antioch. City and Imperial Administration in the Later Roman Empire*, Oxford 1972

S. Ossowski, *Die Klassenstruktur im sozialen Bewußtsein*, Neuwied-Berlin 1962

W. K. Pritchett, *Ancient Greek Military Practices*, Teil 1, Univ. of California Publications, Classical Studies 7, 1971

Proceedings of the 2nd International Conference of Economic History, Aix-en-Provence 1962, Bd. 1: *Trade and Politics in the Ancient World*, Paris-Den Haag 1965

M. Rostovtzeff, *Wirtschaft und Gesellschaft im römischen Kaiserreich*, 2 Bde, Leipzig 1929

J. Rougé, *Recherches sur l'organisation du commerce maritime en Méditerranée sous l'empire romain*, Paris 1966

J. Salvioli, *Der Kapitalismus im Altertum. Studien über die römische Wirtschaftsgeschichte*, Stuttgart 1912

H. Schneider (Hrsg.), *Zur Sozial- und Wirtschaftsgeschichte der späten römischen Republik*, Darmstadt 1976 (WdF 413; enthält u. a. Aufsätze von P. A. Brunt, M. Jaczynowska, K. D. White)

A. N. Sherwin-White, *The Letters of Pliny. A Historical and Social Commentary*, Oxford 1966

P. Veyne, *Vie de Trimalcion*, Annales: Economies, Sociétés, Civilisations 16, 1961, 213–47

M. Weber, *Agrarverhältnisse im Altertum*, in: *Gesammelte Aufsätze zur Sozial- und Wirtschaftsgeschichte*, Tübingen 1924, 1–288

Register

dtv Atlanten

dtv-Atlas
zur Weltgeschichte
Karten und
chronologischer Abriß
Von H. Kinder und
W. Hilgemann
2 Bände
Originalausgabe
3001, 3002

dtv-Atlas
zur Biologie
Tafeln und Texte
Von G. Vogel und
H. Angermann
2 Bände
Originalausgabe
3011, 3012

dtv-Atlas
zur Mathematik
Tafeln und Texte
Von F. Reinhardt und
H. Soeder
2 Bände
Bisher erschienen:
Band 1: Grundlagen,
Algebra und Geometrie
Originalausgabe
3007

dtv-Atlas
zur Astronomie
Tafeln und Texte
Von J. Herrmann
Mit Sternatlas
Originalausgabe
3006

dtv-Atlas
zur Baukunst
Tafeln und Texte
Von W. Müller und G. Vogel
2 Bände
Bisher erschienen:
Band 1: Allgemeiner Teil /
Baugeschichte von
Mesopotamien bis Byzanz
Originalausgabe
3020

dtv-Atlas
zur Atomphysik
Tafeln und Texte
Von B. Bröcker
Originalausgabe
3009

dtv-Atlas
der Anatomie
Tafeln und Texte
Von W. Kahle,
H. Leonhardt und
W. Platzer
3 Bände
Band 1:
Bewegungsapparat
Band 2:
Innere Organe
Band 3:
Nervensystem und
Sinnesorgane
Originalausgabe
dtv-Thieme
3017, 3018, 3019